农村电商发展与淘宝村网商集聚研究

丁志伟 等/著

RESEARCH ON RURAL E-COMMERCE DEVELOPMENT AND ONLINE RETAILERS' AGGLOMERATION OF TAOBAO VILLAGE

国家自然科学基金项目（41701130）
河南省高校科技创新人才支持计划项目（人文社科类2021-CX-06）
河南省哲学社会科学规划年度项目（2020BJJ018）
环境与规划国家级实验教学示范中心支持项目
河南大学区域发展与规划研究中心支持项目

中国经济出版社
CHINA ECONOMIC PUBLISHING HOUSE
北 京

图书在版编目(CIP)数据

农村电商发展与淘宝村网商集聚研究/丁志伟等著.--北京：中国经济出版社，2021.7

ISBN 978-7-5136-6500-1

Ⅰ.①农… Ⅱ.①丁… Ⅲ.①农村-电子商务-研究-中国 Ⅳ.①F724.6

中国版本图书馆 CIP 数据核字(2021)第 117077 号

责任编辑 丁 楠
责任印制 马小宾
封面设计 久品轩

出版发行 中国经济出版社
印 刷 者 北京九州迅驰传媒文化有限公司
经 销 者 各地新华书店
开 本 710mm×1000mm 1/16
印 张 15.75
字 数 217 千字
版 次 2021 年 7 月第 1 版
印 次 2021 年 7 月第 1 次
定 价 78.00 元
广告经营许可证 京西工商广字第 8179 号

中国经济出版社 **网址** www.economyph.com **社址** 北京市东城区安定门外大街 58 号 **邮编** 100011
本版图书如存在印装质量问题，请与本社销售中心联系调换(联系电话：010-57512564)

本书作者

丁志伟　刘晓阳　董俊鸷　赵　芮

序

2016年，丁志伟副教授获批一项国家自然科学青年基金课题："欠发达地区淘宝村网商集聚的过程、机理及区域效应——以河南省为例"（41701130）。这距他拿到博士学位、毕业留校仅两年多时间；到2020年底，该课题结项。在执行、完成国家级科研项目的三四年时间里，志伟有了长足进步。他现在是河南大学地理与环境学院"区域与城市科学系"的系主任，是河南大学"城市—区域综合发展"研究团队的骨干成员，是学术网络平台"中原城市—区域研究"的副主编与执行主编，还取得了博士研究生导师的资格。这一年，他37岁。我37岁那年是1984年，作为1977年才有机会考大学的"高中老三届"，当时大学毕业刚两年多，还是个很稚嫩的小讲师。

所以我有理由为这个"大器有成"的弟子，河南大学的一名青年才俊，由衷地感到高兴与自豪！

丁志伟，沉稳、细致、内敛而又有很大潜能。这几年，他立足于本课题，对大数据与电商经济进行不懈的学术探索，出了一批研究成果。先后发表了《中国中部C2C店铺服务质量的空间分异及其影响因素——以淘宝网五类店铺为例》（《地理研究》）、《中国电子商务发展水平空间分布特征及其影响因素》（《经济地理》）等五篇高质量论文；获批河南省政府决策招标项目"河南省新型城镇化、新型工业化与乡村振兴耦合协调发展研究"、河南省第四次经济普查项目"多尺度视角下河南省电子商务业发展水平的时空差异与提升路径研究”等省级课题；出版了《城市—区域综合发展的理论与实践》《中原经济区“五化”协调发展的状态评价与优化组织》等著作。2020 年 11 月，在上述成果的支撑下，他入列河南省高校哲学社会科学创新人才支持计划。这些成果的核心研究内容是农村电商经济与农区乡村振兴，摆在我案头的这本《农村电商发展与淘宝村网商集聚研究》书稿就是他四年心血的结晶，是国家自然科学基金项目的最终成果。

仔细剖析这本书的学术脉络，我发现了如下的逻辑轨迹。

技术融合支撑数字经济。在“互联网+”的时代背景下，大数据、云计算、区块链、人工智能、物联网等技术逐渐渗透到城乡居民生活的方方面面，促使产业组织模式和生产经营模式发生了剧烈的变化。在产业转型升级的当下，数字经济通过大数据与信息技术、产业链延伸、生产经营模式的融合，实现了资源的快速配置与重新组合，成为推动经济社会高质量发展的新动力。

数字经济使农村电商崛起。在数字经济的应用层面，零售电商作为迅速崛起的力量，改变了传统的生产、销售、服务环节，使经营者直面消费的各种需求，促进产品的迭代升级。网购已成为城乡居民的常态生活习惯，改变了人们到传统商业中心、实体店铺购物的消费行为，人们的生活状态也逐步向个性化、高品质转变。农村电商作为乡村振兴的新力量，对促进乡村地域系统的产业兴旺及各方面转型升级具有重要的现实意义。

农村电商推进县域经济。作为县域经济高质量发展的重要推进力量，农村电商的兴起和集聚，改变了传统的耕作、种植、销售等农业模式，促进了“三产”融合且使产品直面消费者，加速了就地就近城镇化的步伐，对促进农业高质高效、乡村宜居宜业、农民富裕富足具有重要意义。

县域经济理论是研究、推行农村电商的学术基础。从产业兴起和集聚的角度看，这个学术基础既包含传统乡村地域系统理论、专业村形成理论，又涉及创新集聚、电商经济、信息化等现代产业理论。因此探索农村电商的集聚过程、机理，有助于完善乡村地域系统理论，探索微观尺度下新业态形成的深层次规律。从产业的空间关系看，农村电商集聚既涉及依托地理邻近、资源禀赋、产业基础的地理实体集聚，又涉及基于数字空间、电商平台、云端销售的虚拟地理集聚。因此基于线性实体空间和线上云端空间及两者的融合、互促模式，会成为乡村地理学探究的新课题。

河南省农区是研究、推行农村电商的典型平台。河南省作为传统农区和中西部欠发达地区的典型，提升农村电商发展质量，推进农村、农业、农民与新时代新型业态的融合，对促进新型城镇化与乡村振兴的融合、农业的现代化建设意义重大。淘宝村是农村电商集聚的代表，河南省是中西部农村电商异军突起的典型区域。因此以河南省淘宝村为案例，通过调研访谈和问卷分析，探索欠发达地区的淘宝村集聚机理、模式及区域效应，对分析新地理空间的集聚模式和探索乡村振兴新路径具有重要理论意义。

综观本书的内容，作者对所承担的国家自然科学基金项目的研究成果进行了系统总结，深入分析了典型农区淘宝村网商集聚的模式、机理及区域效应，对国家交付给年轻学者的科研任务有了交代。同时也对中国、河南农村电商的时空发育过程、发展水平的空间差异进行分析，总结了河南省农村电商的发育状态和现状特征，对河南省农村电商的经济规律有了深刻剖析。本书可大致概括为三个部分，第一部分是基础篇，包括前三章内容，分别阐释了研究的立论支撑、前沿动态和理论框架；第二部分是电商经济篇，从中国、河南省两个视角分析了电商经济的时空特征、空间差异，为后续淘宝村网商集聚分析打下了基础。第三部分是淘宝村篇，为国家自然科学基金项目的核心内容，剖析了淘宝村网商集聚的过程、模式、机理及区域效应。总体看来，基础篇紧扣时代背景、国家战略，电商经济篇解析时空特征和动态趋势，淘宝村篇深挖集聚机理与模式——这与我们“城市—区域综合发展”研究团队“理论上站得住脚，实践上服务社会”的学术理念完全契合。

当前关于淘宝村的研究，主要从宏观与中观尺度分析中国，尤其是东部发达地区农村电商的发展状况以及淘宝村的集聚机理，且多集中于分析淘宝村的形成过程及其发展模式，而关于中西部欠发达地区且以微观尺度分析淘宝村网商发展过程的研究较少。因此本书的学术创新价值突出，必然有不同以往的“特色”，没有创新与特色，这本书就失去了阅读的价值。依我看来，首先，作者基于多尺度视角分析了河南省电子商务发展水平的空间分异，这对尺度细化后的中微观空间差异具有积极意义。其次，以河南省13个淘宝村作为案例，分析淘宝村网商集聚过程与集聚机理，能够进一步剖析虚拟网商集聚与实体经济的关系，为欠发达地区淘宝村的发展提供参考。再次，考虑到以往研究多从定性角度分析淘宝村网商集聚机理，结合淘宝村网商集聚的核心影响因子，根据实地调研问卷，运用定性与定量相结合的方法，从农户、社会网络、产业基础、互联网环境、政府行为等方面剖析了河南省淘宝村网商集聚机理。最后，根据淘宝村对区域经济社会的影响，结合淘宝村形成前后的各种变化，从经济效应、社会效应、环境效应进行总结，为信息化时代城乡融合发展和乡村振兴提供新思路。

年轻学者面前总得有进一步提高的空间，才能保持不断进步的“可持续性”。我让志伟自己动脑动手解剖自己，他得出了如下结论：由于数据获取难度较大，研究单元中存在无数据区，因此县域尺度的研究结果可能存在一定的不确定性；仍然缺乏中微观程度的深层次对比，这是今后需要重点改进的地方；受客观条件限制，调查问卷数量相对较少，而且受网商经营者主观感受的影响，问卷的结果可能会有些偏差；在进行定性与定量分析时，选取的指标可能不足以全面反映淘宝村网商集聚机理，指标体系有待于进一步完善。我基本上认可。

志伟在本书的前言里称自己是一个“念旧的人、好新的人、较真的人、自知的人和感恩的人”。这让我回忆起他跟我念书时的种种。这种时刻反思自己为人、为学的精神与气质，是他清醒做人、聪明做学问的动力；这种敢于直面自己不足、敢拿刀子解剖自己的勇敢与睿智，是他不断成长、成熟的保证；这种充分自信、当仁不让的气概与格局，是他永远在路上的底蕴……

电商经济与虚拟地理空间集聚是一个新课题，涉及实体经济与虚拟经济的融合、“线下”集群与“线上”集聚的融合等多方面、多维度，其内在的复杂性、交织性仍需进一步深挖。基于此，希望有“青春劲儿”而且钟情“新玩意儿”的中原学者丁志伟副教授，在国家自然科学基金项目、河南省高校科技创新人才支持计划项目的支持下砥砺前行，持续为农区电商集聚探索、农业农村现代化贡献自己的力量，也期望这些成果能为河南省乡村振兴、数字经济建设提供理论支撑与实践指引。

值此《农村电商发展与淘宝村网商集聚研究》付梓，特为之序。

王发曾

2021 年 5 月于河南大学

前言

我是一个念“旧”的人。读硕士研究生那会儿，有幸学习到导师王发曾教授的城市—区域系统理论，就颇感兴趣地研究“城市如何与区域互动”“城市影响区的范围该如何测度”等问题，想把这个事儿弄个“底朝天”。博士研究生期间念着这个“旧”，进行了基于加权 Voronio 模型的城市—区域系统理论模型的思考，完成了城市—区域系统理论支撑下中原经济区“三化”协调发展的状态评价与优化组织的学位论文。工作之后，在为本硕生讲授“城市地理学”“城市—区域可持续发展”课程之余也念着这个“旧”，使我在强化自身研究水平之余与导师一同完成了《城市—区域综合发展的理论与实践》一书，2017 年底得以出版。同样，在读硕士研究生那会儿，我有机会看到李小建、乔家君教授关于中国县际经济差异的空间分析方面的论文，心里就想有朝一日如果能以镇域为尺度进行中国区域经济差异的空间分析，那该有多“牛”。然而，由于中国镇域尺度下的数据、图件极难获取，虽念念不忘这个事儿，但始终未达成心愿。近年来，在相关经费的支撑下购买了大量年鉴，在耗费大量人力的情况下拼合成了中国镇域尺度空间矢量化图，最终 2020 年在《地理研究》《经济地理》上发表了中国镇域经济空间差异的相关论文，心里别提有多舒坦！

我是一个好“新”的人。微信、微博、淘宝、抖音这些“新玩意儿”，平常人都是基于上述平台进行购物或者社交联系，而对基于虚拟空间的网商集聚问题则鲜有思考。我就特别好奇，如果能基于虚拟的地理空间进行“云端”空间分析那该多有意思，与实体经济进行对比那该多有趣。就是凭借着这股新奇劲儿，我发动硕士生、本科生对淘宝网站不同类型店铺的数量和质量数据进行收集，从区域空间差异视角分析了中国电商虚拟经济空间的差异，在《地理研究》《经济地理》上发表了相关论文，并最终引领着我获批了国家自然科学基金项目“欠发达地区淘宝村网商集聚的过程、机理及区域效应——以河南省为例”。就是凭借着这股好“新”劲儿，我带领学生深入河南省13个淘宝村进行调研，剖析淘宝村网商集聚的时空过程，总结淘宝村网商集聚的机理与区域效应，期望对振兴农区电商经济提供一些支撑。那段时间，有老师和同学说“老丁”瞎搞，不务正业地在抖音上当“网红”。殊不知，我正在基于这种电商新模式进行直播带货型主播空间分异规律的探索，因为如果你不深入调查和参与就没有发言权，你不深度参与就挖不出内在的机理。值得一说的是，以抖音平台数据为支撑的论文和项目近两年会陆续产出，希望“吃瓜群众”别没事光看“老丁”笑话！

我是一个较真的人。获批国家自然科学基金项目后，那份沉甸甸的责任就压在了心头，心想一定要认真完成国家自然科学基金委交代的任务。按照预期计划推进各项进展。首先，完善了研究框架，基于“过程—机理—效应”主线进行串联，聚焦分析了“农村网商集聚是如何产生的”“网商集聚的过程究竟是怎么样的”“网商的集聚又是如何推动农村电子商务业链条形成的”，为后续实证研究奠定基础。其次，深入基层进行访谈和调研，对13个典型的淘宝村进行网商集聚过程、集聚机理及区域效应分析，探索网商集聚与本地资源、产业之间的关系网络，为总结虚拟经济集聚机理提供支撑。再次，对接了现实问题，对现阶段淘宝村网商集聚的特征与面临的问题进行剖析，为推动中西部欠发达地区淘宝村的高质量发展提供理论支撑。最后，理论服务实践，结合淘宝村的区域效应分析，从促进农民创业、就业和增收、农村经济转型升级、农村社会和谐稳定、贫困区扶贫攻坚等方面提出了具体对策建议。在基金项目成果的支撑下，本书由丁志伟重新梳理提纲并统稿撰写，分为八章，第一章是绪论，主要是研究意义、研究思路、研究内容、方法技术等方面的立论支撑，由丁志伟、刘晓阳完成；第二章是国内外研究进展，从电子商务、农村电子商务、网商集聚、淘宝村形成等方面进行文献梳理，由丁志伟、刘晓阳、董俊鸷完成；第三章是理论基础与分析框架，为后续集聚过程、集聚机理及区域效应的分析打下基础，由丁志伟、刘晓阳、董俊鸷完成；第四章、第五章是对中国、河南省农村电商的时空特征分析，为后续淘宝村的集聚规律分析提供电商环境支撑，由丁志伟、董俊鸷完成；第六章、第七章是基金项目的核心内容，为河南省 13 个淘宝村的集聚过程、机理及区域效应，由丁志伟、刘晓阳完成；第八章是结语，归纳核心论点，指出不足并展望未来，由刘晓阳完成。其中，赵芮在第五章撰写了一小部分文字，在此表示感谢。

我是一个自知的人。在踏上学术征程之前，我就发现我大学期间打下的学术基础不是很好，语言的表达、图件的制作、技术的支撑等需要大幅提升。在攻读硕士、博士研究生期间，我下了很大的功夫，对语言凝练、图件美化、技术改进等方面进行了强化和“刻意”练习，有了一定程度的提升。然而，学术拼搏的磨砺和近几年的教学科研活动，让我深刻认识到先进技术如大数据、复杂网络分析、回归模型、优化预测方法的重要性，也深刻认识到自己在量化分析方面依然存在诸多短板。

因此此时此刻的心情和博士论文最终完稿的心情一样：

此时此刻，内心没有即将完成的满足感，却有对本书还须进一步完善的处处感怀；

此时此刻，内心没有一丝的平静感，却有太多对本书写作点点滴滴的回顾与思索；

此时此刻，内心没有对成千上万文字的太多感慨，却有对本书灵魂的对话与思考；

此时此刻，没有停滞不前的“止步”情绪，却有对“学无止境、追求真知”的新动力。

我是一个感恩的人。感谢国家自然科学基金委给予我这么好的机会，让我在学术探索道路中有了认可和资助，让我有了“青春飞扬”的拼劲；感谢学校、学院诸多平台对我学术研究的软硬件支撑，让我有了“振翅翱翔”的自由；感谢学院领导班子和中原城市—区域综合发展团队对我学术研究的引领和帮助，让我有了“梦游学海”的安乐窝；感谢我指导的研究生，尤其是刘晓阳、李燕菲、程迪、简子菡、李凌子、董俊莺、孟怡伟、崔誉、赵芮、马芳芳、刘卓林等对本书成形的帮助，你们是我努力前行中“情有所系”的小可爱；感谢我的妻子张改素老师，不仅给我生活上和精神上的关怀，还在学术上给我帮助、支持与鼓励，她是我最稳固的“后防”；感谢丁楠等编校工作者对书籍出版的辛苦付出。总之，感谢在本书成形中给予帮助的人，希望你们身体康健，万事顺遂！

由于学识、能力等方面的局限，书中难免有不足之处，愿有缘读到此书的诸君多多批评指正！

丁志伟

2021 年 1 月于河南大学地理与环境学院人文楼

目 录

第一章

绪　论

在信息化、“互联网+”的时代背景下，电商经济成为引领经济社会快速发展的新动力，也颠覆了传统零售贸易的盈利方式和经营模式。当下，无论是阿里巴巴、京东、苏宁易购、唯品会等老牌劲旅，还是以拼多多、云集、贝店、淘集集、楚楚推、微盟为代表的新兴力量，都做起了县城、乡镇、农村的“下沉市场”生意，为农村电商的多元化发展拓宽了路径。可以说，新时代农村电商作为“互联网+”引领下的乡村经济新模式，对促进农村地区的产业兴旺、农民就业路径的拓宽、农业的现代化建设具有重要的现实意义。除电商市场的引领和助推外，国家也陆续出台政策保障农村电商的健康发展。2015 年 9 月，农业农村部同国家发展改革委、商务部共同印发了《推进农业电子商务发展行动计划》，明确了农业电子商务的总体目标和具体任务，提出了 20 项具体落实行动。2016 年 5 月，国家发展改革委等 8 部门共同印发了《“互联网+”现代农业三年行动实施方案》，出台支持农业电子商务发展的具体扶持政策，为贫困地区农业电子商务发展提供良好的政策环境。2017 年 2 月，《中共中央、国务院关于深入推进农业供给侧结构性改革加快培育农业农村发展新动能的若干意见》中专设一节从多个方面强调“推进农村电商发展”。2018 年 8 月，十三届全国人大常委会第五次会议表决通过《中华人民共和国电子商务法》，鼓励各类社会资源加强合作，促进农村电子商务发展，发挥电子商务在精准扶贫中的作用。2019 年 5 月，中共中央、国务院发布《关于建立健全城乡融合发展体制机制和政策体系的意见》，完善农村电商支持政策，实现城乡生产与消费多层次对接。当前，关于农村电商发展的政策也多见于“十四五”规划、政府工作报告中，足见国家对农村电商经济的重视程度，显现出农村电商在中国的“独特魅力”。因此，基于学术脉络和现实背景分析中国农村电商发展的情况，梳理典型的农村电商模式淘宝村的发育过程，总结农村电商的集聚模式和形成机理，对探索新时代农业农村的现代化建设和城乡融合发展具有重要意义。

一、研究背景与研究意义

（一）研究背景

1. 国际背景

(1) 信息化浪潮下的电商革命

新时代、新理念、新经济，信息化正融入各行各业，助推着经济社会的加速发展。因此信息化被称为社会转型发展的第三次浪潮，是继工业化、城镇化之后世界经济的新革命，成为引领中国经济社会高质量发展的新动力。在信息化如此强劲的“革命浪潮”中，今天的新兴产物可能明日就遁入无形，昨日无人问津的“小产业”可能今日却冲入热榜，可谓瞬息万变！因此，有人慨叹“如此变化，如果不加快学习迟早会 OUT”。随着信息化与工业化、城镇化、农业现代化的融合加快，中国的社会主义现代化战略逐渐由“三化协调”变为“四化同步”，即信息化与工业化、城镇化、农业现代化同步推进。随着物联网、人工智能、大数据、云计算等新兴信息技术的不断发展，互联网经济已然成为经济增长新热点。其中，以阿里巴巴、亚马逊等为代表的互联网电商企业，正在成为数字经济、电商经济的新表征，不仅成为拉动中国乃至全球经济发展最重要的新引擎，也孕育出以电子商务为商业活动的新“集群”。

追根溯源，20 世纪 90 年代美国最早出现了以互联网为依托进行商品和服务交易的新兴产业——电子商务业。该模式之初，就凭借数字经济的快捷、迅速、便利等特点，极大地提高了经济运行的质量和效率，而且带动了物流业等相关产业的发展，甚至改变了商业模式。电子商务业发展至今，由于新兴信息技术不断融入，又产生了新一轮的“技术竞赛”，助推着电子商务业的运营模式进一步改变。首先，物联网可以实现人物、物物信息共享和无缝连接，达到对事物实时监控、精确管理和科学决策，对未来电子商务业的过程化、精准化、多元化产生深远影响。其次，云计算为电子商务企业节省了大量的设备准备及人才培养费用，大大降低了电商行业的投入成本，为电子商务业的数据管理、存储和分析提供了“云池”支撑。除了数据支撑外，云计算的应用还促进了商业活动跨越时间和空间的障碍，能够更加自由地进行移动交易，使得用户可以更加便捷地搜索所需商品、浏览推荐产品、完成网络购物，从而大大提高了商业活动的效率，并为网络购物提供了个性化、自由化服务。再次，大数据分析技术可以通过获取的各项用户数据，实时分析消费者的购买力和需求方向，使企业可以及时调整自己的销售模式和销售方向，从而为电商企业扩大消费人群、提高市场份额、精准定位产品等提供强有力的数据支撑。最后，人工智能技术为电商企业的线上线下服务提供了精准化分工并催生了一批新兴产业，如智能客服机器人、库存智能预测人员、智能分拣机器人等，为电商经济的高效运转提供了“智能”支持。总之，信息化浪潮下的电子商务是一场商业领域的根本性革命，它打破了时空的局限、改变了贸易形态，是对传统贸易方式的革新，也促进了消费模式、购物行为的改变，引领着世界经济的新动向，也促进着中国农村经济的“跨时代”变革。

（2）电子商务业的亚洲奇迹

在全球电子商务的发展过程中，欧美地区起步早，日趋成熟且应用广泛，并且一直处于领先地位；亚洲以中国、印度为巨大客源市场，伴随着电子商务的普及和应用推广，近年来发展尤为迅猛。亚洲各国农村电子商务业的发展阶段和发展特点不同，发展的道路也各有千秋。中国以阿里巴巴等一批电子商务平台为代表，推动了农村地区的电商草根化和创业多元化，产生了一批淘宝村和抖音带货达人。印度出台“数字印度”及“创业印度”等配套举措，促进了农村电子商务业的快速崛起。韩国以 Gmarket 等为代表的电商平台，注重市场的国际化投资，并开设了英语、中文网站，海外销售额不断攀升。此外，近几年韩国商家也开始关注美国的“黑色星期五”、中国的“双 11”等消费节，开通了包括支付宝、银联、Visa 等各种付款方式，节日营销的手段也不断更新。新加坡作为亚洲电子商务的风向标，电商基础设施十分完善，支付及物流体系也相对健全，因此网购成为国民购买商品的“基本行为”，有 96%的新加坡消费者至少使用一个社交平台。在这些路线图的指引下，电子商务、互联网医疗、交通互联等新业态在亚洲各国呈现井喷式发展，一些新兴的创新载体，如电商平台、众创空间、新型孵化器、转化基地等大量涌现。可以说，亚洲的经济社会发展虽然处在相对不高的水平，但伴随着“互联网+”的风靡，其电子商务业及发展模式不断出新，为世界经济的创新和转型发展带来无限动力，可谓“亚洲奇迹”。

（3）“互联网+”的中国特色

中国作为世界上最大的发展中国家，在经济新常态的时代背景下，实体经济面临着诸多转型升级问题，供给侧改革的步伐不断加快，使得以消费者需求为导向的市场迅速壮大。伴随着“互联网+”与各行各业的深度融合，以阿里巴巴为代表的电子商务业快速“席卷”中华大地，城乡居民的网络消费能力不断增强，B2B、B2C、C2C模式的细化也不断出现。此外，农村电商的形式更加多元，除了借助与阿里巴巴的战略合作外，还包括与赶街、微博、赶集网、拼多多、抖音等多种平台的“纵横交织”。在市场日益渗透和精细化的当下，农村电商、农村淘宝、阿里巴巴电商孵化中心、抖音“网红”孵化基地等形式不断在农村兴起，改变了农村的经济结构和产业发展方向，也促进了“草根”明星、“带货”达人的兴起，大大解放了农村生产力。与此同时，国家大力实施乡村振兴和农村电商战略，“互联网+”背景下的农村电商发展活力进一步释放，这对于多渠道增加农民收入、促进乡村产业发展意义重大。此外，多地以本地化电子商务综合服务商为驱动，带动县域电子商务生态发展，促进地方传统产业特别是农产品加工业与“电商+物流”的深度融合，形成信息时代下县域经济的特色发展路径。当下，这种将农村经济与信息网络技术相结合的农村电商，改变了传统农业的消费经营模式，推动了农业、工业和服务业等行业的再次发展，加快了农业农村的现代化步伐；而且这种农村电商模式给当地农民创造了大量就业机会，提升了农民的市场意识和销售水平，增加了农村居民的可支配收入，打通了信息化在农村的“最后一公里”，让农村居民享受和城市居民一样的网购便利与品质生活，让城乡一体化的融合度进一步提升。

2. 国内背景

（1）经济新常态背景下网络经济新动力

随着网络经济的迅速发展，从1998年中国产生第一笔互联网交易至今，电子商务经历了萌芽、发展、繁荣三个阶段。中国电子商务研究中心数据显示，近几年网购交易额与网络购物用户规模不断增长（见图 1-1），网购交易额由 2011 年的 0.78 万亿元增至 2019 年的 10.63 万亿元，网络购物用户规模由 2011 年的 1.94 亿人增至 2019 年的 9 亿人，网购已成为人们消费的重要方式。在中国电子商务平台中，2019 年阿里巴巴旗下的天猫在网络零售市场中份额占比为 50.1%，居首位。网商作为电子商务的主体之一，自 2004 年被正式提出，在短短的时间内迅速发展，当前网商的营业规模正在从十万亿量级向百万亿量级迈进，网商已经逐渐渗透到社会生活的方方面面，成为新的商人群体的代名词。2014 年以来，中国经济进入新常态，从高速增长转为中高速、中速增长，经济结构优化升级的步伐紧迫，经济发展的驱动力逐渐从要素、投资驱动转向创新驱动，经济发展的业态和形式也亟须进一步改进，以适应经济新常态背景下的社会发展新格局。电子商务作为“互联网+”背景下融合各行各业的新动力，不仅改变了传统的消费模式和支付方式，而且促进了产业业态的细化和相关产业的转型升级，是促进国际、国内市场双循环和培育新兴产业的重要途径。随着互联网与电子商务的快速发展，电子商务市场开始向农村渗透，阿里巴巴旗下的淘宝网凭借进入门槛低、技术难度小、初始资金需求量少等优势，成为农民参与电子商务的主要阵地，并形成了一个日渐庞大的农民网商群体，在农村呈现网商集聚的现象。中国电子商务研究中心数据显示，农村网络零售额近几年增长迅速，由 2014 年的 1800 亿元增至 2019 年的 17082.8 亿元，农村电商进入规模化、专业化发展阶段（见图 1-2）。值得一提的是，由于当前农村电商主要是以淘宝网为交易平台，以淘宝电商生态系统为依托，因此人们习惯将电子商务专业村称之为淘宝村。

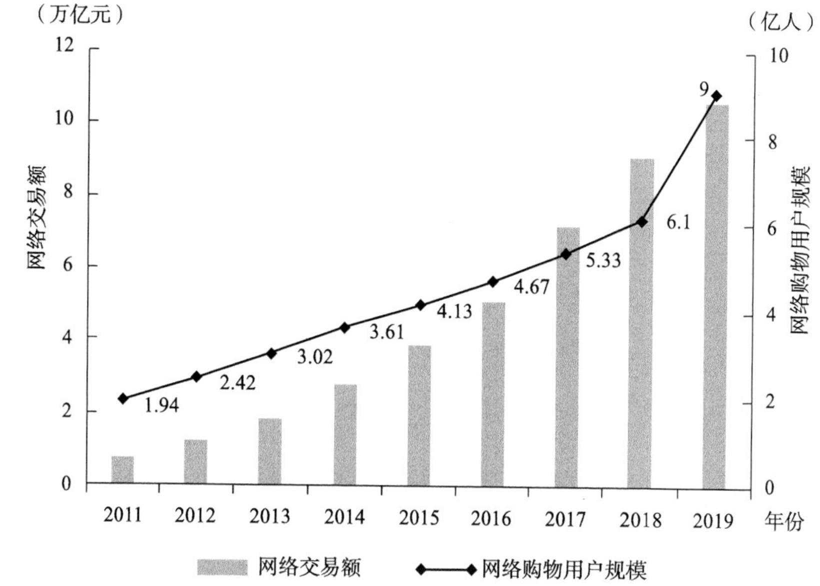

图 1-1　2011—2019 年网络交易额与网络购物用户规模

资料来源：《2019 年中国电子商务报告》。

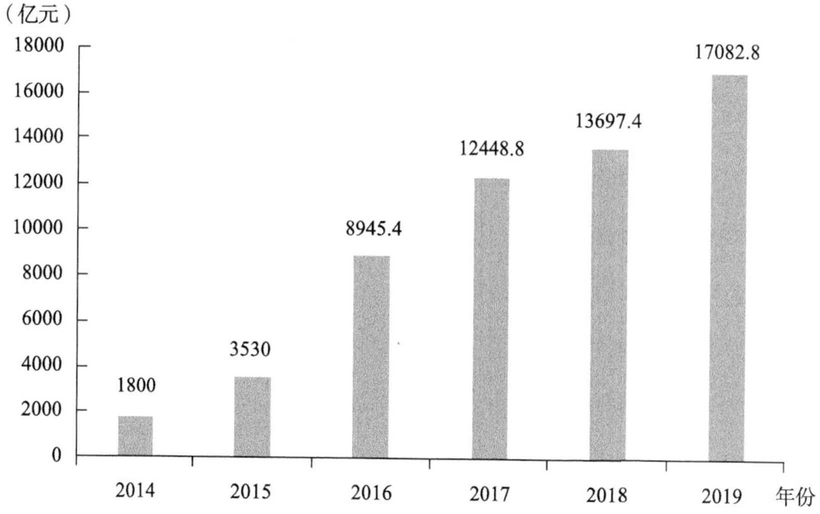

图 1-2　2014—2019 年农村网络零售额

资料来源：《2019 年中国电子商务报告》。

（2）“双创”战略下的草根经济

李克强总理2014年在达沃斯论坛上提出“大众创业、万众创新”的理念后，又在2015年的首届世界互联网大会、国务院常务会议上以及政府工作报告等文件中频频阐释这一关键词，指出当今时代尤其是年轻人要勇于创新创业，要形成“大众创业”“草根创业”的新浪潮，要形成“万众创新”“人人创新”的新态势，要激发民族的创业精神和创新基因。电子商务作为新时代发展的产物，年青一代尤其是“草根一族”如果能够借助专业技能，敏锐判断市场动向并抓住关键机遇，就能迅速促进产业的专业化和特色行业的兴起。农村作为“互联网+”的底层市场，加上原生态的环境和特色资源，如果创业能人或者大学生能够发挥自身的电商“基因”，勇做时代的弄潮儿，就能在农村地区带动特色资源的开发、特色产品的挖掘、特色产业链的打造。纵观河南省淘宝村的形成与发育，大多数创业能人在早期能迅速地融入“互联网+”大潮，结合当地的特色如蜂蜜、戏服、大鼓、牡丹画等，快速打开网商市场并进行专业化的经营，销售额和产品价值不断攀升，从而成为当地的“草根”明星和创业达人。可以说，在双创背景下，农村地区如何抓住时代发展的机遇，最大限度地促进电商经济与当地特色产品的融合是乡村振兴的重点。以河南省荥阳市刘沟村为例，当地紧邻黄河，乡镇企业的基础薄弱，工业化水平低。然而，当地的土质和气候适合石榴种植，“河阴石榴”品牌名扬天下，刘沟村也成了远近闻名的特色种植生态村。在“互联网+”的浪潮下，刘沟村的几个年轻人抓住市场机遇，形成了网上知名度很高的电商品牌，进而带动了全村的专业化运作和地区品牌打造，让创新创业惠及了全村，形成了内生型、生态型“草根”电商模式，被誉为石榴电子商务业淘宝村，有力地促进了当地的产业兴旺和农民增收。

（3）农村经济发展的“淘宝”新力量

淘宝网是城乡居民经常逛的一个购物网站，其以“低廉、品优、畅销”等特点吸引了大批经营者和网络消费者。据统计，淘宝网拥有近 6 亿的注册用户，每天有超过 6000 万的固定访客，同时每天的在线商品数超过了 8 亿件，平均每分钟售出 4.8 万件商品。阿里巴巴集团公布的截至 2019 年 12 月 31 日的季度业绩显示，其中国零售市场移动月度活跃用户达 8.24 亿，较 2019 年 9 月增长 3900 万，创历史新高。年度活跃消费者达 7.11 亿，同比增长 1800 万。由于农村地区创业达人在淘宝网的集聚和经营，使得这些创业达人所在村庄的特色农产品迅速产业化并产生品牌效应，从而形成特色淘宝村。2009 年，中国出现了最早的一批淘宝村。随着我国农村网民规模逐步扩大，互联网普及率逐年上升，淘宝村的数量如雨后春笋般地增长。从最初的 3 个到 2013 年进入统计视野的 20 个，到 2014 年的 200 多个，再到 2017 年的 2000 多个，又到 2019 年的 4310 个（见图 1-3），淘宝村快速增长，成为影响中国农村经济发展的一股不可忽视的新力量。然而，根据《2009—2019 年中国淘宝村研究报告》统计，从淘宝村的区域分

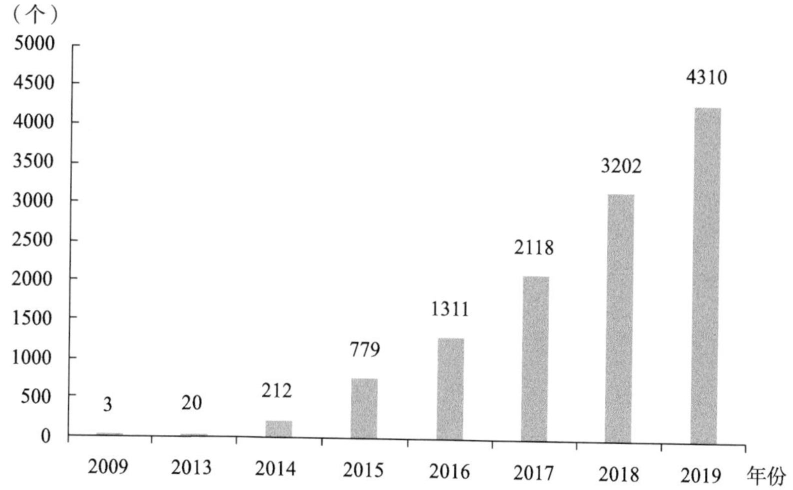

图 1-3 2009—2019 年中国淘宝村数量变化

资料来源：《2009—2019 年中国淘宝村研究报告》。

布看（见表1-1），各个地区呈现明显的空间分异特征，东部沿海地区淘宝村数量规模大并呈现迅猛的增长趋势，而中西部地区与东北部地区发展较为落后，这在很大程度上反映了发达地区与欠发达地区的发育问题。因此，有必要对欠发达地区的网商集聚过程及集聚机理进行研究，以促进欠发达地区淘宝村的形成与培育，从而推动全国淘宝村的健康发展。

表1-1　2009—2019年中国四大区域淘宝村分布情况　单位：个

地区	年份							
	2009	2013	2014	2015	2016	2017	2018	2019
东部	3	20	208	762	1281	2040	3089	4138
中部	0	0	2	11	20	57	86	137
西部	0	0	2	5	5	11	14	20
东北部	0	0	0	2	5	10	13	15
总计	3	20	212	780	1311	2118	3202	4310

资料来源：《2009—2019年中国淘宝村研究报告》。

从各省份淘宝村的数量变化看（见表1-2），中国淘宝村呈现以东部地区为主，中西部地区次之，东北部地区最少的分布格局。具体来看，95%左右的淘宝村分布在东部，主要集中在浙江、广东、江苏等省份；中西部的淘宝村数量较少，而河南省淘宝村的数量在近几年的增长速度较为突出，占据了中西部一半以上的数量；东北部淘宝村最少。从时间上看，东部的淘宝村数量增幅最大且远远领先于其他地区，中西部与东北部的增幅相对较低。中西部淘宝村呈平稳增长状态，多数省份在2015年以后才出现淘宝村。根据《中国统计年鉴2019》，2018年河南省人均GDP为50152元，位居全国第17名；城镇化率为51.71%，位居全国第25名，可见河南省的经济发展与城镇化水平在全国处于相对落后的状态。因此，在动力不够强劲的背景下，发挥农村电商在农业现代化和乡村振兴的“奇兵”力量，能有效地破解落后地区的产业发展问题，同时拓宽农民的就业路径。

表 1-2 2009—2019 年中国各省份淘宝村数量变化

单位：个

省份	年份							
	2009	2013	2014	2015	2016	2017	2018	2019
浙江省	1	6	62	280	506	779	1172	1573
广东省	—	2	54	157	262	411	614	798
江苏省	1	3	25	127	201	262	452	615
山东省	—	4	13	63	108	243	367	450
河北省	1	2	25	59	91	146	229	359
福建省	—	2	28	71	107	187	233	318
河南省	—	—	1	4	13	34	50	75
湖北省	—	—	1	1	1	4	10	22
江西省	—	1	—	3	4	8	12	19
天津市	—	—	1	3	5	9	11	14
安徽省	—	—	—	—	1	6	8	13
北京市	—	—	—	1	1	3	11	11
辽宁省	—	—	—	1	4	7	9	11
湖南省	—	—	—	3	1	3	4	6
四川省	—	—	2	2	3	4	5	6
吉林省	—	—	—	1	1	3	4	4
广西壮族自治区	—	—	—	—	—	1	1	3
重庆市	—	—	—	—	—	1	3	3
贵州省	—	—	—	—	—	1	1	2
山西省	—	—	—	1	1	2	2	2
陕西省	—	—	—	—	—	1	1	2
新疆维吾尔自治区	—	—	—	—	—	1	1	1
云南省	—	—	—	2	1	1	1	1
宁夏回族自治区	—	—	—	—	—	1	1	1
黑龙江省	—	—	—	—	—	—	—	1

资料来源：《2009—2019 年中国淘宝村研究报告》。

（4）中原农业现代化发展的新动力

河南省是中国的农业大省，2019 年全省农村人口为 4511 万人，“三农”问题一直是政府关注的重点。河南省农产品资源丰富，特色农产品达

3000多种，花卉草木、中药材、食用菌、茶叶、芝麻、花生等产量居全国前列，且2007年中央一号文件关于“一村一品”的政策促使河南省的专业村大规模兴起，加快了农村经济的改革，成为解决“三农”问题的重要途径。之后，随着电子商务与互联网的深入发展，在国家推动新农村建设的旗帜下，淘宝村作为我国农村地区出现的新兴产物，为加快农村经济发展和促进农民增收开辟了新天地。2016年河南省发布的《关于大力发展电子商务加快培育经济新动力的若干意见》中指出，积极发展农村电子商务，统筹建设农村信息服务平台，推进农村地区和边缘地区的信息通信基础设施建设，鼓励农村青年回村开办网店等。这为河南省发展淘宝村提供了良好的政策保障，从而促进了农村网商经营者的进一步发展，助推网商集聚现象的产生。2018年3月8日，习近平总书记在十三届全国人大一次会议中强调，要推动乡村产业振兴，紧紧围绕发展现代农业，围绕农村一二三产业融合发展，构建乡村产业体系。当前，河南省许多农村产业化龙头企业尚保持着传统的市场营销模式，电商模式尚未开发，一二产业没有与第三产业很好地融合。《1%的改变：2020中国淘宝村研究报告》指出，河南省在2014年出现了首个淘宝村——焦作市孟州市南庄镇桑坡村，实现了“淘宝村”零的突破。截至2019年底，淘宝村已增加至75个，可见河南省正处于淘宝村快速增加阶段。然而，与发达地区多数淘宝村的发展相比，在网商集聚阶段差异较大，整体的规模效益也亟待提升。在此背景下，以河南省淘宝村为代表分析网商发展的集聚规律和专业化组织模式，对促进中原地区淘宝村的形成与培育、乡村产业振兴、农村现代化建设等具有重要的支撑作用。

（二）研究意义

1. 理论意义

第一，有利于完善乡村经济协调发展理论。随着“互联网+”和农村电子商务的快速发展，淘宝村作为一种新兴专业村开始在中国呈现大范围扩散，这种现象引起了许多学者的关注，并且取得了一些研究成果。在长三角地区，发达的经济水平和优越的电商环境为淘宝村的出现和发展创造了良好的氛围，也促进了电商与当地企业的高度融合，形成了具有特色的“长三角”模式。欠发达地区如河南省受地理位置、科技水平、创新人才等各方面因素的限制，淘宝村的发展仍处于初级阶段，相关研究也有所欠缺。因此，本书选取河南省作为欠发达地区的代表，进行电商发育水平与电商集聚机理研究，有利于认知欠发达地区淘宝村网商集聚对农村产业结构、农村电商市场竞争力以及农村经济结构的影响，对拓展农村电子商务、专业村类型、产业集群等相关领域具有重要的意义。

第二，有利于梳理“线上”“线上+线下”经济集聚机理。淘宝村的形成一方面受“线上”经营、网络营销、售后维护等方面的影响，与“线下”企业的经营管理方式不同；另一方面网络集聚的空间位置（店铺 IP 位置）具有一定的不确定性，有些甚至不在当地村，与实体地理空间的关系有较大差异。因此探讨“线上”集聚机理有利于对比其与实体经济的组织模式差异。此外，由于淘宝村一般借助于本地的特色资源，其“线上”集聚与“线下”产业之间有着紧密的联系，因此探讨“线上+线下”的产业联系、集聚方式构成、一体化运用模式等，对研究电子商务专业村具有重要的现实意义。

第三，有利于探究乡村地理学的产业集聚理论。在农村电商模式下，互联网经济已成为农村经济发展的重要引擎，为促进新型城镇化和乡村振兴奠定了基础。从淘宝村的空间分布看，东部地区与中西部地区呈现明显的空间分异特征，中西部地区仍处于较为落后的状态。因此，为进一步促进欠发达地区淘宝村的形成与培育，本研究选取河南省作为欠发达地区的代表，对淘宝村网商集聚过程与集聚机理进行研究，对比分析与东部沿海地区网商集聚过程、发展模式的差异，进一步了解欠发达地区农村在依托特色产业、资源优势以及品牌优势等条件下形成淘宝村网商集聚的过程，从而在农村孕育出更多规模化、企业化经营的网商，为探究欠发达地区淘宝村的发展模式提供借鉴意义。

2. 实践意义

第一，有利于助推乡村振兴。农村电商以及淘宝村作为“互联网+农村”的典型产物，不仅改变着农村经济发展模式，而且推动新型城镇化的发展，实现创造农村社会和经济的双重价值。淘宝村作为乡村振兴的“先行者”，有助于增加农民收入，实现减贫脱贫，提升县域经济水平，为县域乡镇经济活力释放提供强大动力。同时，在“大众创业、万众创新”的背景下，淘宝村的发展，带动了中青年返乡就业创业，对拓宽农民就业门路、增加农民收入、促进当地农业产业化发展等具有重要的意义。本书通过对河南省农村电商和13个淘宝村的调研，深入分析其网商集聚过程与集聚机理，不仅有利于提高淘宝村的专业化和规模化程度，缩小与发达地区淘宝村的差距，而且有利于淘宝村在河南省其他农村的复制和推广，形成更多的淘宝村，进一步助力乡村振兴。

第二，有利于促进欠发达地区的农业现代化。河南省是中国的农业大省，是中国主要的粮食生产基地，粮食之外的农业农村现代化一直是河南振兴的重点。然而，由于河南省农村地区教育水平比较落后，科技创新人才缺乏，因此农村经济社会发展水平相对落后，经济振兴和转型发展的步伐相对不快。近几年，在国家倡导和推动“互联网+”的浪潮下，桑坡村借助电子商务平台发展本地皮毛产品，成为河南省第一个淘宝村，产品远销国内外，成为乡村振兴的一个亮点。然而，河南省其他地区的淘宝村虽逐渐发育，但其产业带动能力、经济社会辐射力依然不强。因此基于微观视角对河南省不同类型淘宝村的网商集聚过程以及集聚机理进行分析，能为河南省乃至中部地区的农村在集聚发育过程中提供支撑，进而引导和推动其他农村的淘宝村发展。同时，总结河南省淘宝村类型和集聚模式，引领相似类型农村转型为淘宝村并推动其农业现代化，能为新时代的乡村振兴提供支撑，对带动当地农村传统产业、推进农村产业发展、促进农村经济增长等具有重要意义。

第三，有利于探索中西部乡村产业发展的新模式。中西部地区淘宝村的发展在近几年呈现相对较快的发展状态，但与东部地区相比仍然存在一定的差距。因此，研究中西部地区淘宝村的集聚规律和提升路径，能有效改变欠发达地区农村发展落后的局面。河南省作为中原经济区的主体区，也是中西部地区转型发展的重点区，其发展是提升整个中原经济区实力的关键。目前，河南省淘宝村的数量在中西部处于较为领先的地位，淘宝村在邻近区域的辐射带动效应不断提升。因此，探究河南省淘宝村网商集聚的过程与机理，不仅对促进整个中原地区农业发展，改善农民生活水平，缓解“三农”问题等具有重要的意义，而且对探索乡村经济发展新模式，提升中原经济区乡村生产力有重要支撑作用。除此之外，研究河南省淘宝村可复制、可推广的规律，能为中西部欠发达地区淘宝村的发展提供实践支撑，也能为中西部地区乡村经济发展转型提供可持续发展路径。

二、研究区域与数据来源

（一）研究区域

河南省东接安徽、山东，北接河北、山西，西连陕西，南邻湖北，总面积约 16.7 万平方公里，是全国重要的综合交通枢纽和人流、物流、信息流中心，素有“九州腹地、十省通衢”之称。根据《河南统计年鉴 2019》

统计，河南辖18个省辖市，21个县级市，85个县，52个市辖区，1173个镇，618个乡，660个街道办事处，5974个居民委员会，45653个村民委员会。从行政等级上明显可以看出，乡镇和乡村单元在河南省的分布状态和“底层”压力。2019年末全省总人口10952万人，比上年末增加46万人，常住人口9640万人，比上年末增加35万人，其中城镇常住人口5129万人，常住人口城镇化率53.21%，比上年末提高1.5个百分点。由城镇化率水平可知，河南省仍有近一半的人生活在农村，农村现代化和乡村振兴的进程仍需进一步加快。

从经济发展水平看，河南是中国经济大省，GDP总量列全国第五位、中西部第一位，以河南为主体的中原经济区为中国第四大经济区。2019年全省生产总值达54259.2亿元，按可比价格计算，比上年增长7%，实现了7%~7.5%的年度预期目标，高于全国平均水平0.9个百分点。分产业看，第一产业增加值为4635.4亿元，增长2.3%；第二产业增加值为23605.79亿元，增长7.5%；第三产业增加值为26018.01亿元，增长7.4%。然而，河南省作为典型的中部农区，是全国第一农业大省，以全国1/17的耕地生产了全国1/10的粮食，农业的支撑力和对三产的贡献率仍需进一步提升。河南省农产品种类众多，有新郑大枣、四大怀药、灵宝苹果等多个品牌，为淘宝村的形成奠定了产业基础。农业的特色优势、“互联网+”的时代背景、电商企业的“底层”渗透，加上国家和河南省对电商的政策支持，2010年以来河南省的农村电子商务业快速发展。2014年，河南省被确定为首批电子商务进农村综合示范试点省，这进一步促进了河南省农村电子商务迅速融入“互联网+”浪潮。

从现实情况看，河南省作为中西部电商专业村快速发展的代表，其既具备跟随全国淘宝村快速增长的整体趋势，又具有中西部欠发达农区淘宝村发育的地区特色，因此作为中西部欠发达淘宝村的代表十分合适。2014

年河南省初现淘宝村，2016 年淘宝村达到 13 个，2019 年上升为 75 个（见表 1-3），2020 年已超过 100 个，达到 135 个。考虑到 2016 年河南省淘宝村的数量突破 10 个且各村的产品、地区专业化模式等具有代表性，且经济社会关联效应出现，故选择 2016 年河南省淘宝村作为调研和分析对象，探索典型淘宝村的网商集聚规律和地区经济发展模式。

表 1-3　2019 年河南省淘宝村名称、区位及主营产品

淘宝村名称	区位	主营产品
孙白社村	安阳市滑县	特色农产品
河门头村	安阳市滑县	金银花
把里村	安阳市滑县	特色农产品
袁庄村	安阳市滑县	特色农产品
四联村	焦作市孟州市	密胺餐具
桑坡村	焦作市孟州市	皮毛
东梁所村	焦作市温县	鞋子类产品
范场村	开封市兰考县	民族乐器
仁和屯村	开封市龙亭区	食品添加剂、包装批发
塔西村	洛阳市瀍河回族区	农产品
五郎庙村	洛阳市洛龙区	特色农产品、服装业
皂角树村	洛阳市洛龙区	机械设备
武屯村	洛阳市洛龙区	钢制家具
白草坡村	洛阳市洛龙区	农产品
东庞村	洛阳市洛龙区	钢制家具
掘山村	洛阳市洛龙区	钢制家具
西庞村	洛阳市洛龙区	钢制家具
南石山村	洛阳市孟津县	唐三彩
上店村	洛阳市孟津县	特色农产品
平乐村	洛阳市孟津县	牡丹画
东山头村	洛阳市孟津县	特色农产品
马屯村	洛阳市偃师市	大鼓

续表

淘宝村名称	区位	主营产品
南街村	漯河市临颍县	农产品
白塔村	南阳市卧龙区	农产品
达士营村	南阳市卧龙区	农产品
双龙村	南阳市西峡县	香菇
罗营村	南阳市镇平县	玉器
向寨村	南阳市镇平县	锦鲤
桥东村	南阳市镇平县	农产品及塑料
桥南村	南阳市镇平县	机械制造
桥西村	南阳市镇平县	花卉种植业
兴国寺村	南阳市镇平县	汽车附件
贺庄村	南阳市镇平县	玉器
老毕庄村	南阳市镇平县	玉器
石佛寺村	南阳市镇平县	玉器
王营村	商丘市夏邑县	枣夹核桃
块村	新乡市凤泉区	特色农产品
洪门村	新乡市红旗区	特色农产品
北云门村	新乡市辉县市	特色农产品
八里营村	新乡市卫滨区	塑胶制品、纸制品
李村	新乡市卫滨区	特色农产品
堡上村	新乡市卫辉市	特色农产品
张辛店村	新乡市长垣县	机械设备
郭店村	许昌市建安区	社火道具
霍庄村	许昌市建安区	社火道具
韩庄村	许昌市长葛市	特色农产品
和尚杨村	许昌市长葛市	蜂机具
双庙李村	许昌市长葛市	蜂机具
大孟村	许昌市长葛市	特色农产品
岗李村	许昌市长葛市	蜂产品

续表

淘宝村名称	区位	主营产品
尚庄村	许昌市长葛市	蜂产品
申庄村	许昌市长葛市	蜂产品
后河村	许昌市长葛市	蜂产品
刘士华村	许昌市长葛市	农产品
王买村	许昌市长葛市	汽车配件
朝阳村	许昌市长葛市	棉麻制品、家具
黄龙岗社区	郑州市二七区	塑料制品
西胡垌社区	郑州市二七区	特色农产品
樱桃沟社区	郑州市二七区	文创产品
西村	郑州市巩义市	农产品加工业
河西袁村	郑州市管城区	特色农产品
八堡村	郑州市惠济区	特色农产品
花园口村	郑州市惠济区	包装材料
柏树刘村	郑州市新郑市	农产品及加工业
东徐村	郑州市新郑市	特色农产品
古城村	郑州市新郑市	服装业
侯庄村	郑州市新郑市	服装业
荆垌村	郑州市新郑市	特色农产品
梅山村	郑州市新郑市	特色农产品
山西乔村	郑州市新郑市	特色农产品
王许村	郑州市新郑市	特色农产品
小赵村	郑州市新郑市	鞋子类产品
于寨村	郑州市新郑市	机械设备
李克寨村	郑州市荥阳市	机械设备
高村	郑州市荥阳市	石榴

资料来源：《2009—2019 年中国淘宝村研究报告》。

（二）数据来源

1. 经济社会统计数据

经济社会统计数据分为两部分，一部分是电商统计数据，另一部分是相关统计指标数据。一方面，中国电子商务业规模指标、电商指数、淘宝村数量等来源于阿里研究院发布的2013—2019年《中国电子商务报告》《中国淘宝村研究报告》等报告；另一方面，区域经济社会统计数据主要来源于2013—2019年《中国统计年鉴》《河南统计年鉴》等统计年鉴。

2. 调查问卷与访谈数据

为进一步分析河南省淘宝村网商集聚机理，笔者团队通过对13个淘宝村进行实地调研和访谈来获取每个村庄的网商发展基础数据。调研主要分为两个阶段，第一阶段为2018年4月9日至4月16日，对许昌市尚庄村、岗李村、双庙李村、和尚杨村、霍庄村与郭店村进行调研，第二阶段为2018年7月10日至7月20日，对石佛寺村、贺庄村、平乐村、掘山村、马屯村、桑坡村、王营村进行调研。具体调研分为两部分，一是对村干部的访谈和问卷调查，共发放13份问卷，回收有效问卷13份，有效回收率100%。问卷内容主要包括村庄的基本概况、淘宝村发展的基本情况以及目前发展中存在的问题与未来发展的规划等。二是对网商经营者一对一问卷调查，共发放了240份调查问卷，经过整理和分析，回收有效问卷205份，有效率为85.4%。问卷内容主要包括农户、社会网络、产业基础、互联网环境、政府行为等五个方面，为分析河南省淘宝村的网商集聚机理提供了基础支撑。

3. 空间数据

空间数据的获取主要通过91卫图助手下载获取13个淘宝村的遥感影像并进行空间可视化，然后在实地调研中运用两步路户外助手APP获取网商的地理坐标位置，最后将其与遥感影像进行匹配得到淘宝村网商在图上的具体位置，以此对13个淘宝村网商空间集聚状况进行分析。

三、研究思路与研究内容

（一）研究思路

首先，通过对国内外电子商务、农村电子商务以及淘宝村的研究进展进行客观分析，结合河南省农村电子商务业以及淘宝村的具体情况，探究乡村振兴背景下的河南省农村电商发展新模式；其次，从时空维度探究中国、河南省电子商务业、淘宝村发育情况，分析河南省电子商务业、淘宝村发展的阶段性规律和时空集聚过程；再次，对河南省 13 个淘宝村的网商集聚类型进行划分，归纳为“企业分销+产业基础+品牌效应”“闪培模式+政府培育+地域特色”“农户+家庭作坊+电商平台”“专业市场+资源优势”四种类型；最后，根据划分的四种类型，分别对每种类型下淘宝村网商集聚机理进行分析，并对其产生的区域经济效应、区域社会效应、区域环境效应等进行探究。

（二）研究内容

从地理学视角出发，以河南省 13 个淘宝村为主要研究对象，梳理国内外农村电商以及淘宝村的研究进展，总结河南省农村电商发展的基本情况与时空格局特征。进一步地，通过调研、访谈与定性定量评价，分析河南省淘宝村网商集聚过程、集聚特征及形成机理，探索网商集聚对区域经济发展的各种效应，以期为解决欠发达地区的“三农”问题和推进农业现代化提供理论支撑和实践支撑。具体内容如下：

第一章为绪论。根据研究背景与研究意义，给出选题来源和依据，介绍研究区域、数据来源、研究方法，分析研究思路与理论框架，提出研究的技术路线。

第二章为国内外研究进展。明晰电子商务、农村电子商务、专业村、淘宝村以及 B2B、B2C、C2C 等相关概念，总结国内外关于电子商务、农村电子商务以及淘宝村的研究进展，梳理研究脉络和研究突破点。

第三章为理论基础与分析框架。结合创新扩散理论、路径依赖理论、产业空间集聚理论等进行相关理论研究。

第四章为中国农村电商发展的总体情况与空间特征。在全国电子商务业、农村电商、淘宝村发展的时代背景下，分析中国农村电商发展的总体情况与空间特征。

第五章为河南省农村电商发展的总体情况与空间特征。首先，从省域尺度分析河南省在全国电商发展格局的梯度规律。其次，从市域尺度探究河南省 18 个省辖市电商发展水平的空间差异。再次，从县域尺度探究 105 个县域单元电商发展水平的空间差异。最后，基于淘宝村（镇）的变化来解释微观尺度下的时空变化格局。

第六章为河南省淘宝村网商集聚的形成过程与演化分析。首先，通过查阅资料和实地调研，从主导驱动因素以及内部组织形式的角度对河南省 13 个淘宝村网商集聚类型进行划分，归纳为四种类型。其次，根据划分的四种类型，对每种类型下淘宝村网商集聚的形成过程划分阶段，并对淘宝村网商在不同阶段的发展过程进行分析。最后，运用最邻近距离、空间可视化等方法对四种类型下淘宝村网商集聚的演化特征进行分析。

第七章为河南省淘宝村网商集聚的形成机理及区域效应。首先，根据划分的四种淘宝村网商集聚类型，分别对每种类型下淘宝村网商集聚机理进行分析。其次，基于构建的网商集聚机理分析框架图，从农户、社会网络、产业基础、互联网环境、政府行为等方面对河南省淘宝村整体网商集聚机理进行分析。最后，从淘宝村的区域经济效应、区域社会效应以及区域环境效应等方面进行分析。

第八章为结语。总结研究的主要内容，指出研究的创新之处和未来的研究重点。

四、研究方法与技术路线

（一）研究方法

采用理论分析与实证分析、静态分析与动态分析相结合的研究方法，综合运用多种分析手段对河南省农村电商以及淘宝村的集聚机理进行分析。主要研究方法如下：

1. 文献资料法与社会调研法相结合

在文献资料方面，通过对国内外有关电子商务、农村电子商务以及淘宝村的文献进行综述，掌握该研究领域的研究重点、重要学术观点、最新科学思想和方法，以及存在的主要问题。在社会调研方面，深入河南省具有代表意义、典型意义的淘宝村进行调查分析，为分析时空变化规律提供支撑。

2. GIS 空间分析方法

空间分析技术是基于地理对象的位置和形态特征的空间数据分析技术，其目的在于提取和传输空间信息，利用矢量化数据库进行空间格局分析，从而解释河南省农村电商和淘宝村的空间变化特点和规律。

（1）空间分类。空间分类是基于特征指标对整个研究区域发展水平进行分类化处理的一种空间分异方法，可以更清楚地了解特征指标在空间上的差异程度。常用的空间分类方法有自然断裂点、等间隔和分位数等，各种方法都有其优势。由于自然断裂点是一种基于数据方差计算的方法，可以保证数据之间组内差距较小、组间间隔最大，是空间分异研究最常用的方法。ArcGIS 软件在工具栏里提供了 Jenks 分类方法的应用模块，可以快速地解决分类问题。考虑到自然断裂点法的优势以及 ArcGIS 空间分类的方便性，选择自然断裂点法对结果进行类别划分，命名为低水平区、较低水平区、中水平区、较高水平区、高水平区五种类型区，以便更清楚地对比各类别间的变化。

（2）空间自相关。空间自相关包括全局空间自相关和局部空间自相关。全局空间自相关主要检验空间相近的区域单元属性值在整个研究区域内空间相关性的总体趋势，表示全局空间自相关的指标和方法很多，其中最常用的是 Moran's *I* 指数。Moran's *I* 指数反映了空间邻近的区域单元属性的相似程度。全局空间自相关 Moran's *I* 指数计算公式如下：

$$I_i = \frac{(x_i - \bar{x})}{s^2} \sum_j w_{ij}(x_j - \bar{x})$$

式中：

$$s^2 = \frac{1}{n} \sum_{i=1}^{n} (x_i - \bar{x})^2, \quad x = \frac{1}{n} \sum_{i=1}^{n} x_i$$

在局部空间自相关分析中最常用的是 LISA 集聚图，其能很好地分析区域局部空间联系。因此，根据 ESDA 方法，结合 Geo-Da 空间分析软件中的 LISA 分析方法，对河南省县域、市域的电子商务发展水平进行局部空间自相关分析，分析其空间内部联系。

（3）资料收集与问卷调查。通过阿里研究院、淘宝网平台、信息报告、官方新闻等收集相关数据和资料，准确分析研究区域中每个淘宝村发展的基本情况。同时，在中国知网查阅大量关于淘宝村网商集聚的相关文献，深入了解当前研究的内容、方法、理论以及存在的问题，为后续时空格局分析和淘宝村集聚研究奠定基础。为研究河南省淘宝村网商集聚过程与集聚机理，选取河南省 13 个淘宝村进行调研，深入村庄内部了解淘宝村的构成和集聚情况。调研主要分为两部分，一是对村干部的访谈和问卷调查，二是对网商的一对一问卷调查。关于村干部的访谈和问卷调查，主要涉及村庄的基本概况、淘宝村发展的基本情况以及目前发展中存在的问题与未来发展规划等三大方面，共15个问题。关于网商问卷的调查，主要涉及农村网商、社会网络、产业基础、互联网环境以及政府行为五个方面，共19个问题，以分析河南省淘宝村网商集聚的内在理论逻辑。通过访谈的形式，重点分析以下问题：淘宝村网店是怎么产生的？淘宝网商在空间上是如何扩散的？淘宝村网商是如何集聚的？

（4）比较分析法。比较分析是发现区域差异、获取显著性影响因素的重要途径，因此本书通过对比分析河南省13个淘宝村网商集聚的过程与演化特征，对不同产业类型的淘宝村网商集聚进行具体分类，有利于深入透视不同类型淘宝村的共性规律和个性差别，也有利于深入总结河南省淘宝村网商集聚的内在理论支撑。具体对比内容包括两个方面，一方面对比分析不同主营产品对淘宝村网商集聚的影响，分析不同网商经营模式和社会关系网络的差异；另一方面对比不同淘宝村网商集聚的发展阶段，分析影响网商扩散的关键因素。

（5）空间分析法。空间分析方法不仅可以将人文地理现象的规律可视化，而且在研究地理事物的空间分布、集聚形态以及区域差异上发挥着重要的作用。本书主要采用空间可视化、最邻近指数等方法从微观尺度分析河南省淘宝村空间分布和集聚演变。

（6）空间可视化。为更加形象化地分析网商在空间上的分布规律，运用AutoCAD、Photoshop等绘图软件分别对河南省13个淘宝村进行可视化处理。首先，通过91卫图助手下载获取13个淘宝村所在乡镇的遥感影像。其次，确定村庄的具体位置，运用Photoshop进行处理，然后将获取的遥感图导入AutoCAD对村庄的路网、基础设施、企业等进行矢量化处理。最后，通过实地调研确定实际企业、网商位置等信息，从而完善淘宝村网商空间演化图。以河南省首个淘宝村桑坡村为例，具体操作如图 1-4 所示。

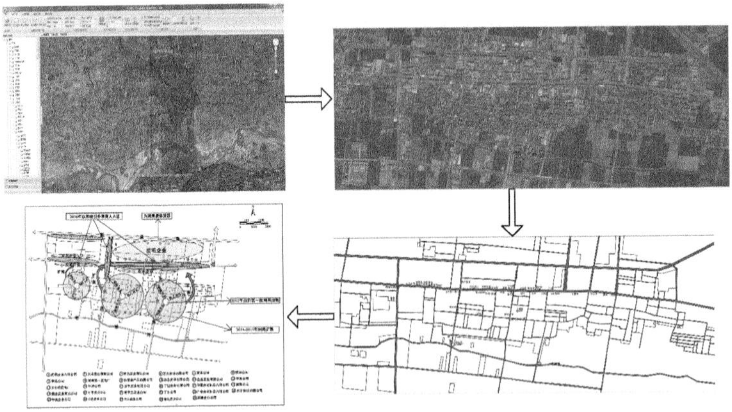

图 1-4　桑坡村可视化处理步骤

（7）最邻近距离法。为探究河南省 13 个淘宝村内部网商在空间上的分布类型，将淘宝村网商的位置作为点要素，采用最邻近距离法进行计算。最邻近距离法是通过计算实际最邻近距离与理论最邻近距离的比值来划分区域中点数据的分布模式的方法，分布类型主要分为集聚、均匀和随机分布三种。首先，将实际最邻近距离定义为$\overline{r_i}$，理论最邻近距离定义为$\overline{r_E}$，计算理论最邻近距离$\overline{r_E}$，以衡量淘宝村点要素在空间中相互邻近的程度，具体公式为：

$$\overline{r_E}=\frac{1}{2\sqrt{n/A}}=\frac{1}{2\sqrt{D}} \tag{1-1}$$

式中：A 为区域面积，n 为点数，D 为点密度。

其次，计算最邻近点指数 R，其为实际最邻近距离与理论最邻近距离之比，具体公式如下：

$$R=\overline{r_i}/\overline{r_E}=2\sqrt{D_r} \tag{1-2}$$

若 $R=1$，表示淘宝村网商在空间上呈随机分布；若 $R>1$，表示淘宝村网商在空间上呈均匀分布；若 $R<1$，表示淘宝村网商在空间上呈集聚分布。

（8）回归分析法。回归分析用于分析现象之间相关的具体形式，确定其因果关系，并用数学模型来表现其具体关系，是判断影响因素作用方向与强度的经典方法。为研究河南省淘宝村网店发展的影响因素，以网店销售水平作为因变量，从农户（网商）、社会网络、产业基础、互联网环境、政府行为等五个方面选择 16 个指标，利用 SPSS 计量软件，采用逐步回归分析法进一步分析影响淘宝店铺发展的因素。逐步回归分析是一种最优的多元线性回归方程的理论和方法，其数学模型为：

$$y=\beta_0+\beta_1 x_{\alpha 1}+\beta_2 x_{\alpha 2}+\beta_3 x_{\alpha 3}+\cdots+\beta_{k-1} x_{nk-1} \tag{1-3}$$

式中：$\alpha=1, 2, 3, \cdots, n$；$k-1$ 为自变量个数；n 为样本个数。

（二）技术路线

为探究河南省农村电商的发展情况以及淘宝村网商集聚过程与集聚机理，制定了如图 1-5 所示的技术路线。首先，通过收集和阅读大量的文献资料、研究报告，选取河南省 13 个淘宝村作为研究对象，并运用 Auto CAD、Photoshop 对研究区域的遥感图进行矢量化处理，建立文献资料库、数据库和矢量化地图库。其次，通过阐明研究背景和研究意义，梳理国内外文献进展，指出研究的理论支撑和突破点。再次，运用比较分析法对河南省淘宝村网商集聚进行类型划分，从整体和分类别两个视角进行网商集聚规律总结。复次，运用问卷调查、最邻近距离、空间可视化等方法，对每种类型下淘宝村网商集聚过程与演化进行分析，以探索不同类型淘宝村的内在演化逻辑。又次，基于构建的理论分析框架，结合问卷调查和访谈的分析结果，从农户、社会网络、产业基础、互联网环境、政府行为等五个方面分析淘宝村的集聚机理。最后，基于时空演化的规律特征和集聚机理的总结分析，结合河南省电商尤其淘宝村的演进态势，提出河南省农村电商高质量发展的路径以及对中西部淘宝村健康发展的理论支撑和可借鉴经验。

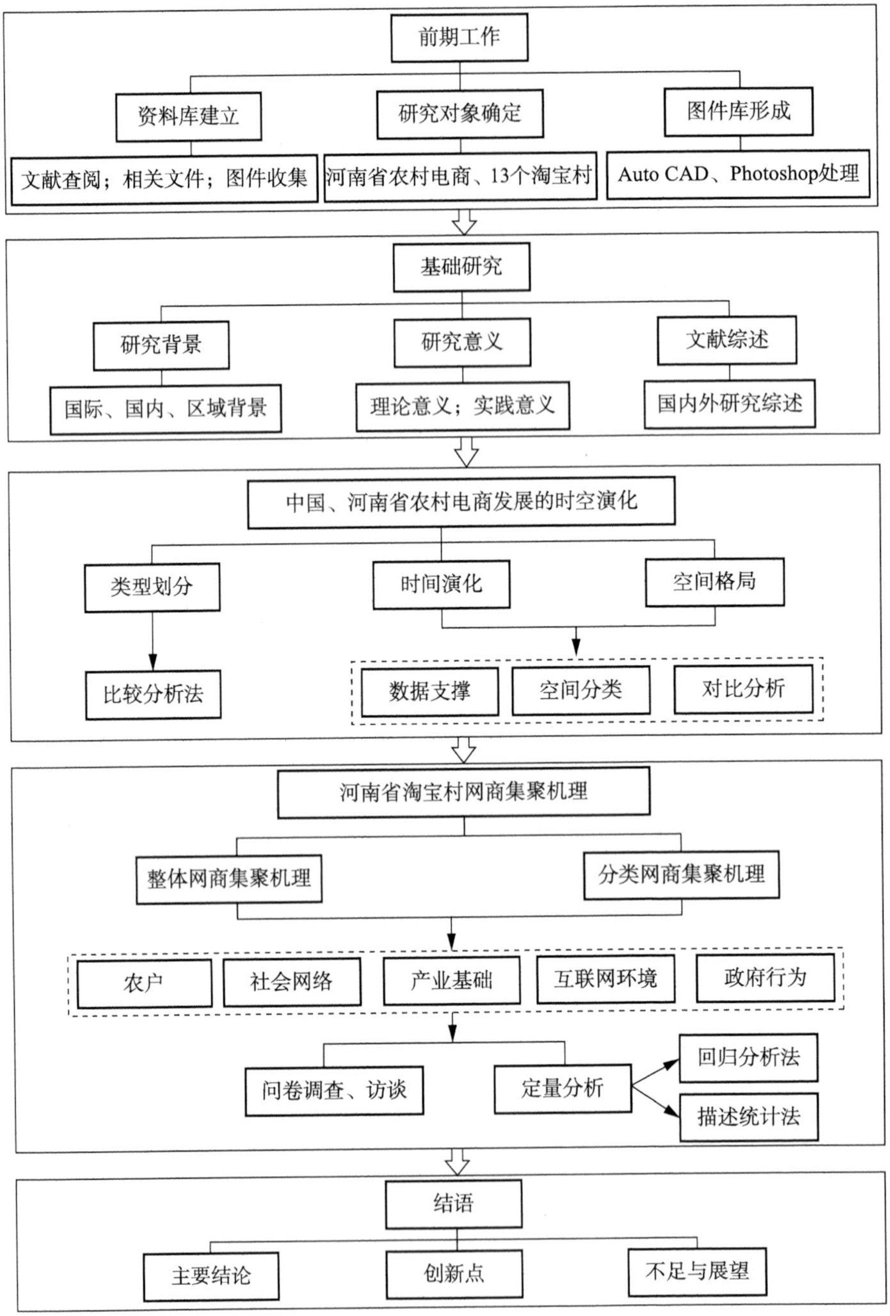
前期工作
资料库建立
研究对象确定
图件库形成
文献查阅；相关文件；图件收集
河南省农村电商、13个淘宝村
Auto CAD、Photoshop处理
基础研究
研究背景
研究意义
文献综述
国际、国内、区域背景
理论意义；实践意义
国内外研究综述
中国、河南省农村电商发展的时空演化
类型划分
时间演化
空间格局
比较分析法
数据支撑
空间分类
对比分析
河南省淘宝村网商集聚机理
整体网商集聚机理
分类网商集聚机理
农户
社会网络
产业基础
互联网环境
政府行为
问卷调查、访谈
定量分析
回归分析法
描述统计法
结语
主要结论
创新点
不足与展望

图 1-5　技术路线

第二章

国内外研究进展

农村电子商务发展与淘宝村网商集聚，离不开“互联网+”的时代环境和电子商务业的繁荣发展，也离不开专业村、网商集聚、淘宝村形成等具体的支撑要素。因此在进行国内外研究述评时，一方面明晰电子商务与农村电子商务，数字经济、网络经济与电商经济，专业村与电子商务业专业村，淘宝店铺、淘宝村与淘宝镇的概念差异；另一方面从农村电子商务、网商集聚、淘宝店铺与淘宝村三个方面进行归纳总结，以期从更加综合的视角分析当前研究的理论脉络和演进趋势。

一、相关概念

（一）电子商务与农村电子商务

电子商务。一般而言，电子商务是指利用互联网等现代信息技术手段，进行以商品交易为中心的商业或者商务活动。在信息化融合各行各业的当下，电子商务是指以信息网络技术为手段，将传统商业活动的各个环节电子化、网络化、信息化（甚至省去部分环节），在互联网、企业内部网和增值网上以电子交易方式进行交易活动和相关服务的商业或者商务活动（胡天石，2005）。电子商务的类型分为：ABC、B2B、B2C、C2C、

B2M、M2C、B2A（即B2G）、C2A（即C2G）、O2O等。由于本书重点分析的是相关模式与农村电商的关系，故择其中的B2B、B2C、C2C进行简要讲解。其中，B2B（Business-to-Business）是指企业与企业之间通过互联网技术或各种商务网络平台，进行数据信息的交换、传递，完成商务交易等活动的商业模式；B2C（Business-to-Customer）是指商家直接面向消费者销售产品和服务商业零售的一种模式，例如天猫旗舰店、京东自营等；C2C（Consumer to Consumer）是指消费者个人间的电子商务行为，主要以淘宝网交易平台为主，进行商品买卖的互动。在中国C2C市场，淘宝的市场份额超过60%，占据一多半“江山”，是中国典型的C2C代表。农民网商作为淘宝网的“草根”经营者，对农村电子商务的振兴发展起着决定性作用，因此本书以淘宝村网商作为主要的调研访谈对象，探究其在淘宝村形成和发育过程中的关键作用。

农村电子商务。农村电子商务是在电子商务发展的基础上，主要围绕农产品（加工品）进城以及消费品下乡所开展的一系列电子化的交易与管理活动，包括农业生产管理、农业信息服务、农产品的网络营销以及电子支付、物流管理、客户关系管理等多个方面（Yoo J、Kim M，2014）。从商品买卖和最终流向看（王君超，2015），农村电子商务主要是将特色农区或者粮食生产核心区的农产品或其加工品进行“互联网+”式销售，最终以客户的需求为导向通过现代物流技术配送至目的地，即借助现代互联网技术、通信技术、信息技术以及线下物流的支撑，将农产品或其加工品和消费品快速送至目的地。可以说，农村电子商务一方面利用网络信息技术，促进农村居民持续增收，逐步提高农民的生活水平，不断推动农村经济可持续发展；另一方面推进了电子商务在我国农村地区生根发芽，减少了地方经济发展对资源禀赋的依赖，从而为欠发达地区实现“弯道超车”提供可能，也为农业现代化发展提供了契机。但由于城乡发展不平衡，农村的网络基础设施建设相对滞后，中西部欠发达农区的农村电子商务业发展薄弱且支撑力不够。另外，受生产区域分散、天气变化、产品存储运输等因素的影响，农副产品生产、农用品的需求不可预知，局部交通不便的地区与偏远山区的农村电子商务业仅处在起步阶段，“快速”起飞的条件不够且资金技术的支持力不强，因此中西部地区的农村电子商务发展水平相对滞后。

（二）数字经济、网络经济与电子商务经济

数字经济。数字经济是指在“互联网+”的时代背景下，运用信息技术不断升级实体经济，使传统经济的运行模式和销售方式不断升级，推动实体经济不断向信息化融合，进而推动产业结构的优化升级和高质量发展（逄健、朱欣民，2013）。数字经济的一个重要表现就是数字产业化。因此，基于数字产业化的实体经济或者信息产业的效应研究，有利于挖掘产业深入融合的关联价值和潜在机制，进而推动新业态的形成和新产业系统的交织融合。数字产业化具体代表的业态有电子信息制造业、电信业、信息技术服务业和互联网等行业，而产业数字化的具体代表业态主要是电子商务业，其应用数字技术极大地提高了生产数量和效率，并借助发达的网络信息技术迅猛发展。

网络经济。网络经济，与数字经济有类似之处，但其更强调企业的网络经营和信息化服务互动。一般而言，网络经济是指在信息化融合经济的过程中，各类企业利用信息和网络技术整合各式各样的信息资源，并依托企业内部和外部的信息网络进行动态的商务活动，研发、制造、销售和管理活动所产生的经济（乌家培，2000）。由于网络经济是建立在信息流、物流和资金流基础之上的产业活动，因此其与传统产业的市场源寻找、目标企业选择、配送服务构成等有很大不同，而是借助网络对买卖双方产生互利影响，因此减少了很多中间环节和冗繁过程，形成了有别于传统经济

模式和经营理念的新运营模式。网络经济有两个基本要素：经济行为主体的“集”和经济链的“集”。其中经济行为主体的“集”是指通过网络经济的新型商业模式，将“看得见”“看不见”的经济行为主体通过网络的联通作用集合在一起，围绕一条共同的产业链进行生产、经营、销售和服务活动。其中经济链的“集”是指通过经济行为主体之间的特殊经济联系，将产业活动各利益主体产生的经济价值“捆绑”在一起，产出集成的产品和服务利益。

电子商务经济。如电子商务、农村电子商务概念所阐释的，电子商务经济就是以电子商务平台为核心，以电子商务应用需求、电子商务服务业为两翼，以新一代信息技术应用为支撑，包含众多信息消费者而形成的新型经济生态系统，是能带来串联式、集合式效益的复合网络经济（周静、杨紫悦、高文，2017）。从当前我国信息化与网络经济的发展形势看，电子商务经济不仅是我国电子商务发展到一个相对成熟阶段的表现，也是新一代技术在我国经济信息化建设中得到有效应用的表现，更是促进国民经济和社会信息化建设的主要力量。在新冠肺炎疫情影响和常态化防控的当下，电商经济作为供给侧结构性改革的重要突破点，不仅拓展了原有销售模式的宽度，解决了产品积压、过剩的销售难题，而且吸引了不同行业、不同领域纷纷参与，成为带动文化交流、促进城市产业融合和经济发展的有力抓手，掀起全民、全行业、全社会共同参与的新浪潮。

（三）专业村与电子商务专业村

专业村。专业村与“一村一品”“专业种植村”“专业化生产村”概念类似，是指大部分村民围绕特定的农产品或农产品加工产业，进行专业化种植或者加工化生产而形成的产业集群或者劳动组织形式。由于专业村能盘活农村经济发展的产业链，能提升农业的产品价值，能有效地解决农村剩余劳动力问题，因此被认为是实现农业产业化、现代化的重要载体形式。然而，由于相关学者对专业村的人口与产业规模、产业活动的参与度、产业链条的延展程度界定不一，因此关于专业村的界定标准差异很大。陈学基（1984）认为专业村是指以村、生产队或自然村为单位，以从事某项专业生产为主的经济形式，凡从事某项产品生产的专业户占全村总农户的50%以上、专业生产收入占全村总收入的50%以上、产品率达80%以上的村或生产队，都可算为专业村。李小建（2009）认为专业村的内涵在于大部分农户商品性地从事一种或多种相互关联的生产或服务活动，并且使该活动的经济总量构成相应村的经济总量的主体，具体的参数标准在不同的地区应有所差异。针对上述概念内涵解释，李小建给出了专业村的三大判断标准，具体如下：①产业或产品标准：主导产业或产品生产规模要占全村产业或产品总规模的较高比例。②收入标准：专业村主导产业或产品收入要在全村总收入中占绝对优势地位。③组织形式：专业村绝大多数农户从事主导产业或产品的生产经营活动。

电子商务专业村。电子商务专业村作为专业村的一种特殊类型，是指一个村的大部分村民通过电子商务平台从事农产品网络营销活动，另有部分村民从事与电子商务相关的生产或者服务活动的一种产业组织模式（曾亿武、郭红东，2016）。由于近年来中国电子商务业高速发展，各地专业村的电子商务融合方式不一，使得电子商务专业村的界定标准不一，电子商务专业村的类型也日益多样化。在众多电子商务专业村中，淘宝村作为普通民众认可度较高的一种类型，在促进农业产业化、农业现代化和乡村振兴中具有重要的支撑作用。因此，淘宝村作为农村经济发展的特色模式，受到了政府部门和学术界的关注，甚至将淘宝村作为一种“标杆”来复制、推广和借鉴。由于中西部淘宝村的发育程度不同、政府界定和阿里研究院标准不一，淘宝村的具体界定标准也存在差异。本书中淘宝村的数据主要来自阿里研究院，因此主要采用阿里研究院的标准，具体见淘宝村界定标准。

（四）淘宝店铺、淘宝村与淘宝镇

淘宝店铺。与网络店铺相关的企业和零售业经营者，通过官方网站发布相关产品来吸引消费者购买。由于阿里巴巴旗下的淘宝网具有进入门槛低、技术难度小、初始资金需求量少等优势，因此淘宝店铺成为社会各阶层创业者开店铺的首选。淘宝网根据消费者对店铺的信誉打分，将淘宝店铺分为不同的等级，主要包括心级、蓝钻、皇冠、金皇冠等。信用分值基于消费者购物打分累计得到，卖家每得到一个“好评”，就能够积累 1 分，中评不得分，差评扣 1 分。250 分以内的积分用红心表示，251 分到 10000 分用蓝色钻石表示，10001 分至 50 万分用蓝色皇冠表示，50 万分以上用金色皇冠表示（见表 2-1）。

表 2-1　网店经营质量等级划分赋值

信用分值	级别划分	店铺经营质量得分赋值
0～3	普通店	1
4～10	一级心店	1
11～40	二级心店	1
41～91	三级心店	1
91～150	四级心店	1
151～250	五级心店	1
251～500	一级钻店	2
501～1000	二级钻店	2
1001～2000	三级钻店	3
2001～5000	四级钻店	4
5001～10000	五级钻店	5
10001～20000	一级皇冠店	6
20001～50000	二级皇冠店	7
50001～100000	三级皇冠店	8

续表

信用分值	级别划分	店铺经营质量得分赋值
100001~200000	四级皇冠店	9
200001~500000	五级皇冠店	10
500001~1000000	一级金冠店	10
1000001~2000000	二级金冠店	10
2000001~5000000	三级金冠店	10
5000001~10000000	四级金冠店	10
≥10000001	五级金冠店	10

资料来源：国家标准，《电子商务平台服务质量评价与等级划分》。

淘宝村。如前所述，由于目前农村网商主要是以淘宝网为交易平台，以淘宝电商生态系统为依托，故人们习惯将电子商务专业村称为淘宝村。虽然“淘宝村”一词多现于媒体报道，但其概念起源于阿里研究院给予的定义，因为它是淘宝村的认定机构和公示机构。一般认为淘宝村是以淘宝网作为主要的交易平台，大量的农民从事网上商业交易活动，从而在农村出现网商集聚，形成规模效应和协同效应的电子商务生态现象。自 2009 年认定淘宝村至今，阿里研究院已经发布了十年的淘宝村发展报告。阿里研究院对淘宝村的认定基于以下三个标准：①交易场所：经营场所在农村地区，以行政村为单元；②交易规模：电子商务年交易额达到 1000 万元以上；③网商规模：本村活跃网店数量达到 100 家以上，或活跃网店数量达到当地家庭户数的 10%以上。

淘宝镇。一般而言，一个乡镇有大于或等于 3 个淘宝村就可以认定其为淘宝镇。此外，在阿里平台一个乡镇一年电商销售额超过 3000 万元、活跃网店数量超过 300 个，也可以认定为淘宝镇。2020 年 9 月阿里研究院发布的数据显示，淘宝镇广泛分布于 27 个省、自治区、直辖市，在上海、内蒙古、重庆、西藏、海南 5 个省（区、市），淘宝镇实现零的突破。中西部和东北地区淘宝镇由 223 个增加到 393 个，增长了 76%，可见以乡镇为单位的农村电商发展潜力巨大（阿里研究院，2020）。

二、国内外研究进展

由于农村电商与淘宝村的发展离不开“互联网+”的时代形势和信息化背景下电子商务业的支撑，因此本书在分析农村电商、淘宝村发展时，也就离不开对电子商务、网商集聚、店铺服务质量等方面的文献总结和脉络梳理。基于此，本书重点从“农村电子商务”“网商集聚”“淘宝店铺服务质量”三个维度进行文献综述，从而为农村电商的集聚和淘宝村的形成提供研究的逻辑起点和文献支撑。

（一）国外研究进展

1. 农村电子商务

20 世纪 90 年代初，美国得克萨斯州的美孚尔农场，出现了世界首例农产品电子商务的典型应用，取得了不错的网络经济效益。伴随着美国农村电子商务的影响，亚洲地区的农村电子商务也逐渐兴起，其最初的代表是 20 世纪 90 年代末的日本三株农会社，在亚洲产生了不小的反响。进入 21 世纪以来，伴随着信息技术革命和“互联网+”与各行各业的融合，农村电子商务不仅在发达国家逐渐地精准化运行，在发展中国家也逐渐兴起。目前国外研究主要集中在农村电子商务发展的作用（Poole B，2001）、发展模式（Wen W，2007）以及农村电子商务发展中存在的问题和对策（Ruiz - Garcia L、Steinberger G、Rothmund M，2010；Mukhitdinova U，2010）等方面。在作用方面，普尔 B（Poole B）等对农产品电子商务的运行模式进行了阐述，肯定了农村电子商务对农业产业化的促进作用。在发展模式方面，有学者在农产品电子商务发展模式创新方面作出了很大贡献，提出了一种基于农产品智能销售的电子商务系统（Wen W，2007），为农产品的快速融入市场提供了系统保障。在存在问题及对策方面，学者对农产品供应链进行了深入研究，找出了农产品供应链中存在的问题并提出了具体措施（Ruiz-Garcia L、Steinberger G、Rothmund M，2010；Leroux N、Mathias E D，2001）。此外，还有许多学者对电子商务的形成机制进行了研究，分析了影响农村电子商务发展的关键因子，从不同的层面丰富了农村电子商务的相关理论（Mukhitdinova U，2010）。

2. 网商集聚

在网商经营方面，国外研究一方面重视对网商经营策略、经营模式、售后服务等方面的研究，另一方面重视产品吸引、网店评价、代理商建议等外在因素对网商经营店铺的影响。在产品吸引方面主要包括网络广告推广和网店设计两个方面。在网络广告推广方面，学者基于商业广告传播效应和广告多媒体技术，证明了广告的吸引性、互动性也成为影响消费者购买的重要因素（Cho C H，1999；Rossiter J R、Bellman S，1999；Rodgers S、Thorson E，2000）。在网店设计方面，有学者通过构建因变量发现网店的内部链接结构对网店流量的影响较大（Lohse G、Spiller P，1999）。此外，国外还有一些研究论证了网商、消费者与实体零售商之间的关系，认为网商信誉的提升、网商品牌的建立改变了消费者对网店购物的消极态度并促进了消费者网购行为的增加，进而改变了消费者的购物行为和活动空间（Close A G、Kukar-Kinney M，2010；Ortinau D J、Babin B J、Chebat J C，2013；Melis K、Campo K、Breugelmans，2015）。总结发现，国外学者对网商的研究大多数是基于企业视角的，从农村视角研究网商集聚的文献较少。

3. 淘宝店铺服务质量

通过梳理文献发现，国外学者对于淘宝店铺服务质量的研究多从整个淘宝网或者淘宝网的相关网站进行综合研究，并且多数学者基于网站技术、网站发展经验、网站设计等宏观尺度对其服务质量的提升做出研究，或者在全球范围内对淘宝网站同其他国家同类型的网站服务质量进行对比研究。在网站技术方面，主要集中在信息技术对数字化多面平台的作用、人工智能改善绩效管理的贡献（Anwar、Tariq S，2017；Chian F T、Tan B、Pan S Q，2017）。在企业发展方面，学者不仅研究了阿里巴巴的产业增长以及其市场的扩张，分析了其发展战略，而且在上述基础上讨论了电子商务业未来的发展和增长（Akram U、Hui P、Khan M K，et al，2017；Kwak J、Zhang Y、Yu J，et al，2019）。在网站的运营与广告策略方面，有学者以淘宝网的“双十一”活动为例，研究了享乐和用网站浏览（关注度指数）、情感因素（感知有用性和感知易用性）等如何影响“双十一”购物节的在线冲动购买行为，深入洞察了电子购物者对中国电子商务业在线冲动行为的看法（Kwahk K Y、Kim B，2018；Richards J、Li M，2018）。另外还有学者以淘宝网为例，研究了中国主流电子商务公司所采用的搜索广告策略的特征，揭示了淘宝对客户搜索所采用的在线广告策略。除了研究淘宝网本身，还有学者以亚洲甚至全球为视角，对比分析了淘宝网与国外一些网站（Kuah A T H、Wang P，2017；Saisaard S，2018）。在全球化视角上学者探究了韩国和中国在线购物市场的演变，对周期和阶段进行了对比研究，发现中国网上购物正处于成功集群的起飞阶段，其中中国三线城市和四线城市仍然面临重大机遇。相反，韩国的在线市场几乎接近饱和，但外国公司仍在不断进入这个利润丰厚的市场。此外还有学者对中国淘宝网和泰国的在线购物网站进行关于网站系统、网站服务、商品和服务、物流和支付方式的初步对比研究。

（二）国内研究进展

1. 农村电子商务

近几年，电子商务在中国呈现出迅猛发展的态势，极大地改变着人们的生产生活方式。国内关于电子商务的研究起步相对较晚，现有研究一方面主要集中在电子商务发展水平的测度指标（汤汉英，2015；王贤文、徐申萌，2011）、测度方法（刘敏，2008；娄策群、刘英，2010）、影响因素（任晓晓、丁疆辉、靳字含，2019；刘晓阳、丁志伟、黄晓东等，2018）、发展模式及路径推进（汪明峰、卢姗，2009；钱俭、郑志锋，2013）等方面。另一方面则关注电子商务发展的空间分异格局，主要是基于省域、市域以及县域尺度探究全国、区域电子商务发展水平（王新宇、丁疆辉、赵军阳，2017；浩飞龙、王彬燕、王士君，2016；刘晓阳、丁志伟、黄晓东等，2018）。比较而言，学者对长三角城市群、东部沿海的研究较多，对中西部、欠发达地区的研究较少。

2015 年中共中央、国务院在发布的中央一号文件中提出指导意见，指出要大力推进农村电子商务发展。自此以后国内学者关于农村电商研究的内容逐渐增多，而且逐渐细化。总结来看，国内学者开始愈加重视农村电子商务的发展问题，研究主要集中在构建农产品物流体系（刘维，2013；白金伟，2014；武晓钊，2016），农产品发展（吴琳，2014；叶青，2014）以及农村电子商务人力资源（傅帅伟、裴少峰，2016；胡建，2008）等方面。在农产品构建物流体系方面，学者从农业专业协会的运营模式（甘小冰、钱丽玲，2013）、农产品物流发展中的问题（白金伟，2014）等方面进行探讨；在农产品方面，学者指出应注重农村农产品特色化、品牌化和标准化（赵淑芳、单桂娟，2015；魏延安，2014）；在人力资源方面，应注重专业人才的培养，培育新型农村电商人才（胡建，2008）。

2. 网商集聚

伴随着“互联网+”的时代背景与“大众创业、万众创新”的创业创新浪潮，草根阶层的网商尤其是农村网商进入了“大繁荣时代”。因此，国内学者不仅关注企业类型的网商集聚，而且特别关注“草根”阶层的网商集聚，因而近年来农村网商集聚的研究成果不断增多：①多数学者对引领农村网商集聚的创业能人行为进行分析。如对“沙集三剑客”“烧饼郎”“蟹二代新农人”“军埔电商十二罗汉”“丁楼村电商第一人”的研究等。②部分学者基于生命周期理论、过程演化理论、产业集聚理论等分析网商演化的阶段性特征。如卢淑静、池万乐（2012）从企业组织层面借助企业生命周期理论，构建网商演化阶段的理论模型；曾亿武等（2015）研究发现，淘宝村的形成过程包含引进项目、初级扩散、加速扩散、抱团合作和纵向集聚五个环节；张灿（2015）对“淘宝第一村”——青岩刘村的产业集群阶段进行梳理，发现集群关键动力的更迭大致顺序为：比较优势+创业者自身条件（萌芽期）→规模经济+社会网络（成长期）→创新因子（成熟期）等。③一些学者构建了定量化模型分析产业集群对网商创业绩效的影响。如张作为（2015）根据对典型淘宝村调查和访谈的情况，利用层次分析法构建淘宝村产业集群竞争力指标体系，并构建淘宝村产业集群动力模型；吴琳群（2016）从产业集群理论的视角，对莆田 1006 家网商创业企业进行问卷调查，构建了产业集群对网商创业绩效作用的模型等。④还有学者基于网商发展中存在的问题进行对策分析，认为地方应从产业集群实际情况出发，有效融入电子商务发展模式，培育成熟的电子商务发展环境，建立网商集聚的产业品牌，从而为网商创业创造良好的条件（陆立军、刘猛，2013；洪卫，崔鹏，2017；肖玉洁，2018）。

3. 淘宝村

（1）专业村的形成机理

淘宝村在本质上是一种电子商务专业村，因此可以看作是专业村的一种。专业村始于日本的“一村一品”生产模式，因其在促进农民增收、加快农村结构调整等方面发挥着特殊的作用，后来陆续被中国、韩国、泰国、尼泊尔等国家借鉴。目前关于专业村形成机理的已有研究主要集中在三方面：一是专业村形成的影响因素。研究证明，专业村是多种因素共同作用的产物，影响因素主要包括本地的资源禀赋和潜力、地理区位、创业能人、经济基础、传统文化和习俗、政策支持等（李小建、罗庆、杨慧敏，2013）。二是专业村形成过程中的空间扩散。专业村的形成过程也是其空间扩散的过程。一般而言，在空间扩散过程中，参与新项目的农户比例通常是沿着“S 形”轨迹增长的（高更和、石磊，2011）。此外，其空间扩散的速度还受到地理环境、扩散效益、政府作用等因素的影响（刘玉振、周灿、乔家君，2012）。三是农户行为与专业村形成。专业村的形成离不开多数农户的不断参与，农户的行为方式对专业村的形成速度和经济效益影响深刻（吴娜琳、李小建、乔家君，2014）。其中，农户之间互动的建立与演变是值得关注和研究的。

（2）淘宝村的成因及演化过程

“淘宝村”作为一种新兴的现象是如何形成的，又是怎样演化发展的，不少学者对此进行了探讨。部分学者从动态演化视角对“淘宝村”的形成和发展过程进行分析，如骆莹雁（2014）将沙集镇电子商务产业集群划分为种子、集群网络形成、集群成长、集群转型和集群衰退五个阶段；曾亿武等（2015）提出了淘宝村“五环节—两阶段”的形成过程，其中五环节为引进项目、初级扩散、加速扩散、抱团合作和纵向集聚；两阶段为民间自发力量和政府、行业协会和各类服务主体共同参与发展。还有学者从静态角度展开分析，如郭承龙（2015）认为经济基础和区位条件会影响淘宝村的发展道路和集群水平。总之，无论是动态演化还是静态分析，都要落脚于驱动因素和动力机制。概括起来，主要包括经济基础、基础设施、地方政府、电商平台、创业能人等方面。具体来说，经济基础良好的淘宝村可以减少当地村民创业的物质资本，为土著村民创业提供基础支撑；基础设施完善可以提升村民电商创业的效率，加速电商产业集群的形成；地方政府扶持可以提高农民的创业能力，激发农民的创业动机；电商平台支撑可以帮助农民减少营销成本与风险，增加农民的收入；创业能人带领可以能动性地将适合电子商务发展的周边环境以及条件成功结合在一起，促进当地电商产业的发展与繁荣。

（3）淘宝村集聚的影响因素

目前，国内针对“淘宝村”影响因素的研究正处于起步阶段。多数学者基于定性方面进行解释，从社会网络视角、行业协会视角、政府支持视角、网络普及率、产业基础以及区位因素等方面对“淘宝村”的形成原因进行剖析（任晓晓、丁疆辉、靳字含，2019；朱邦耀、宋玉祥、李国柱等，2016；刁贝娣、陈昆仑、丁镭等，2016）。具体包括以下观点：①当某一村民借助电子商务率先赚钱后，通过创业能人的带领以及农村特有的社会网络关系迅速影响周边的村民开始从事相关业务。②淘宝村可以在网商协会、网络创业协会的组织下，有效运用销售策略以及共享商业信息，推动当地“淘宝村”销售额的增长。③政府通过积极完善电商产业的相关基础设施、组织淘宝村与第三方平台开展各种促销活动、电商人才的培养与引进等政策，助推当地“淘宝村”的发展。④淘宝村的重要销售特点是网络销售模式，所有的交易、宣传、沟通都需经过网络实现，因此村民电商水平的提升是促进淘宝村形成的重要条件。⑤当地的传统产业基础为淘宝村的形成提供了雄厚的物质基础。⑥淘宝村在交通便利程度较高或交通可达性水平较高的地方，物流配送才会成为可能。也就是说，优越的区位条件可以进一步扩大淘宝村的空间辐射范围，也可以快速促进当地电子商务的发展。也有少数学者基于定量方面进行探究，如张佳等（2020）基于多元回归分析方法探究“淘宝村”产品竞争力提升的影响因素。

4. 淘宝店铺服务质量

淘宝店铺服务质量的研究始于淘宝店铺数量的研究，因此首先对数量方面进行简要评述。关于淘宝店铺数量的研究起初是基于全国淘宝店铺数量的分布格局的研究，并分析了影响因素。之后一些学者基于天猫店铺对全国不同区域的天猫店铺的空间分布进行总结，得出了空间分异的规律，为指导地区的电商发展提供了依据（李冰洁，2016；丁疆辉、吴建民、李冰洁，2017）。网商店铺服务质量一词最早由丁志伟在淘宝店铺数量研究的基础上提出，他认为数量仅代表了淘宝店铺数量、规模的变化，不能代表店铺实力的变化。因此，他基于淘宝店铺信誉积分指标，对中部六省主要类型的淘宝店铺进行了服务质量评价（丁志伟、周凯月、康江江等，2016）。伴随着淘宝店铺服务质量内容的进一步细化，在原有信誉度的基础上，有学者从经营、物流、服务等层面进一步构建了综合评价指标，并进行了相关的研究（杨立青，2018）。在此基础上有学者从地区淘宝店铺数量、销量以及信用三个方面提出了竞争力指标，进一步对店铺服务质量进行了更加深入的研究。此外，由于淘宝村作为淘宝店铺服务质量在乡镇尺度上的集中体现，对于实现乡村振兴、促进农村地区产业结构调整具有重要的意义，因此，淘宝村的研究也成为当今的研究热点。在对于淘宝村的研究梳理过程中可以发现，目前学者们对于淘宝村的研究一是集中于最早出现且较为有名的淘宝村单个发育过程的解析，二是基于全国尺度淘宝村演化变化的研究，三是淘宝村未来的发展重点，这些研究为各地发展淘宝村提供了一定的技术借鉴和理论支撑。然而，由于地区间地理环境、资源禀赋、政府政策的差异性，发达地区的淘宝村研究不适用于全国其他区域，尤其是中西部欠发达地区，因此需要进一步完善欠发达地区淘宝村的相关研究。河南省作为中西部欠发达地区的代表，虽然近年来关于淘宝村的研究不断增多，但始终是“星星之火”之态，并未达到“燎原”之势。总之，淘宝店铺服务质量管理逐渐细化，研究尺度也在不断拓展，但是基于多维度的对比分析尚未完全出现，因此这也是未来突破的重点或者难点。

三、小结与启示

通过梳理已有的研究发现，国外尤其是欧美发达国家在网商领域的研究起步较早，相对来说较为成熟，主要是围绕电商发展与网商经营等角度展开，还有一些研究论证了网商、消费者与实体零售商之间的关系。然而，学者对网商的研究大多数是基于企业视角，从农村视角研究网商集聚的较少。从国内已有的研究来看，中国电子商务起步相对较晚，但伴随零售商业的繁兴，研究的内容、维度和深度不断强化，就目前研究成果看，多集中在探究电子商务发展水平的空间差异格局、农村电子商务发展模式转变方式、淘宝村的成因及演化过程以及影响淘宝村发展的因素等方面。

国内关于淘宝村集聚的时空特征及驱动机制的研究较多。在研究尺度上，主要从全国层面、省域层面以及市域层面等中宏观尺度分析淘宝村时空分布的规律，而基于村域微观尺度分析淘宝村时空特征与影响因素的研究较为缺乏；在研究区域上，多选择淘宝村发展较为成熟的东南沿海发达地区，例如浙江、福建、广州等地，对于中西部欠发达地区淘宝村的研究相对较少；在研究方法上，多采用核密度估计法从宏观角度分析淘宝村的分布状态，缺乏微观的淘宝村网商时空特征的研究。关于淘宝村影响因素的研究，从定性角度归纳总结的较多，从定量角度、定量与定性相结合角度分析的不是很多。

结合上述已有研究成果以及目前研究中存在的不足，本书将河南省农村电商以及河南省 13 个淘宝村作为研究对象，根据农村电商的发展情况以及 13 个淘宝村的网商集聚的共同特征和差异特征，运用调研访谈、空间分类、探索性空间数据对农村电商的时空特征进行分析，分析 13 个淘宝村的网商集聚类型，利用空间可视化、最邻近距离等方法分析每种类型下淘宝村网商集聚的形成过程及演化特征，并运用定性与定量相结合的方法解析河南省淘宝村网商集聚机理，以期为河南省以及欠发达地区农村电商和淘宝村发展提供支撑。

第三章

理论基础与分析框架

农村电商集聚和淘宝专业村形成，既符合传统地理学创新扩散、路径依赖、产业空间集聚、要素禀赋、中心外围、距离衰减等理论支撑下的地理现象发生和扩展规律，又带有“互联网+”背景下虚拟经济和“线上”电子商务经济集聚理论的理论要点。因此本章不仅系统梳理传统经典理论，而且从电商经济集聚和电子商务专业村的视角进行聚焦式论证，进而构建本书的理论分析框架，为后续河南省农村电商集聚和淘宝村形成提供基本支撑。

一、理论基础

（一）传统地理学经典理论

1. 创新扩散理论

美国著名学者罗杰斯（Rogers E M）在《创新扩散》（*Diffusion of Innovations*）一书中，通过考察分析创新事件传播扩散的进程和众多因素，总结出创新活动在社会中传播的四阶段理论（引入期、增长期、成熟期和衰退期），并把创新信息和行为采纳者分为开创者、先期采纳者、中期追随者、后期追随者和滞后者等几个发展阶段（见图 3-1）。淘宝村网商集聚在发展初期，由于没有示范效应，所以只有个别敢于尝试新鲜事物的村民利用本村的资源禀赋优势，在摸索中开始经营网店，成为早期的开创者（冯缨、徐占东，2011）。随着淘宝店铺创业者“异军突起”，通过亲缘、友缘、近缘向周边扩散，产生了辐射带动效应。当创新扩散比例在淘宝村达到临界数量时，扩散过程就“起飞”了，进入快速扩散阶段。随着开创者和先期采纳者经营网店的成功，对村民有了能人的演示效应，进一步刺激村民从事该项经济活动。农村是一个基于地缘和亲缘的熟人社会，网商经营模式通过地缘和亲缘关系进行快速扩散，使得村内网店数量大幅度增长，促进了网商集聚的形成和发展，达到成熟阶段的各项指标要求。然而，随着网商数量和同类产品数量的逐渐扩大，市场接近于饱和，出现了低价恶性竞争，导致网商经营者所获取的经济利润不断下滑，后期追随者和滞后者的经营状况不佳。

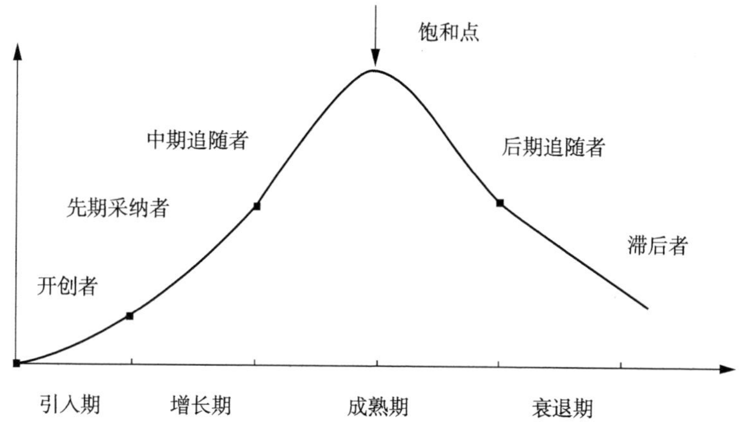

图 3-1　创新扩散过程

资料来源：根据罗杰斯创新扩散过程自绘。

2. 路径依赖理论

路径依赖最早是由美国经济史学家戴维（David P A）提出的，用以解释经济、社会或技术等系统一旦进入某个路径（不论好坏），就会在惯性的作用下不断自我强化，甚至产生锁定效应。20 世纪 90 年代以来，路径依赖理论被相继引入到制度经济学、社会学、政治经济学及管理学等多个领域，也受到了地理学界的广泛关注。其中，关于经济地理学中路径依赖的讨论，最早是由戴维（David P A）和亚瑟（Arthur W B）引入有关地理的例子阐述路径依赖的概念。然而，两者论证路径依赖的侧重点不同，戴维侧重技术和制度方面的描述，亚瑟则侧重报酬递增效应如何引起产业和城镇布局模式上的路径依赖。随着经济地理学的研究领域朝“演化、制度、关系”的方向发展，路径依赖正成为区域经济研究者论证的核心要点，他们认为特定情境下的、本地自强化的发展以及技术变革、经济结构和制度形式都成为路径依赖的重要来源。其中马丁（Martin R）与桑利（Sunley P）认为，在经济地理中，路径依赖的显著特征就是“地方依赖”，区域发展过程中存在着多元相关路径依赖以及路径相互依赖。在淘宝村网商集聚的过程中，通过创业能人的影响和带动，整个村庄从产品原材料的获取、产品制作、成品加工、网店经营到售后服务等，逐渐形成一套“萌生、发育、专业化、成熟”的产业链条，即形成路径依赖的产业体系。

3. 产业空间集聚理论

产业空间集聚是产业空间演变的主要空间模式，主要通过要素依赖、企业家行为、技术进步和产业融合等多方面在产业集中地产生集聚效应。马歇尔（Marshall A）在 1890 年开始关注产业集聚，他提出了“内部经济”和“外部经济”两个重要的经济效应。之后，一批产业集聚理论学者在马歇尔的基础上做了很大改进，例如波特（Porter M E）提出企业竞争优势与钻石模型来解释产业集聚的内在机制。韦伯（Weber A）基于工业区位论通过内外规模效应、四大集群要素来解释企业集聚和产业关联效应。熊彼特（Schumpeter J A）基于技术创新和产业集聚对产业空间集聚进行了论证，认为产业集聚有助于创新，创新有赖于产业集聚。创新并不是企业的孤立行为，它需要企业间的相互合作和竞争，需要企业集聚才能得以实现。胡佛（Hoover E M）提出产业集聚最佳规模论来解释产业空间集聚。他指出产业集聚存在一个最佳的规模，如果集聚企业太少，集聚规模太小的话，则达不到集聚能产生的最佳效果；如果集聚企业太多，则可能出于某些方面的原因使集聚区的整体效应下降。从上述学者观点看，产业集聚是指同一产业在某个特定地理区域内高度集中，产业资本要素在空间范围内不断汇聚，产业之间存在着主导产业和关联产业的分工协作，产业集聚发挥着规模经济的优势，社会网络化关系使得区域产业集群的程度进一步强化。随着"互联网+"融合各行各业，淘宝村的每一个网商都可被视为独立的公司企业，它们通过网络销售过程集聚在一起并产生关联效应，通过产业分工与协作进行专业化生产，进一步实现规模经济。此外，淘宝村内部各网商之间有着发达的联系网络，既有村内网商之间的，也有村际之间的技术与信息交流，这个方面与产业集群中的生产联系网络类似。

4. 要素禀赋理论

要素禀赋理论，最早由赫克歇尔（Heckscher E F）提出基本论点，后由俄林（Ohlin B）系统创立，因此又称"H-O"理论。20 世纪 30 年代瑞典经济学家俄林（Ohlin B）在其著作《地区间贸易和国际贸易》中系统地阐述了该理论，认为各国间要素禀赋的相对差异以及生产各种商品时利用这些要素强度的差异是国际贸易的基础，强调生产商品需要不同的生产要素，如资本、土地等，不同的商品生产又需要不同的生产要素配置。俄林先假定各国的劳动生产率是一样的，并分析出此种假设下产生比较成本差异的原因分别是各国生产要素禀赋比率的不同以及生产各种商品所使用的生产要素的组合不同。可以说，要素禀赋理论倾向于从一个国家或地区的经济结构来解释贸易格局，对于分析一个国家或地区如何凭借自身的资源禀赋优势在参与贸易分工过程中获得利益具有重要的意义（鞠建东、林毅夫、王勇，2004）。特色淘宝村凭借自身的资源优势以及技术优势，在村域内进行专业化分工和网络销售，就是建立“要素优势”的过程，从而形成具有地方特色的产业链，在贸易格局中占有一席之地。

5. 中心—外围理论

中心—外围理论也称为核心—边缘理论，常用来解释空间模式，若干区域中出于多种原因导致个别区域率先发展起来而形成核心区，其他地区因发展缓慢形成外围区。核心区通过革新的扩散、决策、移民和投资对外围区产生影响，处于创新和管理的“中心”，而外围区依赖“中心”的各种作用。从核心—边缘的空间作用可知，从核心向边缘和从边缘向核心的动态作用力是不对称的，说明核心与边缘之间存在着控制和依赖的不平等。这种不平等在空间系统的组织中产生了一系列的不均衡。从核心做出的决策控制边缘区多，由边缘产生的决策对核心区影响少（梁攀科，2007；董国辉，2003）。可以说，核心区处于统治地位，外围区处于被支配、依附的地位。在淘宝村发展过程中，其中一些淘宝村由于技术创新、政府扶持等因素率先发展起来，成为整个区域的中心，而其他一部分淘宝村后期发展形成外围，整体呈现中心—外围的空间模式（见图 3-2）。

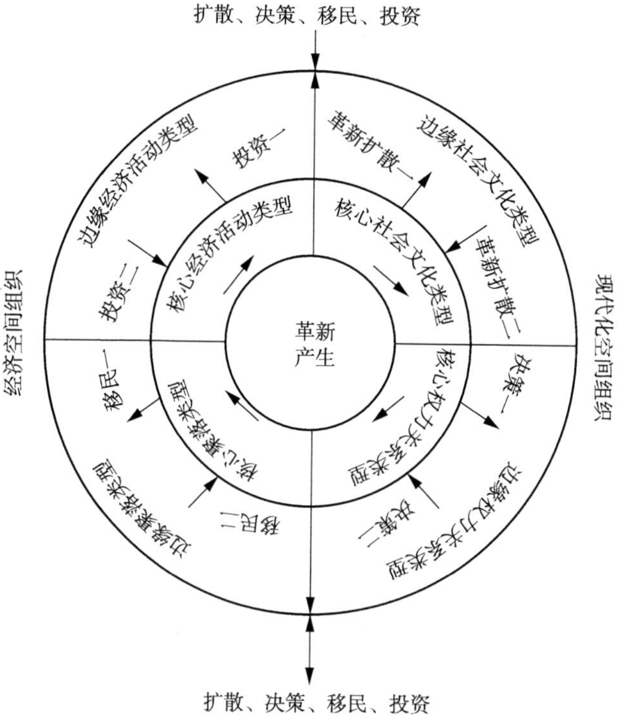

图 3-2　中心—外围模式

资料来源：根据《城市地理学》核心—边缘理论绘制。

6. 距离衰减定律

距离衰减定律为地理学第一定律，主要指地理现象伴随着距离增加其传播力或者扩散效益会逐渐降低。不难理解，地理现象基于空间位置的影响，使邻近区域之间的联系会更强，疏远且无联系的区域之间没有影响。地理学第一定律表述了距离对于空间相互作用的摩擦性影响，即经济活动空间联系存在距离衰减规律，主要原因归结于较近区位之间的经济联系成本较低。淘宝村从事电子商务活动的网商，与其近距离范围内参与该项经济活动的人数关联效应强。随着距离的增加参与电子商务活动或者受到中心区影响的人就逐渐减少，呈现距离衰减的特征。淘宝店铺虽然是依托互联网所产生的网络平台，其形成并不占据具体空间，但是淘宝店铺所售的商品在空间上具有地理位置，因此其店铺的发货地可以看作淘宝店铺地理位置的所在。淘宝店铺对于物流的依赖性，导致其本身对于地理空间位置的敏感度更高，其受区域条件的影响也更明显。淘宝店铺与竞争对手、物流公司的空间距离，在其追求利益的过程中往往扮演着十分重要的角色。因此，对于淘宝店铺服务质量的空间邻近和关联作用的研究具有重要意义。

（二）新兴电商经济的相关理论

1. 虚拟经济空间分异理论

虚拟经济是相对于农业、工业、交通业、文化业等实体产业所产生的经济，是数字经济、赛博空间的一种结合（刘骏民，2003）。虚拟经济与传统经济含义有所不同，其价格不是由成本和技术决定，而是在资本化定价基础上形成的特定价格体系。实体经济对于时间和空间的依赖性较高，而虚拟经济具有高流动性，因此两者的价值收益渠道和流动形式存在很大差别。农村电商在网络空间的店铺并不是具体存在的物质，发展过程中的价值在成本和技术上的体现并不明显，因此淘宝店铺经营产生更多的是虚拟价值，而其所带来的价值同样会作用于空间。但是与实体零售店铺不同，淘宝店铺是依托网络虚拟架构而产生的更高级的零售店铺，其选址或者集聚更多地依赖店铺经营者的行为。淘宝店铺集聚虽然是在网络空间或在网络某个平台或某个产品上集聚，但由于淘宝店铺的经营并不是完全脱离现实的虚拟存在，仍要依托现实生活中相应的产品资源、技术资源、设施资源等，因此淘宝店铺服务质量所产生的虚拟经济效应与现实空间又密不可分。在虚实结合的新经济模式下，深入了解淘宝店铺在空间上变化的模式，能更好地指导实体经济的健康发展，也有利于客观认知实体经济如何在虚拟空间上更好地产生集聚价值。

2. 电子商务理论

由于电子商务是依靠计算机网络技术进行的以实体商品或虚拟商品交换为中心的交易活动，因此它除了在传统商业活动的基础上增添了活动的信息化和网络化外，还增加了商品销售后的一系列运输活动和服务保障（曲振涛、周正、周方召，2010）。当下，由于电子商务较传统零售具有开放性、透明化、效率高、方便快捷、减少了空间上的制约性等特点，使得身处“网海”的消费者不再受地域的限制，能随时随地在电脑或移动设备端的帮助下，动动手指就能完成过去较为繁杂的商业活动。正是由于电子商务这种便利性，以及中国特有的广大消费需求，使得近年来中国电子商务业迅猛发展。淘宝网作为中国的主流电子商务平台之一，占据着中国最大的零售商业市场，带来的经济效益非常瞩目。因此加强以淘宝网为支撑的电商经济研究，既有利于补充传统零售业的相关经济理论，也有利于加深对赛博空间产业集聚新时代的理解。

3. 注意力经济理论

注意力经济主要是电子商务类企业利用大数据、新数据源、新型信息化技术等对信息进行搜集、分析、处理并转化为资源，以最大限度地吸引消费者的注意力，充分挖掘消费者的潜在消费能力，培养潜在消费市场，以期获得未来经济效益（徐敏，2019；林敏捷、钱瑛、叶琼伟等，2015；郑达威，2014）。也就是说，当消费者对某种产品产生了精准注意，就有可能购买该产品，成为消费者。不难发现，注意力经济的获利模式与传统经济不同，其最重要的资源并非货币、商品或技术，而是消费者的注意力，因此通过多种手段捕获消费者注意力，成为商家争取客源的头等大事。对于淘宝店铺而言，要想吸引消费者的注意力，不仅需要在店铺页面上提供商品质量、卖家信誉、物流速度、信用机制等，还需要以即时沟通和售后服务来表达对客户的诚意、态度和责任。此外，借助于淘宝网店铺的各种大数据对客户性别、喜好、购物时间等方面的信息进行分析，将其处理并转换为一种吸引消费者注意力的资源，从而发展更多的潜在消费者，也能以此来提高店铺的经济效益。因此本书在对淘宝店铺服务质量进行评价时，选入店铺所售商品的件数和相关服务态度指标，一方面可以通过量化的种类来反映店铺吸引大众的能力，另一方面可以通过种类、销售量和信誉度来反映店铺对于信息搜集的转换能力。

4. 网络经济理论

“互联网+”时代的到来，不仅颠覆了传统经济的盈利模式，而且使“虚拟”产品的种类细化并产生潜在价值，实现了虚拟经济不同层次的融合（凌红，2017；周静，2013）。由于网络经济面向各行各业的关注网络信息者，因此它的销售路径和辐射范围远大于传统的营销模式和供给市场，而且在知识和数字的穿透性影响下产生更大的经济规模（甚至超越国界、洲界），对于促进国内国际市场的双循环，对于化解产能过剩和应对个性化、特色化服务具有重要的现实意义。不得不说，网络经济的快捷性、高渗透性、可持续性、边际效应递增性等显著特征，使得整个世界物物相连、价值“纵横交织”，对城乡居民的消费方式、娱乐形式、交流途径也产生了深远的影响。除此之外，淘宝网商的集聚和服务质量的提升还促进了相应物流、技术和配套产业的集聚，使得基础和配套产业之间又形成新的产业网络。因此本书对农村电商集聚和淘宝村形成的网络经济的研究，不仅有利于深化网络经济在农村地区扩展、发育的生态，而且有利于扩展欠发达地区乡村振兴的发展模式，拓宽农民就业的“互联网+”路径，为农业农村的现代化建设提供支撑。

二、分析框架

农村电商集聚和淘宝村的形成发展是在多种因素共同驱动下产生的，因此在传统经典理论和新兴电商理论的综合支撑下，结合对河南省 13 个淘宝村的实地调研与访谈，构建了淘宝村网商集聚机理的框架图（见图 3-3），具体如下：①创新农户崛起和“复制、仿效”链扩散。农户作为淘宝村网商集聚的主要群体，在淘宝村发展的过程中起着至关重要的作用。在淘宝村发展初期，一些具有创业精神的农户率先尝试开淘宝店，经过不断的摸索和学习，成为网商开创者，并形成一种淘宝店铺的运营模式。随后，其他农户通过路径跟随效仿先导者的网商模式，形成相对固定的“路径扩散”模式，这些实践为淘宝村网商集聚发展提供了重要的理论支撑。②社会网络效应和专业化模式建立。社会网络是指通过人们之间的互动和联系形成的社会关系体系，是推动淘宝村网商扩散的关键力量。农村的社会网络是由亲缘关系、血缘关系、地缘关系和业缘关系构成的，淘宝村的网商开创者成功地通过这种熟人社会关系推动了淘宝村网商数量的增加，促进了以特色农产品为支撑的专业化的生产和销售模式，进而带动淘宝专业村的形成。③资源的深度挖掘和品牌效应的产生。多数淘宝村的形成依托于当地的资源禀赋，因此资源产生的产业基础是淘宝村网商发展的前提。当前，河南省淘宝村多是以当地原有的资源优势形成的特色产品为支撑，而且当地的龙头企业在市场上拥有一定的知名度，因此对淘宝村网商集聚的形成与产业转型都起到了驱动作用。④“互联网+”的助推。在互联网环境的推动下，电子商务在中国呈现出快速发展的趋势。其中，淘宝村网商的发展依托于淘宝网等电商平台，这种网上交易模式突破了地理空间上的限制，消费者和经营者可以随时随地通过互联网电商平台完成交易，因此互联网环境是淘宝村网商集聚形成的新引擎。⑤政府战略支持与设施保障。政府对淘宝村网商集聚的发展起到了指导作用，主要体现在引进电子商务服务商、制定电商政策以及完善基础设施等方面。由于农村的教育水平有限，农民学习能力相对较弱，因此政府为推动淘宝村的发展，引进服务商对农民进行电商培训。同时，为激励更多农民参与网上经营，政府制定了相关的电商激励政策，完善基础设施建设。因此，政府行为是淘宝村网商发展的重要支撑。

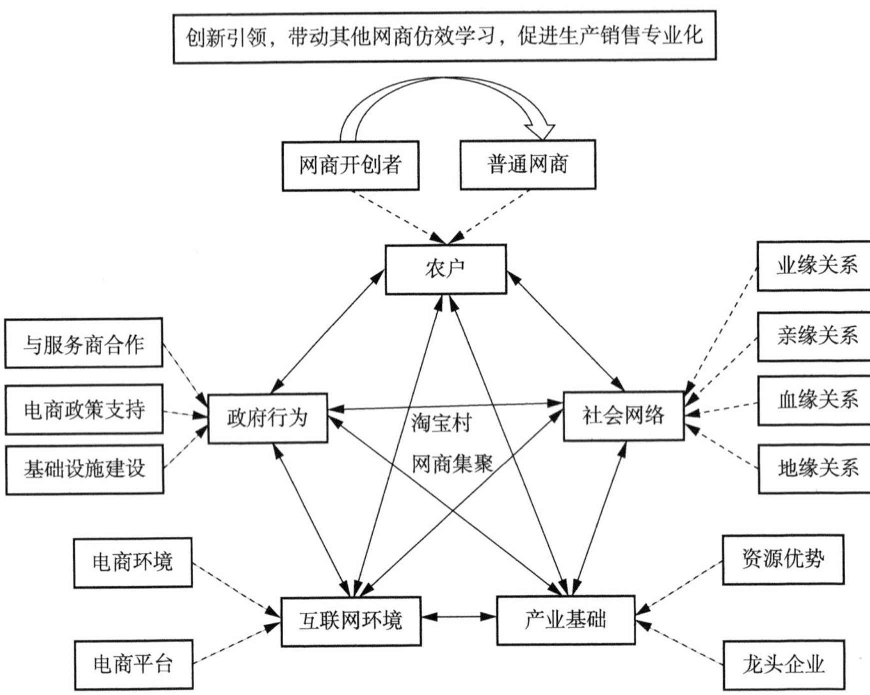

图 3-3　淘宝村网商集聚机理分析框架图

第四章

中国农村电商发展的总体情况与空间特征

在分析河南省电商发展、农村电商发展情况之前，有必要对中国电商发展、农村电商发展的基本情况进行总结，为河南省电商发展的国内环境、趋势特点提供支撑，也为河南省淘宝专业村的电商集聚提供支撑，从而为更深刻地理解信息化背景下中原农区乡村振兴提供依据。因此，本章基于相关数据，分析了中国电商、农村电商、淘宝村镇发展的基本情况，并运用地理学分析方法从空间维度深入分析其空间分布格局，以期为河南省农村电商以及淘宝村健康发展提供支撑。

一、中国电商发展的基本情况与空间差异

（一）基本情况

1. 发展态势

（1）引领时代发展，形成购物新时尚

随着互联网应用的日益普及与各种商业 APP 的开发，网络购物俨然成为城乡居民日常生活离不开的“新宠儿”。究其原因，网络购物的价格普遍不高、支付方式相对快捷、商品种类更加多样，同时物流、快递、售后等方面的保障逐渐完善，使得商品派送到人们手中时经常能感受到“放

心、省时、安全”，甚至使城乡居民在“互联网+”大潮下形成了一种购物的依赖。在这种模式和形势下，线上购物已经成为中国网民不可或缺的消费渠道，也使得网购用户线上购物的金额不断增多。据统计，2011—2019年，中国网购交易额由0.78万亿元增长至10.63万亿元，同比增长16.5%，实物商品网上零售额为8.52万亿元，占社会消费品零售总额的比重上升到20.7%（见图4-1）。据商务大数据监测，2019年重点网络零售平台（含服务类平台）店铺数量为1946.9万家，同比增长3.4%。其中，实物商品店铺数900.7万家，占比为46.2%。从消费群体看，全国网络购物用户规模已达9亿人，较2018年底增加2.9亿人，且2019年的网络购物用户人数增长最快，增速达到47.5%。从购物种类看，首先是洗护用品（40.8%），其次是美容彩妆、食品饮料、家具家电等，再次是服饰箱包、水果生鲜、母婴用品、营养保健、运动户外、钟表首饰等，最后是汽车用品（3.9%），具体见图4-2。

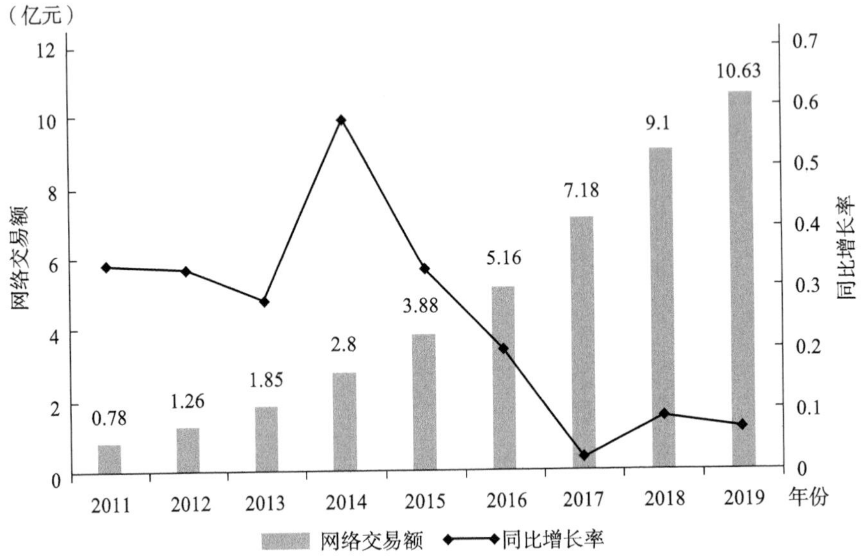

图4-1　中国网络交易额

资料来源：《2019年中国电子商务报告》。

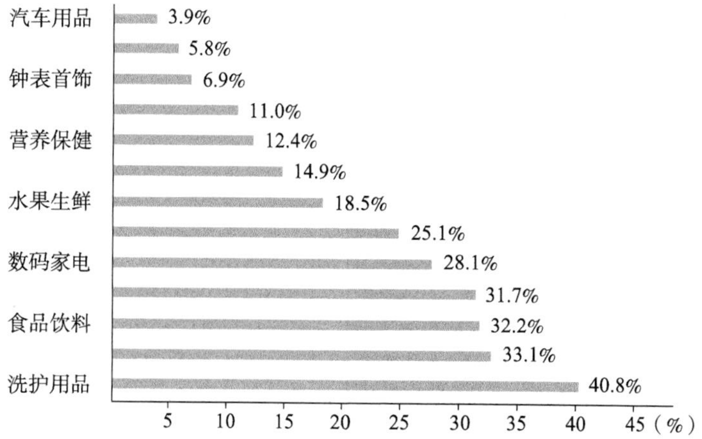

图 4-2　2019 年中国网络商品销售比例

资料来源：《2019 年中国电子商务报告》。

（2）促进产业转型，注入增长新动力

近年来，伴随着电子商务的迅速发展和巨大的商业价值，各地区坚持“电子商务+特色产业”，积极推进电子商务与实体经济融合发展，推进产业转型升级与打造高端产业链，逐渐形成了相对完善的业态体系与发展模式。具体表现为：一是发展模式不断演变，主要表现为商业模式在市场引领下 B2B 与 B2C 的加速整合，C2C 平台更加细化和市场更加多样；二是零售电子商务平台化趋势日益明显，主要表现为开发和投资者逐渐追求全品类覆盖的综合性平台，专注细分市场的垂直性平台，大型企业自营平台网站逐渐向第三方转变；三是平台之间竞争日益激烈，主要表现为阿里巴巴、京东商城等逐渐拉开了与其他中小型企业竞争的差距。在上述模式转变的带动下，电子商务发展的“内外”动力也发生了相应改变。从内在的支撑动力看，新一代信息技术在电子商务服务中得到了快速应用，除了物联网技术外，大数据挖掘正逐渐发挥其精准营销功能；从外在电子商务辅助服务看，利益相关体围绕网络交易产生了一些新的服务行业，如网络议价、网络模特和网站运营等。

（3）满足多样需求，催生服务新业态

网络购物为城乡居民带来了两个方面的便利，一是可以筛选更多的平台和商家获得质优价廉、符合心理预期的产品，二是基于自身的个性化需要让更多商家开发各种独特的产品，使商家与消费者之间产生了更加精准的对接，也就产生了一些新的商业业态。可以说，网络购物不仅可以满足消费者的个人需求、个性预期，而且能解决消费者在网络中的压力释放问题，使购物不仅仅是购物，也变成了消费、娱乐、释放、排压等多方面的集合。例如一部分群体如自由职业者或者家庭主妇希望通过网购消遣时间，寻找生活乐趣，保持与社会的联系，减少心理的孤独感。在新冠肺炎疫情影响下，直播带货为“消费、娱乐、释放、排压”等综合行为模式提供了渠道，使直播电商、社交电商、“不打烊”服务等消费新业态、新模式加速迸发，使直播间购物成为一种消费新时尚，“正品好货”“买它”等词语也成为当今的购物数据保障。在“人人主播”的当下，直播带货的播主既有“霸道总裁”“文娱明星”，也有行业翘楚，还有具有一技之长的普通玩家等。值得一提的是，在疫情影响下很多农产品滞销，地方政府为解决农业发展问题也进行直播带货，如“百县县长直播”等，这一举措为乡村振兴提供了有力支撑。

（4）带动县域经济，指明发展新方向

当前，电子商务正以多种方式渗透到县城、集镇乃至乡村，在生产、消费以及生活等方面，改变着县域经济的发展态势。在这种态势和局面的引领下，县域经济模式逐渐由实体企业向 B2B、B2C 模式转变，C2C 模式也逐渐风靡，县域经济转型的步伐不断加快。在电子商务的支撑下，一方面，县域经济可以促进乡镇企业、现代服务业、农业的创新发展，打造“互联网”支撑的“三产”融合发展模式；另一方面，县域经济的新型人才（本地能人与返乡人才）会促进产业的专业化和现代化，成为乡镇经济新的增长力量，为今后的长远发展提供智力支撑和带动引领。在新型人才与“互联网”生态的碰撞与融合下，越来越多的县域特色农产品不再局限于某一地区销售，可以通过电子商务平台销往全国各地，甚至销往国外，极大地拓宽了市场空间。同时，电子商务的兴起也带动了相关产业的繁荣，如物流、运输、仓储等的发展，也为农民提供了大量的就业机会，促进了就地就近城镇化。此外，受新冠肺炎疫情影响，电子商务在经济整体下行趋势下逆势发展，成为经济低迷状态下的一个新亮点。多地政府也高度重视电商产业的发展，将农村电子商务作为推动当地县域经济发展的重要抓手，以推动经济增长和产业转型升级，为今后农村经济的发展指明了方向。

（5）支撑国家“双创”，带来就业新路径

在国家“大众创业、万众创新”的时代背景和政策引领下，年青一代不仅能发挥自身的“闯劲儿”和“拼搏劲儿”，而且能够发挥自身的“互联网+”优势，激发内在的创业精神以及创新基因，从而促进新兴产业的崛起和创新活力的释放。究其原因，年青一代是伴随着电子商务成长的，他们不仅融合感和敏锐感强，而且接纳、学习“互联网+”新事物的能力较强，能够准确判断市场动向并且及时抓住发展机遇，带动“电商+特色产业”的专业化发展，开拓就业新路径。根据电子商务交易技术国家工程实验室、中央财经政法大学互联网经济研究院测算，2019 年，中国电子商务从业人员达 5125. 65 万人，同比增长 8. 29%（见图 4-3）。其中，电子商务直接创新就业人数达 3115. 08 万人，电子商务带动信息技术、相关服务及支撑行业从业人数达 2010. 57 万人。在当前“互联网+”大发展和业态细化趋势下，电子商务必将进一步支撑国家的经济转型和现代化建设，也必将通过“双创”催生更多的就业门类，为“三产”融合发展和信息产业高速发展贡献力量。

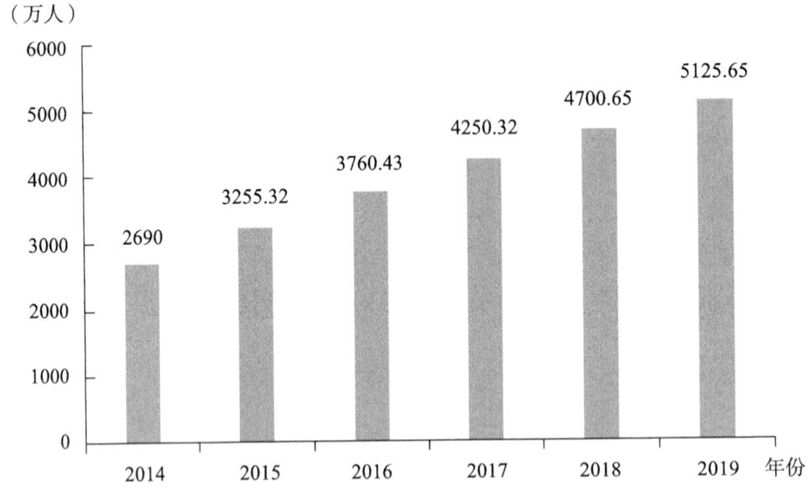

图 4-3 中国电子商务从业人员数

资料来源：《2019 年中国电子商务报告》。

2. 政策引领

(1) 底层助推，战略政策快速增多

电子商务的快速发展，不仅改变了城乡居民的消费习惯，而且推动了产业体系、市场环境等方面的改变，因此政府层面出台战略和相关政策保障电子商务的健康发展成为时代发展的必然，也是促进电子商务蓬勃发展的催化剂。因此，国家从战略层面出台了多种政策保障电子商务的高质量发展。2005 年，国务院办公厅出台《关于加快电子商务业发展的若干意见》（国办发〔2005〕2 号）指出，要着力营造电子商务发展的良好环境，积极推进企业信息化建设，推广电子商务应用，加速国民经济和社会信息化进程，实施跨越式发展战略，走中国特色的电子商务发展道路。2015 年国务院印发《关于大力发展电子商务加快培育经济新动力的意见》指出，发展电子商务等新兴服务业，是“互联网+”行动的重要内容，对于促进传统产业和新兴产业融合发展，减少流通成本，激励创业扩大就业，拉动消费，改善民生，增加金融活力，促进发展升级，具有重要意义。在“加快”和“大力发展”指导意见的引导下，各部委、各级政府部门又印发了相关政策，为各行业与“互联网”的快速融合和健康发展提供了支撑。然而，虽然有战略政策的引领，但现实中却频频出现“刷单”“删差评”“大数据杀熟”等侵犯消费者的行为，甚至是违法犯罪行为。在这种情况下，国家为进一步净化市场，2018 年第十三届全国人民代表大会常务委员会第五次会议通过了《中华人民共和国电子商务法》，以保障电子商务各方主体的合法权益，维护市场秩序，促进电子商务持续健康发展。近期，伴随着经济的转型升级和国内国际双循环的市场环境，国家“十四五”规划和相关战略又进一步给出了指导意见，为国家经济的现代化战略提供了方向和保障。

（2）设施保障，物流快递迅速渗透

电子商务快速发展的一个重要前提就是综合交通、物流配套设施的支撑，因为布局完善、结构优化、功能强大、运作高效、服务优质的电商物流体系，能有效地保障电商企业的快速配货和售后服务，也能有效地提升电商企业的一体化运作、网络化经营的能力，从而使供应链的服务能力大大增强。为加快电子商务物流发展，提升电子商务水平，降低物流成本，提高流通效率，根据国务院发布的《物流业发展中长期规划（2014—2020 年）》，商务部、国家发展改革委、交通运输部、海关总署、国家邮政局、国家标准委制定了《全国电子商务物流发展专项规划（2016—2020 年）》，为建设有利于电商物流发展的法治化营商环境，实现电商物流健康、快速、持续发展提供了重要的设施规划支撑。2015 年，国务院印发《关于大力发展电子商务加快培育经济新动力的意见》明确指出，支持物流配送终端及智慧物流平台建设，规范物流配送车辆管理，合理布局物流仓储设施，为电商发展提供了有力保障。2019 年我国经济社会发展公报显示，全年货物运输总量达 471 亿吨，货物运输周转量为 199290 亿吨公里；

全年完成邮政行业业务总量为 16230 亿元，比上年增长 31.5%，其中快递业务量为 635.2 亿件，快递业务收入为 7498 亿元；全年完成电信业务总量为 106789 亿元，比上年增长 62.9%；全年移动互联网用户接入流量为 1220 亿 GB，比上年增长 71.6%。这些都从不同层面反映出物流和快递蓬勃发展的局面，也反映了国家对基础设施建设投入的力度。

（3）产业引领，数字进程加速推进

在大数据、云计算、物联网、区块链、人工智能、5G 通信等新兴技术快速发展的当下，在信息化、“互联网+”支撑下的电子商务繁荣发展的今天，数字经济催生出各种新型业态，成为推动我国经济转型升级的重要增长点，成为驱动我国经济高质量发展的新引擎，更形成了以信息和商务活动数字化为支撑的全新经济系统。《1%的改变：2020 中国互联网发展报告》指出，2019 年，中国数字经济规模达 35.8 万亿元，占 GDP 的 36.2%，中国数字经济总量规模和增长速度位居世界前列；中国 4G 基站总数为 544 万个，移动互联网接入数据流量消费为 1220 亿 GB，居全球第一；中国 5G 基站建设数量截至 2020 年 9 月已超过 48 万个。上述数字充分显示出我国数字经济的发展速度和增长势头，为国家信息化建设提供了重要保障。不仅如此，在新冠肺炎疫情的重压之下，我国数字经济逆势而长，成为疫情下经济发展的新热点和重塑经济体系的新力量，在复工复产、经济复苏、社会运转中发挥了重要作用。其中，电子商务作为数字经济的重要支撑，无论是规模还是增速，都表现出不俗的发展潜力。2019 年，中国电子商务交易额达 34.81 万亿元，同比增长 6.7%。在新冠肺炎疫情的影响下，直播电商等新业态爆发式发展，农村电商迅速崛起，加快了农村数字经济进程。此外，教育在线、娱乐在线、远程办公等线上需求增长较快，服务业数字化水平加速提升。

(4) 品牌推介，网络宣传极速传播

在政府战略与政策的引领下，国家相关协会、地方政府等在商务部、工业和信息化部的指导下，举办了诸多电子商务类的年度盛会。中国国际电子商务博览会暨数字贸易博览会作为电子商务类大会的代表之一，创办于2011年，之后每年4月11日至13日在义乌举行，是目前中国最大的电子商务博览会，是电子商务企业形象展示、新品推介、贸易洽谈、信息传播的首选平台，为中国的电商发展成果和电商品牌进行了很好的推介和宣传。类似的会议还有世界数字贸易大会、中国电子商务发展高峰论坛、中国电子商务产业融合高峰论坛、全球创业者大会暨数字直播产业论坛等，都为集中展示中国最新的电子商务研发和应用成果、电子商务产业链等提供了窗口和平台。2020年中国电子商务大会在北京国家会议中心举行，以“共荣·共建·共赢”为主题，结合国家电子商务“更高质量发展、更高品质生活、更高水平开放和更高效能治理”的发展理念，对中国电子商务高质量发展提出了要求。此外，每年一度的中国互联网大会和数字经济大会，从不同层面为电子商务发展论证了方向，为企业宣传、电商平台搭建提供了舞台。

(二) 空间差异

1. 四大板块发展差异大，长三角优势明显

根据阿里研究院发布的电子商务发展指数，可以反映空间格局下中国电子商务的发展程度。但是，2017—2019年电子商务指数在县域尺度未发布，考虑到研究断面的可对比性和空间差异性，本章选择2015年的电子商务发展指数进行各尺度的对比。由已有电商研究的空间特征可知，东部发展水平最高、中西部次之，东北部相对较低，与国家经济发展的战略推进和梯度规律基本符合。为进一步了解四大板块的总体水平和内部差异，本

书计算了四大板块内部省域单元的平均值和变异系数，东部地区的平均值高达38.73，但其变异系数也高达0.55，这表明东部地区电商发展水平整体虽高但内部差异较大，处于高质量差异化发展阶段。东北和西部地区平均值分别为11.44和12.61，变异系数分别为0.17和0.47，体现出东北地区电商发展水平较低且内部差异较小，处于低质量均衡化发展阶段；而西部地区电商发展水平不高，且其内部发展极不平衡，局部地区电商发展水平极化现象严重，处于低质量差异化发展阶段。中部地区平均值为14.85，变异系数为0.24，虽然其电商发展指数与东部地区仍存在较大差距，但其内部差异不大，处于稳步追赶阶段，具体见表4-1。

表4-1　2015年中国四大板块电商发展水平以及内部差异

区域	电子商务发展指数平均值	变异系数
东部	38.73	0.55
中部	14.85	0.24
西部	12.61	0.47
东北	11.44	0.17

资料来源：笔者根据相关计算结果整理而得。

2. 东中西递变规律易见，与经济格局类似

结合中国各地区网络零售总额情况（见图4-4），2019年广东、浙江、北京、上海和江苏网络零售额排名为前五，占全国网络零售额比重的70%以上，充分显示出东部沿海地区的实力。从排名前十的省份看，东部优势依然明显，除了上述五个省份外，还有福建、山东；中部有湖北、河南两个省份，西部地区仅有四川一个省份。从胡焕庸线和西北—东南的分异看，东中西递变性规律易见，地域发展存在明显差异。不难发现，这与我国经济发展的总体格局类似。究其原因，东部地区电商发展的基础环境好，现代服务业的支撑力度大，加上地区创新创业的“外向”特征，因此一直走在中国电商发展的前沿，引领着中国电商发展的走势。中部及东北

地区，一方面接受东部沿海创新创业的辐射影响，另一方面受中心城市（武汉、郑州、成都）的带动发展，电商发展水平基本上处于第二梯度。然而，由于中部地区发展环境的差异，局部也出现低值连片区，体现出中部发展的地区不平衡特征。低、较低水平区数量最多且分布最广，主要分布范围遍及西部内陆地区、西南地区、华北地区以及东北地区，基于当地区位、交通、产业基础相对落后，经济发展的支撑力度不够，从而形成低值分布的连绵区。

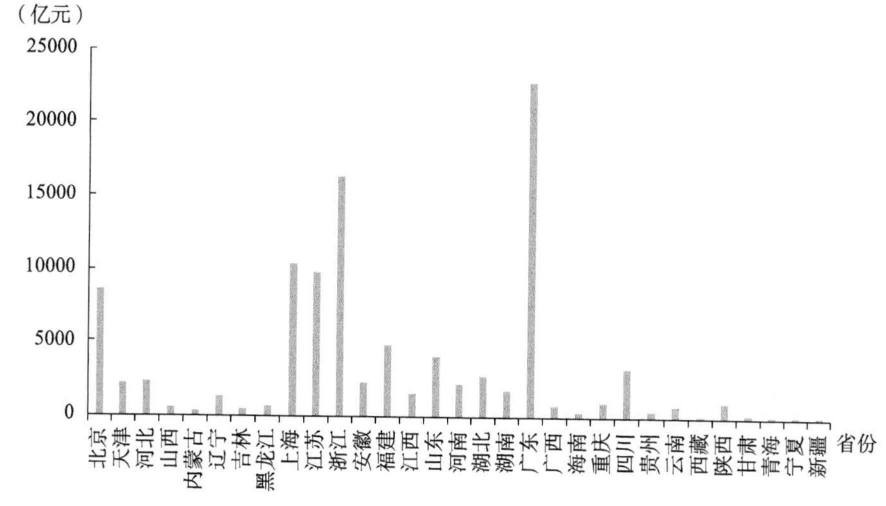

图 4-4 2019 年中国各地区网络零售额

资料来源：《2019 年中国电子商务报告》。

3. 省际不平衡程度明显，高低值集聚分布

根据阿里研究院提供的电子商务发展指数，按照 Arc GIS 提供的 Jenks 自然断裂点分级功能，对中国电子商务的发展水平进行五级分类（见表 4-2）。高、较高水平区除了分布在西部的四川、陕西外，主要分布在东南沿海地区并呈带状集聚分布。可以发现，江浙一带以及广东地区属于我国现代服务业发展的先行区、示范区，同时是我国对外开放的窗口区，因此沿

海一带的优势明显，现代化的步伐最快。近期，伴随着电子商务的精细化分工和新型电子信息技术的不断发展及应用，沿海一带尤其是东南沿海的电子商务发展水平必然再上一个台阶。中等水平区主要围绕高、较高水平区分布在中部或者西部较发达的区域，包括河北、天津、安徽、湖北、重庆以及海南，体现出梯度化的传递规律。低、较低水平区占据绝大部分，分布范围除了西部内陆，还有西南部欠发达地区以及东北三省，形成大范围连绵分布区。为了更好地探寻中国电子商务的空间关联格局，利用 Geo Da 软件进行 LISA 集聚分析可知（见表 4-3），高高区（HH 区）主要呈组团状分布在东部沿海地区，包括山东、江苏、浙江和福建等省份。不难发现，这些地区不仅自身的电子商务水平高，其周边大部分地区的电商水平也较高，表现出“近朱者赤”的空间邻近效应。其中高高区（HH 区）中的江苏、福建两个高值区通过了显著性检验，这与空间分类格局特征基本一致。低高区（LH 区）呈组团状分布在华南地区，且集中分布在高值区的周围地带，表现出局部的塌陷效应。低低区（LL 区）分布范围较广，主要位于经济实力较为落后的边缘地带或中部欠发达地区，空间邻近效应明显。这些地区普遍距高高区（HH 区）较远，自身经济发展水平不高，加之受到的辐射带动作用弱且相互之间的影响较大，因此形成大面积的低值连绵区。高低区（HL 区）仅有三个研究单元，分别为北京、四川和广东，虽然自身的电商水平较高，但是周围地区的电商水平低，表现出一定的极化效应。

表 4-2　2015 年中国 31 个省份电商发展水平的空间分布

空间分布类型	省份
高值区	北京、上海、江苏、浙江、广东
较高区	福建、山东、四川、陕西
中等区	天津、河北、安徽、湖北、海南、重庆
较低区	山西、辽宁、黑龙江、江西、河南、湖南、广西、贵州、云南、西藏
低值区	内蒙古、吉林、甘肃、青海、宁夏、新疆

资料来源：根据相关计算结果整理而得。

表 4-3 2015 年中国 31 个省份电商发展水平的空间关联

空间关联类型	省份
HH 区	江苏、福建、上海、浙江、山东
HL 区	北京、广东、四川
LL 区	内蒙古、吉林、河北、山西、辽宁、黑龙江、河南、湖北、重庆、贵州、云南、西藏、陕西、甘肃、青海、宁夏、新疆
LH 区	江西、天津、安徽、湖南、广西
无邻区域	海南

资料来源：笔者根据相关计算结果整理而得。

4. 城市优质区引领周边，城市群区普遍较好

基于阿里研究院发布的 2015 年度城市电子商务发展指数、网商指数、网购指数，同样运用 Arc GIS 中提供的自然断裂点进行分级可知，电子商务发展指数的高值区除了在成都、西安、郑州、武汉、长沙、合肥等省会城市零散分布外，其余主要在长三角地区、珠三角地区以及海峡西岸，形成“两区+一带”的高值空间分布格局，体现出东中部城市群的整体引领优势和城市优质区的“明星”优势。中等水平区除表现出由东部沿海向中部扩散的趋势外，也表现出邻近城市优质区分布的特点，体现出核心区对周边的引领作用。低、较低水平区城市数量最多，除了部分省会城市呈现中高值零星分布外，其余西部内陆、东北部以及中部地区城市形成大范围的低值连绵分布片区。从网购指数看，分布格局与电商指数差别不大，除了山东半岛的青岛市由较高水平区变为中等水平区以及海南省由中等水平区变为较高水平区外，其余地区变化不大。从网商指数看，与电子商务发展指数分布格局类似，但局部格局差异明显。具体看来，高值区数量略有减少，除了长三角、珠三角、京津、成渝外，中西部省会城市由高值区变为中低值区。中值区由中部城市转移到东部沿海，低值区数量在中西部明显增多，高中低区整体表现出以浙江省为核心向内陆延展的趋势。为了更好地探寻中国电子商务的空间关

联格局，同样利用 Geo Da 软件进行 LISA 集聚分析可知，HH 区主要在京津冀、山东半岛、长三角、珠三角等城市群以及海峡西岸地区呈集聚分布，表明城市群地区电子商务发展指数较高并带动了周围地区发展，产生了“近朱者赤”的集聚效应。LL 区数量最多且范围最广，在东北、中部、西南地区以及甘肃等形成片状集聚，说明该区域不仅自身发展水平较低，而且在其周边也发生了传递效应，形成“滞后集聚区”。HL 区与 LH 区数量相对较少且分布零散，说明极化与塌陷效应均不严重。

5. 县际尺度下局部凸显，集聚格局更加细化

为了进一步探究中国电子商务的微观空间分异格局，基于阿里研究院发布的 2015 年度县级电子商务发展指数、网商指数、网购指数，运用 Arc GIS 中提供的克里金插值空间分析法对 2015 年中国 1915 个县域研究单元的点数据进行插值运算。考虑到县域单元个数较多，因此选择各区域省份单元进行总结，结果见表 4-4～表 4-6。从电子商务发展指数看，主要是以江浙一带的核心城市较为突出，包括金华义乌市、泉州石狮市、苏州常熟市等 10 个县域单元，处于第一等级，占中国县域城市的 0.05%；第二等级县（市）以第一等级城市为核心向西部扩展，覆盖了浙江大部分县（市）、江苏南部部分县（市）以及福建的东部沿海县（市），电商指数在 10.312～16.994，占中国县域城市的 3.38%；第三等级县（市）主要在珠三角、长三角与京津冀地区形成集聚区。东北三省、河北、山东、广东等沿海地区与河南、山西、安徽、湖北、湖南等中部地区位于第四等级，占中国县域城市的 25%；第五等级与第六等级城市为中部以及西部城市，覆盖中国大部分区域。从网购指数看，与电子商务发展指数的空间分布具有一定的差异性，浙江、福建、江西片区处于领先地位，第三、第四等级的区域分布在中国北部及南方地区，中部与西部的等级较低。从网商指数看，与电子商务发展指数空间分类格局基本一致，呈现以浙江省为核心，

由东南部沿海向西部内陆逐级递减的空间格局。

表 4-4　中国县域电子商务发展水平分布格局

空间分布类型	电子商务发展指数
第一等级	义乌市、永康市、石狮市、昆山市、海宁市、桐乡市、天台县、清河县、德化县、常熟市
第二等级	浙江大部、江苏南部、福建东部
第三等级	北京、天津、河北西部、江苏大部、福建北部、广东西部、浙江西部
第四等级	东北三省东部、河北、山东、广东、河南、山西、安徽、湖北、湖南、江西
第五等级	内蒙古、黑龙江、吉林、辽宁、新疆、甘肃、宁夏、青海、四川、重庆、陕西、云南、广西
第六等级	西藏、贵州

资料来源：笔者根据计算结果整理而得，所整理的省份均包含 80%以上的县域单元。

表 4-5　中国县域网购发展水平分布格局

空间分布类型	网购指数
第一等级	江苏南部、浙江大部、福建东北部
第二等级	江苏北部、安徽南部、福建西北部、江西东部
第三等级	广东西部
第四等级	广东、江西、湖北、安徽、河南、山西、山东、河北、甘肃、内蒙古、新疆西北部、黑龙江东北部
第五等级	新疆西南部、宁夏、青海、陕西、湖北、湖南、河南、四川、重庆、云南、广西
第六等级	西藏、贵州

资料来源：笔者根据计算结果整理而得，所整理的省份均包含 80%以上的县域单元。

表 4-6　中国县域网商发展水平分布格局

空间分布类型	网商指数
第一等级	义乌市、永康市
第二等级	浙江
第三等级	北京、天津、河北北部、山东南部、江苏、浙江西部、福建、广东西部
第四等级	吉林、辽宁、河北、山东、河南、湖北、湖南、江西、广东
第五等级	新疆西部、西藏中部、云南、贵州、四川、重庆、广西、山西、内蒙古东北部、黑龙江、吉林西部
第六等级	新疆东部、青海、甘肃、西藏东部

资料来源：笔者根据计算结果整理而得，所整理的省份均包含 80%以上的县域单元。

为了更好地探寻中国电子商务的空间关联格局，同样利用 Geo Da 软件进行 LISA 集聚分析，具体结果见表 4-7～表 4-9。由表可知，显著 HH 区主要在江苏、浙江、福建、河北等区域集聚，与电子商务发展水平的空间分类格局的特征相符，形成“快速增长区”；显著 LL 区主要分布在青、川、藏 3 个地区，还有少部分零散地分布在滇、桂、新，形成“滞后集聚区”；显著 HL 区与显著 LH 区的数量相对较少，在空间分布上呈现离散分布特征；显著 HL 区零星分布在西藏、青海、四川的局部地区，这表明该区域自身发展相对较好，但并未带动周边城市的发展，出现了相异的空间关联，即对周边地区产生了极化效应；显著 LH 区主要分布在京、津、沪、浙等局部地区，形成低值区被高值区包围的“沉降区”。网商、网购发展水平的 LISA 空间分布格局与整体电子商务发展水平的 LISA 空间分布格局较为一致，但局部有所不同。网商指数的显著 LL 区主要集中在甘肃与四川，还有部分零星分布在新疆、西藏、陕西、内蒙古等地；网购指数的显著 HH 区不仅在福建、浙江分布，而且在内蒙古南部也出现集聚现象。总结看来，浙江省是电子商务的引领者，起步早、发展快、规模大，新业态、新模式不断涌现，新科技、新技术不断更新迭代。优越的电商发展环境、雄厚的经济基础不仅使浙江省电子商务发展始终走在中国前列，而且也带动周边城市电子商务的发展，因此产生了“近朱者赤”的集聚邻近效应。西部地区出现了滞后集聚区，一方面西部地区经济发展水平、信息化水平、物流基础设施等自身条件相对较弱，另一方面其周边没有可以支撑的发展环境，因而产生了“近墨者黑”的空间关联效应。

表 4-7　中国县域电子商务发展水平集聚格局

空间关联类型	电子商务发展指数
显著 HH 区	江苏大部、浙江大部、福建大部、河北西部、山东西南部、吉林东部、广东东部
显著 HL 区	西藏、青海局部、四川局部
显著 LL 区	青海、四川、西藏、云南局部、贵州局部、新疆局部
显著 LH 区	北京局部、天津局部、上海局部、浙江局部

资料来源：笔者根据计算结果整理而得，所整理的省份均包含 70% 以上的县域单元。

表 4-8　中国县域网购发展水平集聚格局

空间关联类型	网购指数
显著 HH 区	江苏大部、浙江大部、福建大部、河北局部、宁夏局部、山西局部、山东西南部、内蒙古南部、广东东部
显著 HL 区	西藏局部、四川局部
显著 LL 区	青海、四川、西藏、云南局部、贵州局部、新疆局部、辽宁局部、吉林局部
显著 LH 区	北京局部、天津局部、上海局部、浙江局部

资料来源：笔者根据计算结果整理而得，所整理的省份均包含 70% 以上的县域单元。

表 4-9　中国县域网商发展水平集聚格局

空间关联类型	网商指数
显著 HH 区	江苏大部、浙江大部、福建大部、河北局部、江西局部、山东西南部、广东东部
显著 HL 区	西藏局部、四川零散、内蒙古零散、新疆零散、重庆局部
显著 LL 区	甘肃、四川、青海、西藏局部、贵州局部、新疆局部、内蒙古局部、广西局部
显著 LH 区	北京局部、天津局部、上海局部、浙江局部

资料来源：笔者根据计算结果整理而得，所整理的省份均包含 70% 以上的县域单元。

二、中国农村电商发展的整体情况与空间差异

（一）整体情况

1. 发展态势

（1）发展势头迅猛，地区差异明显

伴随着中国电子商务业的蓬勃发展、农村电商平台的不断完善以及淘

宝村活力的释放，农村电商的规模实力不断提升，发展势头迅猛。《2019年中国电子商务报告》数据显示，2014 年全国农村网络零售额仅 1800 亿元，2019 年农村网络零售额达 17082.8 亿元（见图 4-5），短短六年时间，增长了接近 10 倍。2019 年全国农村网络零售额占全国网络零售总额的 16.1%，同比增长 19.1%。其中，农村实物商品网络零售额为 13320.9 亿元，占全国农村网络零售额的 78%，同比增长 21.2%。从四个板块看（见图 4-6），东部、中部、西部和东北地区农村网络零售额分别占全国农村网络零售额的 76.6%、12%、9.4%和 2%，同比增长 19.8%、17.1%、17.6%和 10.2%，板块之间的地区差异明显。对比前面分析可知，中国农村地区网络零售额区域格局与中国电子商务网络零售额格局一致，同样表现为东部网络零售额所占比重最大，中部地区次之，接着是西部地区，最后是东北地区。从增速看，农村网络零售额的同比增速也是东部地区增长最快，东北部地区增长最慢，进一步显示出板块发展的实力、潜力差距较大。

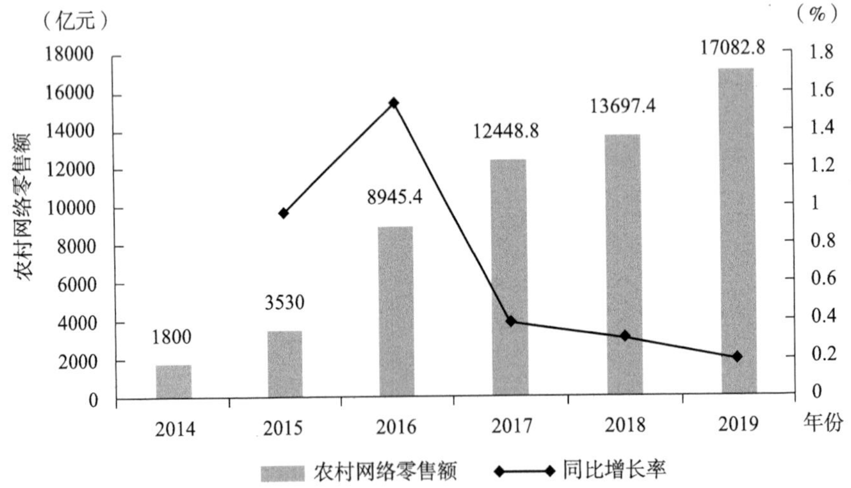

图 4-5　中国农村网络零售额及增速

资料来源：《2019 年中国电子商务报告》。

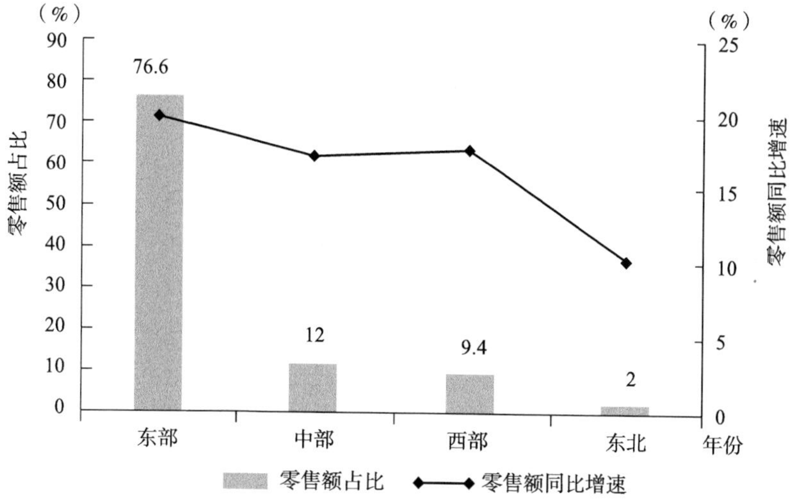

图 4-6　2019 年中国各区域农村网络零售额占比及同比增速

资料来源：《2019 年中国电子商务报告》。

（2）带动产业兴旺，促进乡村振兴

农村电商打通了生产者和消费者之间的屏障，拓宽了农产品上行的通道，并在庞大的市场需求下反过来推动农业规模化生产、标准化发展，因此特色电商产业链条的形成不仅推动了产业结构的转型升级，而且带动了相关配套和关联产业的兴旺发达。与此同时，农村电商的快速渗入也促进了农业产业与数字技术的深度融合，促使新型农民利用互联网、物联网、大数据、人工智能等数字手段进行农业标准化生产、商品化处理、品牌化销售、产业化经营，催生了一批在产品包装、仓储快递、冷链物流、营销运营、内容美工、追溯防伪等方面的专业人才。此外，农村电商的兴起引领农民融入现代信息生活，打破了城乡之间的数字壁垒，带动了一批年轻人到农村创业，实现了乡村人才的部分回流，助力乡村振兴。单从农村电商带动乡村振兴方面的农产品销售看，2019 年全国农产品网络零售额达 3975 亿元，同比增长 27%，高于全国网上零售额增速 10.6 个百分点。由

图 4-7 可知，休闲食品、茶叶、滋补产品零售额排名前三，占比分别为 24.9%、12%和 11.8%；水果、肉禽类、奶类同比增速排名前三，分别为 53.2%、39.4%和 37.5%，生鲜农产品零售额持续高速增长，潜力不断释放。

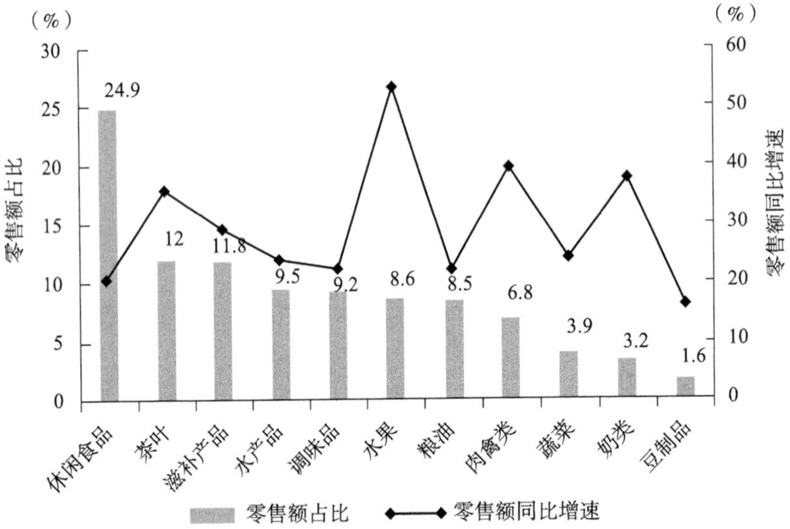

图 4-7　2019 年中国各类农产品网络零售额占比及同比增速

资料来源：《2019 年中国电子商务报告》。

（3）促进设施建设，形成配套体系

在《全国电子商务物流发展专项规划（2016—2020 年）》的引领下，政府和相关企业纷纷加大对农村电商基础设施建设的投入，县域地区的宽带网络、快递物流的覆盖率均有明显提升。2019 年，农村互联网覆盖范围进一步扩大，贫困地区网络基础设施“最后一公里”逐步打通，城乡之间的“数字鸿沟”加快弥合。截至目前，我国已初步建成融合、泛在、安全、绿色的宽带网络环境，基本实现“城市光纤到楼入户，农村宽带进乡入村”。2019 年中国已建成全球最大规模光纤和移动通信网络，行政村通光纤和 4G 比例均超过 98%。中国互联网信息中心数据显示，2019 年中国网民规模为 9.04

亿，其中农村网民规模为 2.55 亿，占网民整体的 28.2%，较 2018 年年底增长 305 万；城镇网民规模为 6.49 亿，占网民整体的 71.8%，较 2018 年年底增长 4200 万（见图 4-8）。中国农村地区互联网普及率为 46.2%，较 2018 年年底提升 7.8 个百分点，与城市互联网普及率的差异逐渐缩小。同时，物流体系建设也在不断推进，农村地区超过 3 万个乡镇建成农村快递网点，建成公共取送点 6.3 万个，全国乡镇快递网点覆盖率达到 96.6%，21 个省份实现乡镇快递网点全覆盖。全国新增直接通邮建制村 1.6 万个，直接通邮率超过 98.9%。针对农产品运输过程中出现的变质问题，积极探索新型农产品冷链流通基础设施建设，营造优质优价的市场环境。

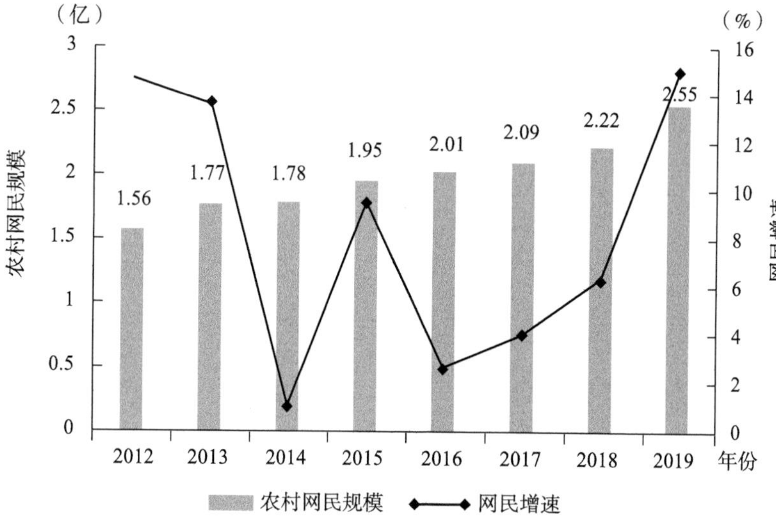

图 4-8　中国农村网民规模及增速

资料来源：《2019 年中国电子商务报告》。

（4）引领“草根”创业，孕育新型农民

在“大众创业、万众创新”的国家战略驱动和相关政策支持下，“草根”创业者正在重塑中国乡村的空间与社会结构，形成了一批懂专业化生产、管理性操作和网络化经营的新型农民。事实上，电子商务推动乡村城镇化的核心动力来自乡村“草根”的创业，因为“草根”创业者是最早发现“互联网+乡村”拥有巨大潜力的人群，也是最早返乡创业的人群，从知识结构、管理理念、经营体系等多个方面改变着地域固有的生产经营模式。一方面，“草根”创业者利用当地的区位优势和产业基础发展特色产业，典型案例如广东普宁，创业者通过电子商务进一步发挥本地服装产业集群的优势，在广州、深圳等地的服装市场开设档口的传统经营模式，促进普宁返乡创业的人数以每年30%的增速增长；另一方面，返乡创业者带回了资金、技术，以及先进的经营管理理念，打通了由城到乡的生产要素流通渠道，改变了乡村地区长久以来资金、人才单向外流的尴尬境地，向乡村城镇化注入了核心动力，缔造了没有任何产业基础支撑的“无中生有”的淘宝村发展模式，典型如江苏睢宁沙集镇和山东曹县大集镇。以沙集镇为例，当地的“沙集三剑客”在2006年开始返乡，创业过程中发现线下模式的投入成本高、发展时间长，风险巨大，因此“三剑客”将电子商务作为第一选择，通过天猫和淘宝平台直接对接消费者，打开局面后带动大批村民仿效经营，逐渐形成专业化的生产体系，致富一方。

（5）对接精准扶贫，助力全面小康

电子商务作为精准扶贫的重要抓手，越来越多的农民通过电子商务实现了脱贫致富，也带动了“淘宝村”“微商村”的形成与壮大，充分展示了贫困落后地区借助互联网实现跨越式发展的巨大潜力。可以说，电商扶贫等新业态不仅增强了贫困地区内生发展活力，有效促进了农民增收，为推进农业农村现代化注入了新动能，而且明显改善了贫困地区电商基础短板，搭建起农村创新创业大舞台，形成了全社会参与的大扶贫格局，加快了农村消费市场转型升级。另外，商务部也积极号召各大电商平台通过流量支持，开通产品上线绿色审批通道，开展网络营销等一系列举措，增强电商经营能力。例如京东自2016年年初启动电商精准扶贫计划，经过3年的努力，在贫困县上线商品超过300万种，实现销售额600亿元，直接带动 80 万户建档立卡贫困户增收。拼多多以“拼模式”深入农业主产区以及“三区三州”深度贫困地区，2019 年农副产品成交额达 1364 亿元，同比增长 109%；活跃买家达 2.4 亿，同比增长 174%。全国邮政企业与 496 个县对接电子商务进农村综合示范工作，推动村级邮乐购站点完善布局，不断向贫困地区村级延伸，帮扶贫困地区加强城乡双向流通，累计建设邮乐购站点超 53 万个，在邮乐网建设国家级贫困县达到 657 个。截至 2019 年 5 月，电子商务进农村综合示范已支持贫困县建设电商公共服务中心和物流配送中心近 1000 个，乡村电商服务站点 6 万多个，建立起“两中心一站点”的农村电商公共服务体系，电子商务进农村综合示范项目已服务贫困人口 1000 多万次，带动 300 多万贫困人口实现增收脱贫。

2. 政策引领

（1）政策增多，引领农村电商发展

近年来，中央一号文件均明确提出要大力发展农村电商，助推农业现代化与乡村振兴，这为电商在农村地区的“生根发芽”提供了有力支撑。2019 年 2 月，中央一号文件明确提出，要继续开展电子商务进农村综合示范工作，实施“互联网+”，加快农产品出村进城工程建设，这为电商在农村的具体实施提供了方案。2019 年 5 月，中共中央办公厅、国务院办公厅印发的《数字乡村发展战略纲要》指出，要从数字乡村、电商扶贫、物流体系、农产品供应链等方面推动电商发展的政策体系和管理机制不断强化，提升农村数字经济的潜力。2019 年 5 月，财政部、商务部、国务院扶贫办联合印发的《关于开展 2019 年电子商务进农村综合示范工作的通知》指出，要深入推进电子商务发展，助力脱贫攻坚和乡村振兴。这两年出台的政策还有《关于推动农商互联网完善农产品供应链的通知》《关于实施“互联网+”农产品出村进城工程的指导意见》《多渠道拓宽贫困地区农产品营销渠道实施方案》《网络扶贫工作要点》等，不仅带动了农业的转型升级、提质增效，促进了农业的现代化，而且促进了农村地区的产业发展，深化了电商扶贫建设，助力了建制村直接通邮攻坚战。同时，关于农村电商发展的政策也多见于“十四五”规划和政府工作报告中，足见国家对农村电商经济的重视程度，也显现出了农村电商在中国的“独特魅力”。

（2）设施跟进，邮政物流逐渐完善

在农村电商迅猛发展的形势下，加快农村电商基础设施建设，优化农村电商发展环境和公共服务体系，成为加快发展的时代之需和必然路径。农村电商的设施建设一方面表现在硬环境的优化上，包含提高农村宽带普及率，加强农村公路建设等；另一方面需要提高农村物流配送能力等，提升服务保障能力。伴随着《关于推进邮政业服务乡村振兴的意见》《关于推进电子商务与快递物流协同发展的实施意见》《关于认真落实习近平总书记重要指示推动邮政业高质量发展的实施意见》等政策的出台，国家在加快贫困农村邮政快递基础设施建设、提升农村寄快递服务、夯实农村快递物流体系、延长农产品产业链、发挥邮政网络优势等方面提出了多项具体措施。《全国电子商务物流发展专项规划（2016—2020年）》出台后，“十三五”期间农村电商物流体系进一步完善，县域物流资源、县级电商服务中心进一步增多，物流配送中心、农产品产地集配中心、乡镇快递网点、村级站点等体系初步形成，邮政、供销社、快递、物流企业及涉农企业的自营网络网店逐渐深入农村，这些都大幅提高了农村电商物流的覆盖率。据农业农村部信息中心会同中国国际电子商务中心监测，2019年农村网络基础设施建设明显加强，全国行政村通光纤和通4G比例均超过98%，贫困村通宽带比例达到99%，农村地区互联网普及率达46.2%，全国农村网商突破1300万家，农村信息服务体系已覆盖全国3/4的行政村，乡镇快递网点覆盖率达96.6%。

（3）数字引领，形成发展新动能

伴随着电子商务在农村地区的快速发展和迅猛扩散，围绕农产品与现代服务业的电商体系逐渐形成，电商产业逐渐向更深入的数字化方向融合。数字化引领下的电商经济，一般围绕“互联网+”模式，以网络技术为支撑，以大数据生产为依据，运用互联网技术，实现数字化、专业化生产。在数字经济融合下，农村电商通过信息化管理手段，实时监控果蔬等农产品从采集、运输到消费者餐桌上的全过程流通，做好安全监控；在分拣包装环节，应用智能设备对农产品进行精准定位、抓取、分类和摆放，提升农产品分拣包装的效率和准确度；在销售派送过程中，应用输送机、无人机等，可以扩大销售范围，提高配送速度，有效降低农产品流通成本；在农产品溯源环节，将农产品信息与上下游供应链系统整体对接，实现农产品从田间到餐桌的可视化溯源，确保农产品源头可追溯、流向可跟踪，有力保障了农产品安全。同时，数字化进程也为传统企业转型升级提供了新机遇。一方面企业可以加快线上线下融合发展，通过数字技术应用，在库存、用户、营销等多个方面实现网购平台与线下门店同步运营；另一方面通过大数据分析，实现生产数据、消费数据与用户数据的智能匹配，实现产品质量与规模的精准预测，从而扩大规模、提升效益。总之，加快布局以电子商务为引领的数字经济新产业，能够有效延长农业产业链，促进农业的产业化和现代化，带动乡村经济的兴旺发展。

（4）搭建平台，发挥宣传推介效应

除了国家电子商务发展的大会、峰会、盛会外，围绕农村电商的特色主题和区域效应，还形成了一系列各具特色的农村电商会议，为剖析农村电商发展趋势、总结可复制的特色模式、推介有特色的企业和品牌等提供了有力支撑。2018 年全国农业农村电子商务工作会议作为国家引领电商发展的主题会议，明确指出要充分发挥我国深入到村的行政体系优势和互联网发展优势，紧紧围绕实施乡村振兴战略，以“互联网+”农产品出村工程为抓手，以优质农产品为重点，建立健全供应链、生物链、产业链、价值链体系，加大新型职业农民培育力度，以电子商务牵引带动农业农村信息化建设。中国农村电子商务大会至2020年已举办五届，围绕电商发展、乡村振兴、电商扶贫、直播电商等主题，邀请学者、商业代表等进行发展环境与趋势分析，分享电商发展理念、各地做法和典型案例，为中国农村电商的高质量发展提供了支撑。除此之外，还有中国农村电商供应链大会、中国农村电商峰会等，充分利用互联网传播快速等特点，把电商致富典型、电商从业经验进行提炼、宣传、推广。值得一提的是，这些不同层次的大会、峰会、盛会，一般都会充分利用新媒体合作效应，开展网上创业大赛、网上产品销售会、网上创业项目投资洽谈会、网上创业优秀典型宣传等活动，广泛宣传报道电子商务示范企业和优秀人物，营造以点带面、整体推动的浓厚氛围，这些均为特色品牌、特色产品的推广提供了非常好的机会和平台。

（二）空间差异

1. 东中西差异明显，东北发展相对滞后

《2019年中国电子商务报告》数据显示，我国农村电商规模稳中有升，为城乡零售消费市场的兴旺提供了有力助推。然而，由于地区经济发展水平不一、区位条件的差异、捕获商机的敏锐度不同，各地区的农村电商发展水平存在明显的差异。由图4-9可知，浙江、江苏、福建、河北和山东作为东部沿海的代表，农村网络零售额排名前五，合计占全国农村网络零售额的73.6%。从农村电商零售额排名前十的省份看，东部五个，中部次之，西部最少，而东北未出现，亦能反映出空间的差异化特点。从增速看，依然表现出东部相对较快、中部次之的特点，充分显示出农村电商与总体电子商务发展类似的特点。为进一步剖析农村电商的综合发展特点，基于相关研究成果，选择县域电商零售总额、县域农产品网络销售额、农村人均纯收入、农民人均交通通信费用支出、农业固定资产投资、农村每

百户拥有的计算机数量、开通互联网宽带业务的行政村比重、农村宽带接入用户、农村年发电量、农村投递路线长度10个指标进行主成分计算，分析中国农村电商的总体发展水平。从评价结果看，整体规律基本呈现从沿海到内陆的差异化特征，东北地区的塌陷效应依然明显，与前面的分析结论类似，印证了农村电商与整体电商发展环境密切相关。

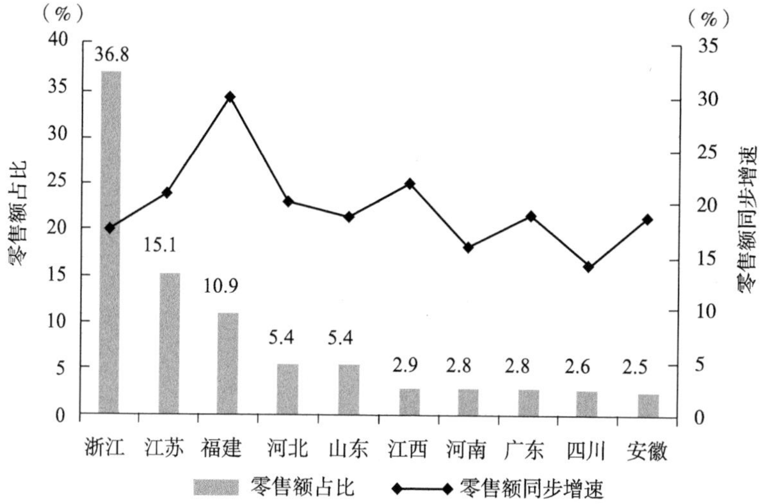

图4-9　2019年中国农村网络零售额排名前十位省份占比及增速

资料来源：《2019年中国电子商务报告》。

2. 华东区稳居前列，区域引领作用明显

从构建指标评价的综合结果看，浙江、江苏排名前两位，体现出华东地区的区位地位和综合优势，也体现出国家经济引领区的示范作用。欧特欧、前瞻产业研究院数据显示，2019年我国华东地区县域网络零售额为18710.4亿元，占全国比重达60.4%，引领全国其他省区的县域电商发展水平，整体发展优势明显；其次为华南地区，县域网络零售额为5756.7亿元，占全国比重为18.6%，仅为华东地区销售额的30.7%；再次为华北地区，县域网络零售额为3978亿元，占全国比重为12.8%，与前两个档次的差异较大；华中、西南地区县域网络零售额相差不多，占全国比重为3%左右；东北、西北地区发展滞后，县域网络零售额分别为353亿元和219亿元，占全国比重合计仅为1.8%，区域差异尤为明显（见图4-10）。总体来看，无论是基于综合指标评价结果，还是基于县域网络零售额，均展现出华东地区的优势地位，也呈现出由浙江引领的华东地区向西部内陆逐渐减弱的梯度化规律。可以说，无论是经济实力、产业基础、购买力，还是规模、技术、服务质量等，都直接影响着电子商务的发展水平，致使长三角地区的农村电商发展始终走在中国前列。

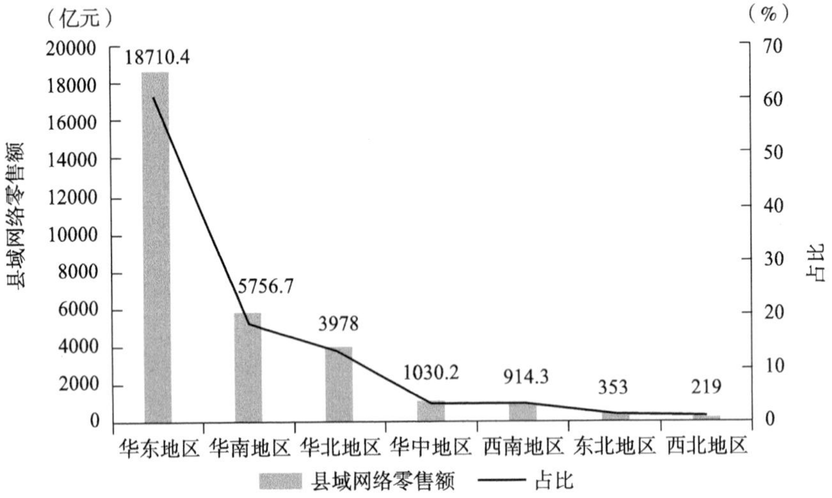

图4-10　2019年中国县域网络零售额区域分布

资料来源：欧特欧、前瞻产业研究院。

3. 省际发展不平衡，关联效应明显

由表4-10可知，中国农村电商综合水平的空间分布格局与基于电子商务发展指数的空间分布格局基本类似。具体来看，高、较高水平区除了西部的四川外，其余省份主要分布在东部沿海以及中部地区，以长三角区域高值集聚现象最为明显，中等水平区主要分布在东北地区、西南地区和西北地区，包括陕西、云南、广西以及江西等，大体上呈现出两个中值集聚片区的空间分布格局，低、较低水平区除了在西南地区形成一个低值集聚片区外，整体在西北部形成大范围的低值连绵带。从局部 LISA 集聚分析可知（见表 4-11），HH 区和 LL 区数量较多且集聚现象凸显，LH 区和 HL 区数量较少。HH 区主要呈组团状集中分布在长三角、京津冀、山东半岛以及部分省区，主要有浙江、江苏、北京、河北、福建、山东、河南、安徽、江苏、江西和山西等省份。这些地区不仅自身的电子商务水平高，其周边大部分地区电商水平也较高，在中东部地区产生较好的空间关联效应。LH 区仅有两个研究单元，呈组团状分布在西南地区，存在异向的空间关联效应。LL 区分布范围较广，主要位于经济实力较为落后的边缘地带或西北内陆欠发达地区，这些地区距离 HH 区较远，受到的辐射带动作用较弱且相互之间的影响较大，因此形成大面积负负相连的空间邻近效应。HL 区仅有四个研究单元，分别为湖南、湖北、四川和广东，虽然自身的电商水平较高，但是周围地区的电商水平低，因此，呈现出高值被低值包围的状态。总结看来，东南部沿海城市不仅拥有优越的地理位置，而且还有开放的市场环境与完善的物流系统，为其优势地位奠定了坚实的基础；而中西部尤其是西部经济发展水平较弱，创新人才缺失，当地物流、支付体系，以及互联网和电信基础设施不完善，对农村电商企业的业务拓展形成障碍，因此其发展水平相对较低。

表 4-10　2018 年中国省域农村电商发展水平空间分布

空间分布类型	省份
高值区	北京、江苏、浙江、广东
较高区	河北、上海、安徽、福建、山东、河南、湖北、湖南、四川
中等区	天津、辽宁、吉林、黑龙江、江西、广西、云南、陕西
较低区	山西、内蒙古、重庆、贵州、甘肃、青海、宁夏、新疆
低值区	海南、西藏

资料来源：笔者根据计算结果整理而得。

表 4-11　2018 年中国省域农村电商发展水平空间关联

空间关联类型	省份
HH 区	江苏、安徽、福建、北京、天津、河北、上海、浙江、江西、山东、河南
HL 区	四川、湖北、湖南、广东
LL 区	陕西、甘肃、青海、新疆、云南、西藏、宁夏、山西、内蒙古、辽宁、吉林、黑龙江、重庆
LH 区	广西、贵州
无邻区域	海南

资料来源：笔者根据计算结果整理而得。

4. 电商扶贫空间较大，西北、东北发展较为滞后

农村电商作为助力乡村振兴发展的现代化途径，不仅可以销售特色农产品，而且可以通过展示美丽乡村景观、生态优美区等进行“无资源”禀赋的开发，因此可作为扶贫攻坚的重要途径，助力全面建成小康社会。随着电商扶贫工作的深入推进，全国贫困县电子商务取得较好的发展势头。农业农村信息中心数据显示，2019 年 832 个国家级贫困县电商市场规模达 1076.1 亿元，同比增长 31.2%，足见中国电商扶贫空间的市场效应。然而，扶贫攻坚在不同分区开展的力度不同，资源开发与电商的融合度不同，因此电商扶贫的空间差异依然较大。基于 2018 年中国贫困县网络零售额的数据进行分析，排在前 100 名的国家级贫困县电商市场规模达 616.8 亿元，约占所有贫困县电商规模总额 967.6 亿元的 71%。由图 4-11 可知，TOP100 名的贫困县中，31%分布在华东地区，22%分布在华中地区，22%分布在西南地区，17%分布在华北地区，7%分布在西北地区，1%分布在东北地区，与前述很多的分析结果类似，说明东中部农村电商的扶贫力度大，繁荣了农村市场，助力了乡村振兴；西部、东北地区贫困县电商发展较为滞后，电商扶贫的空间大，电商开发模式需要进一步优化。因此，如何依托本地资源进行链式开发，如何与新形式如网络直播结合，如何打造

优质电商发育环境和产业特色链等，是今后贫困县脱贫后进一步自我成长的关键。

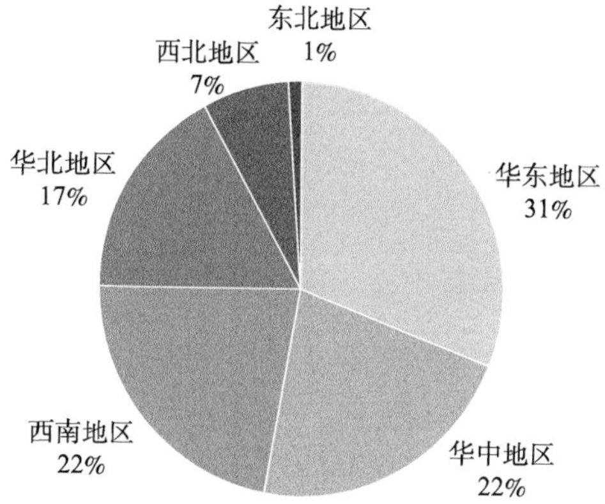

图 4-11　2018 年中国贫困县网络零售各区域比重

资料来源：农业农村信息中心。

三、中国淘宝村发育的整体情况与空间差异

（一）整体情况

1. 数量不断攀升，近期增数不减

伴随着农村电商的扩散影响与专业化分工，以电商经济为核心的现代化村域经济形成，电子商务专业村不断形成并逐渐壮大。淘宝专业村作为最接地气的电子商务专业村，对促进“草根”村民创业和“能人”施展才能意义重大，因此无论是村域专业化程度，还是村民参与的程度均比较高，是中国最具代表性的一类信息化专业村。自 2009 年阿里研究院第一次公布淘宝村界定后，后续中国淘宝村的数量变化、类型、态势逐渐更新，成为引领农村电商经济的风向标。阿里研究院 2020 年的研究报告显示，11 年来淘宝村数量不断攀升，由最初的 3 个增长到如今的 5425 个。从时间变

化特点看，前期增速较快，由2009年的3个快速增长到2014年的212个，以倍速式的“J”字形增长。2014年之后，淘宝村的个数依然不断增加，速度略有放缓，2020年达到5000多个，这与淘宝村的发育阶段和中西部的崛起有密切关系，基本上呈现相对稳定的增长。从近年变化看，基本上每年以1000个左右的速度增长，2018年淘宝村数量达到3202个，相比2017年增加1084个；2019年突破4000个，达到4310个，较2018年增加1108个；2020年淘宝村数量突破5000大关，增至5425个，较2019年增加1115个（见图4-12）。淘宝村覆盖范围也由11年前的星星点点之状蔓延至全国28个省（自治区、直辖市），数量约占全国行政村总数的1%，呈现遍地开花之态。总体来看，淘宝村数量规模和分布范围都发生了质的飞跃，十年前的星星之火，现在已呈现燎原之势。

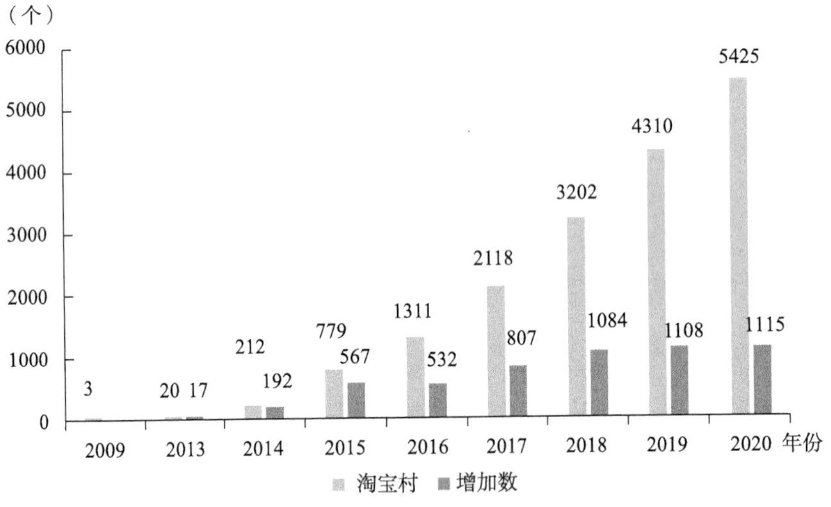

图4-12　中国淘宝村数量变化

资料来源：《1%的改变：2020中国淘宝村研究报告》。

2. 裂变集群增长，直播成新亮点

淘宝村能人出现之后，会产生“仿效”“从众”等效应，使得村域内部形成一个又一个的增长点并且迅速向周边扩散，同时产生专业化的分工和巨大的集聚能量，也就是所谓的“裂变”和催生过程。如果一个淘宝村成为一个“裂变”中子，那么它就会向周边产生扩散并形成“裂变核”式的链式传导，从而在镇域或者县域内形成淘宝集群，以更大能量带动乡村经济振兴。2015 年，中国出现第一批淘宝村集群，共 25 个，主要分布在电商发展水平较高的地区，如浙江义乌、福建晋江和江苏沭阳等地，呈现连片式集中分布。此后，淘宝村集群化、裂片式扩散特征逐年加强。2018 年，中国“淘宝村集群”达到 76 个，“大型淘宝村集群”达到 21 个；2019 年“淘宝村集群”数量较 2018 年增加了 19 个，达到 95 个，所含淘宝村数量占到全国总数的 76%，“大型淘宝村集群”达到 33 个。总体来看，淘宝村集群所含淘宝村数量的比重也在逐年增长，由 2015 年的 54% 提升到 2019 年的 76%，可以预见，未来增长幅度也会进一步增加（见图 4-13）。此外，受 2020 年新冠肺炎疫情的影响，人们待在家里的时间会增长，直播带货成为重要的消遣方式，导致直播用户呈现爆发式增长态势，也促进了电商经济的迭代升级和更加近距离地面对消费者。在这一背景下，淘宝村网商与时俱进，适应新趋势，加入直播电商的行列，通过视频和直播带货的方式宣传推介自己的产品，带动了淘宝经济的复苏和新一轮电商企业的重构，催生了与直播带货相关的业态，促进了淘宝集群的壮大和新一轮裂变。《1%的改变：2020 中国淘宝村研究报告》显示，直播 50 强淘宝村全部集中在东部沿海地区，浙江、广东、江苏排名前三，与中国电商、农村电商的分布格局基本一致，反映出东部沿海地区互联网的高度活跃性、业态敏锐性和时代引领性。

3. 规模效益明显，亿元实力展现

淘宝村作为乡镇经济的新发力点，迅速促进了相关产业的一体化、特色产业集群的形成和村域集体经济的壮大，因此村域围绕特色产品形成的

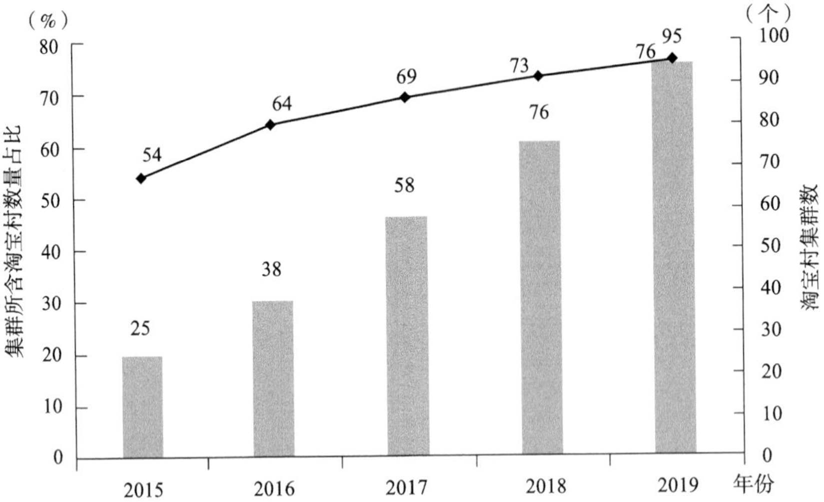

图 4-13　全国淘宝村集群数

资料来源：《2009—2019 年中国淘宝村研究报告》。

产业规模不断壮大，品牌效应也逐渐远播“云端”，延伸而来的价值收益也不断增多。从已有的新闻报道看，淘宝村产值“过千万”“突破 5000 万”，体现出淘宝村全民参与、专业化发展的势头，也体现出淘宝村的规模产值效益。从 2020 年交易规模统计数据看，淘宝村年交易额集中在 5000 万元以下的数量达到 3916 个，占比达到 72%。如果以 2000 万元为界，2000 万～5000 万元的淘宝村数量共计 1737 个，占比达到 32%；而 2000 万元以下的淘宝村数量共计 2179 个，占 40%（见图 4-14）。近年来，伴随着中东部地区淘宝村产业分工的细化、品牌价值的集聚效应和产业集群的壮大，亿元淘宝村不断增多，体现出集群化的规模效益。《1%的改变：2020 中国淘宝村研究报告》显示，亿元淘宝村的数量达到 745 个，占比达到 13%，主要分布在浙江、广东、江苏、福建、河北、江西、河南、北京、天津、上海、四川、湖北、陕西 14 个省市，也进一步印证了中国电商、农村电商在中西部地区的空间分异特征（见图 4-15）。

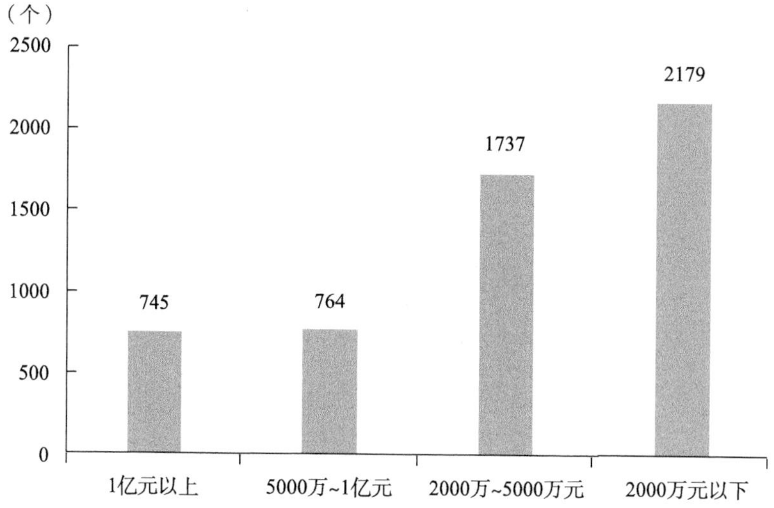

图 4-14　全国淘宝村集群数

资料来源：《1%的改变：2020 中国淘宝村研究报告》。

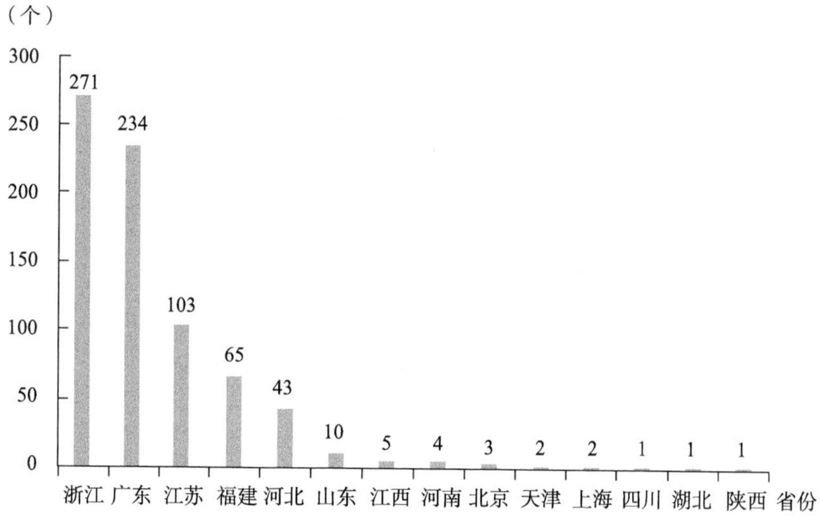

图 4-15　全国各省份亿元淘宝村数量

资料来源：《1%的改变：2020 中国淘宝村研究报告》。

4. 促进返乡创业，焕发乡村新颜

如前文所述，农村电商不仅可以发挥“草根”创业者的“闯劲儿”，而且能够发挥其融入电商的时代感，因此吸引了一批具有“互联网+”电商思维、对故土有感情的年轻人回农村进行创业，催生了一批“先吃螃蟹”的能人，促进了本地产业方式的改变和特色产品的形成。在“趋利”和“跟风”的影响下，很多年轻人仿效能人返乡创业，从而带动了产业集群优势的发挥。据统计，2020 年淘宝平台在县域创造的就业机会达到 828 个，成功地吸引了返乡人员创新创业，也成为承接剩余劳动力转移和就地就近城镇化的重要途径。同时，在“互联网+”的带动下，淘宝村逐渐实现了产业兴旺、人才聚集和生活富裕，也推动了乡村地区信息基础设施建设和生活基础设施的提高。在这一背景下，淘宝村开始向生态宜居、乡风文明有效迈进，一批初步实现全面振兴的“最美淘宝村”开始不断涌现，焕发了乡村的新面貌。随着国家生态文明建设的持续推进，越来越多的乡镇将走上生态发展、美丽发展之路，“最美淘宝村”队伍也将进一步扩大。

5. 助推扶贫攻坚，助力复工复产

淘宝村作为新型电子商务专业村，不仅可以使本地特色资源得到充分挖掘，而且能够带动本地村民加入淘宝产业链和淘宝集群的裂变过程，因此，淘宝村在提升贫困地区的收入水平、消除收入差距方面的作用越来越凸显，不仅加快了就地就近城镇化步伐，而且为中西部地区提供了销售特色农产品的机遇，形成了消贫减贫的新突破。如《1%的改变：2020 中国淘宝村研究报告》所述，淘宝村在国家级贫困县的覆盖范围进一步扩大，销售的产品覆盖了童车、玉石、家具、茶叶、水果罐头等诸多门类，产品销售的范围逐渐扩大到海外市场。统计数据显示，2020 年 119 个淘宝村位于 10 个省的 41 个国家级贫困县，比 2019 年增加了 56 个，增长 89%。从中西部的统计数字看，50% 的贫困县淘宝村处于东部地区，40% 处于中部地区，9%处于西部地区，1%在东北地区。从空间分布看，电子商务在中西部乡村地域拓展的空间依然很大，助力扶贫攻坚的效果也进一步呈现。此外，在新冠肺炎疫情背景下，淘宝村的复工复产走在了全国的前列，实现“逆势”增长。以枝江市周场村为例，当地村民利用村中分拣、包装、物流等一整套完整的电商基础设施，打通了农产品出入各地的绿色通道，成为一个小型农产品线上集装中心，为各地提供水果保障，线上销量不减反增。2020 年 4 月，受益于淘宝村产业集群的发展、供应链的完善、劳动力的本地化以及非接触性经济方式，湖北枝江的淘宝村复工率达到了 98%，在复工复产中显示出明显优势。此外，各地政府和电商平台也纷纷采取各种措施助力农产品上行，发挥数字经济在复工复产中的独特优势，实现了销售额的反弹上升。

（二）空间差异

1. 与电商格局类似，梯度减弱规律明显

根据 2019 年阿里研究院提供的淘宝村具体名录，基于位置信息进行省域个数汇总，进而进行可视化表达，结果见表 4-12。中国淘宝村空间分布格局与电商分布格局类似，依然呈现自东向西逐渐递减的空间分布特征，梯度变化规律明显。具体来看，高水平区仅有浙江一个省份，其 2019 年淘宝村数量达到 1573 个，占全国比重超过 1/3，处于绝对的领先地位，呈现出“一枝独秀”的空间特征。较高水平区有两个省份，分别为广东和江苏，淘宝村数量分别为 798 个和 615 个，体现东部沿海的引领格局。中等水平区有河北、山东、福建三省，依然以东部沿海一带为主，反映第一梯度的空间邻近和集聚效应。低、较低水平区数量较多，主要分布范围是中部、西部及东北地区，体现出经济发展水平与电商水平的内在关联特征。合计来看，高、较高、中等水平区淘宝村均位于东部沿海地区，数量达到 4138 个，合计比重达总量的 96%，区位优势和沿海特征明显。以河南、湖

北、江西、安徽四省为代表的中部省份开始崛起，中部淘宝村数量达 137 个，体现出梯度扩散的空间特征和中部快速增加的迅猛态势。西部、东北地区淘宝村数量分别为 19 个和 16 个，地区差距依然悬殊。总体表现为东部淘宝村发育情况最好，中西部次之，东北部较少的特征，呈现明显的东部、中部、西部、东北的递减规律。

表 4-12　中国各省份淘宝村个数

空间分布类型	省份
高值区	浙江
较高区	江苏、广东
中等区	河北、山东、福建
较低区	河南
低值区	北京、天津、山西、辽宁、吉林、黑龙江、安徽、江西、湖北、湖南、广西、重庆、四川、贵州、云南、陕西、宁夏、新疆
无数据区	内蒙古、上海、海南、西藏、甘肃、青海

资料来源：笔者根据相关资料整理而得。

2. 集聚集群区凸显，东部六省依然领先

基于 2019 年中国淘宝村的位置信息，运用 kernel 密度分析方法进行分析，可以透视淘宝村在空间的集聚特征，主要表现为东部长三角、珠三角、京津冀、海峡西岸、江苏沿海等城市群和经济区的集聚，核心密集区清晰可见。从全国淘宝村在市域、县域的分布可知，东部沿海局部市县淘宝村裂变增长、邻近特征明显，因而局部核心区的热点集聚区凸显，也体现出沿海一带淘宝村的专业化分工和集群化特质。从排名前十的淘宝村集群产品看，主要为服装、家具、鞋、家电、母婴用品、工艺品、家居用品、家纺、日用百货和特色农产品，明显看出既有劳动密集型产品也有技术密集型产品，淘宝村的产业升级趋势特征明显。这些排名前十的集群基本分布在泉州市、温州市、苏州市、台州市、金华市等沿海一带，因此集聚集群分布特征明显。除了东部沿海的密集分布外，在山东和河南交界的菏泽市，形成一个明显的集聚集群区。从菏泽市产业集群的分布情况看，其形成了9个产业集群，分别是曹县演出服集群、曹县木制品集群、鄄城县人发集群、郓城县日用品集群、单县宠物用品集群、成武县家具集群、定陶区家具集群、巨野县日用品集群和东明县服装产业集群。从集群类型看，仅有曹县的木制品集群、鄄城县的人发集群为已有产业的支撑集群，其余均为电子商务催生的产业集群，反映出电子商务在产业催化和转型方面的新时代优势，也为欠发达地区的集群成长提供了可复制模式。

3. 中西部发展势头良好，亮点在成渝和中原

阿里研究院提供的2020年中国淘宝村空间特征显示，淘宝村所在位置遍及全国28个省份，依然呈现出东部地区淘宝村数量最多，中西部次之，东北部最少的空间特征。然而，从近几年四大板块淘宝村的增长速度看差异很大，其中东部增长有所缓慢，而中西部地区淘宝村则以2~3倍的速度增长，表现出快速增长的空间态势。东北部淘宝村数量相较于上年不增反倒减少了1个，增长速度依然缓慢。在中西部淘宝村快速增长的省区中，成渝和中原表现得最为抢眼，其中成渝地区近三年由4个快速增长到21个，河南省由34个以每年增加30个的速度提升到135个，足见两者在中西部地区的快速增长态势。值得说明的是，2020年淘宝村的定义有所改变，在原有淘宝村评价的基础上，农产品的销售额视同两倍计算，这一变化导致中国新增加了80个淘宝村，也客观上助推了这两个地区淘宝村数量的增加。从空间集聚看，中西部淘宝村的邻近扩展特征也较为显眼，呈现数量与分布范围双增长的趋势，成渝和中原的集聚核心区明显扩大，热点强度也有所提升。此外，2020年中国淘宝村报告也明确显示广东省西部、湖南省和湖北省的淘宝村集聚程度进一步增强，可见淘宝村是中西部欠发达地区电商发展的重要载体。

4. 百强县空间集中，东部表现依然亮眼

根据阿里研究院提供的 2020 年中国淘宝村百强县名单（具体见表 4-13），对其位置进行可视化空间表达可知，东部沿海地区淘宝村百强县有 97 个，中部仅有 3 个，西部和东北地区未出现，体现出东部地区的高度密集特征和电子商务的引领发展。具体来看，淘宝村百强县虽然分布在全国 11 个省（直辖市）、40 个地级市中，但浙江省的百强数量最多，多分布在温州、金华、杭州等具有较好的工业基础的县市，占比达到 29%，体现出浙江省在全国的优势地位和强势领航。广东省、江苏省、山东省和福建省等东部沿海省份的百强县规模处于第二梯队，占比在 12%~16%，体现出相邻省份空间邻近的集聚效应，也反映出东部地区在四大板块中的领先地位。河南省、上海市、北京市、天津市和湖北省的百强县规模处于第三梯队，数量很少，每个省份仅存在 1 个或者 2 个淘宝村百强县。值得说明的是，虽然湖北省受新冠肺炎疫情的影响最大，但其依然出现了 1 个淘宝村百强县——枝江，为该地区的淘宝经济发展和复工复产注入了数字经济力量。同时，中部地区的 3 个淘宝村百强县显现出发展周期短、产品特色明显等特征，一定程度上反映了中部地区的后发潜力。

表 4-13　2020 年中国淘宝村百强县

省份	数量/个	名单
北京市	1	顺义区
福建省	12	闽侯县、仙游县、荔城区、城厢区、晋江市、南安市、安溪县、石狮市、惠安县、德化县、洛江区、集美区
广东省	16	潮安区、顺德区、禅城区、白云区、番禺区、花都区、增城区、惠城区、惠阳区、普宁市、揭东区、榕城区、南海区、潮南区、澄海区、潮阳区
河北省	8	晋州市、肃宁县、霸州市、正定县、深泽县、清河县、南宫市、平乡县
河南省	2	长葛市、新郑市
湖北省	1	枝江市

续表

省份	数量/个	名单
江苏省	16	武进区、东海县、通州区、海门市、常熟市、相城区、张家港市、吴江区、太仓市、昆山市、沭阳县、宿城区、兴化市、江阴市、宜兴市、睢宁县
山东省	13	博兴县、惠民县、曹县、牡丹区、鄄城县、郓城县、定陶区、单县、成武县、巨野县、东明县、兰山区、即墨区
上海市	1	奉贤区
天津市	1	武清区
浙江省	29	萧山区、余杭区、临安区、安吉县、南浔区、海宁市、桐乡市、平湖市、义乌市、永康市、东阳市、武义县、浦江县、慈溪市、余姚市、诸暨市、温岭市、天台县、黄岩区、路桥区、临海市、椒江区、乐清市、瑞安市、苍南县、瓯海区、永嘉县、平阳县、龙港市

资料来源：笔者根据相关资料整理而得。

四、中国淘宝镇发育的整体情况与空间差异

（一）整体情况

1. 数量不断增多，促进产业集群

如前所述，阿里研究院认定“淘宝村”的标准为：在农村地区，以行政村为单位的经营场所，本村活跃网店数量达到 100 家，或活跃网店数量达到村家庭户数的 10%，在阿里平台电子商务年销售额达到 1000 万元。“淘宝镇”的认定标准是在淘宝村的基础上，将一个乡镇内淘宝村个数大于或等于 3 个，或者在阿里平台一年的电商销售额超过 3000 万元、活跃网店超过 300 个认定为淘宝镇。从上述认定标准看，大多数淘宝镇是在淘宝村不断增多并相互影响产生规模效益后被认定的，因此淘宝村的裂变与扩散速度决定着淘宝镇的发育程度。从淘宝镇的个数变化看，2020 年达到 1756 个，相较于上年新增 638 个，增长幅度达到 57%（见图 4-16）。具体来看，浙江省、江苏省、广东省淘宝镇的数量依然稳居全国前三名，上海

市、内蒙古自治区、重庆市、西藏自治区以及海南省等5个省份也实现了“淘宝镇”的零突破。伴随着淘宝镇的不断发育，相关的配套设施也开始不断优化，一方面创业能人的带领以及知识、技能的溢出降低了创业的门槛，另一方面集群已经形成的规模效应塑造了较低的发展成本，使得“淘宝镇”特色产业集群大量显现，产业集群的模式也逐渐由劳动密集型向劳动密集型与技术密集型相结合的方向转变。

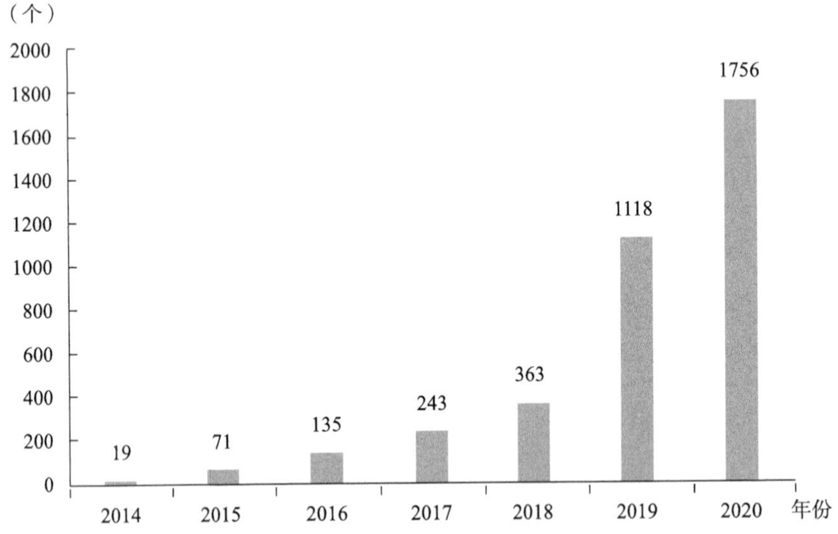

图 4-16　全国淘宝镇时序特征图

资料来源：《1%的改变：2020中国淘宝村研究报告》。

2. 规模效益明显，亿元镇比重大

由于淘宝村界定时要求年交易额指标达到1000万元，因此依托多个淘宝村形成的淘宝镇交易额多数超过5000万元，部分依托亿元淘宝村形成的淘宝镇能突破3亿元大关。据2020年中国淘宝镇的交易规模统计，3亿元以上淘宝镇达到535个，占总体比重最高，达到30.47%；1亿~3亿元的淘宝镇达到456个，占总体比重为25.97%；5000万~1亿元的淘宝镇数量共计404个，占总体比重为23.01%；5000万元以下的淘宝镇数量共计361

个，占总体比重为 21%（见图 4-17）。如果将超过 1 亿元的淘宝镇进行合计，数量达到 991 个，占比达到 56%，体现出亿元淘宝镇占比较大的结构特征。从交易额超过 3 亿元的淘宝镇分布看，前三名分别是浙江省（169 个）、广东省（11 个）和江苏省（72 个），与亿元淘宝村分布一致，与电商、农村电商的分布也基本一致，体现出东部沿海的引领作用。近年来，伴随着中西部地区淘宝镇产业分工的细化、品牌价值的集聚效应和产业集群的壮大，3 亿元以上淘宝镇数量不断增多，体现出集群化的规模效益特征。从具体数字看，3 亿元以上淘宝镇安徽省有 14 个，河南省有 5 个，江西省有 5 个，黑龙江省有 1 个，重庆市有 1 个，辽宁省有 1 个，四川省有 1 个，广西壮族自治区有 1 个，云南省有 1 个，空间梯度变化特征依然明显。

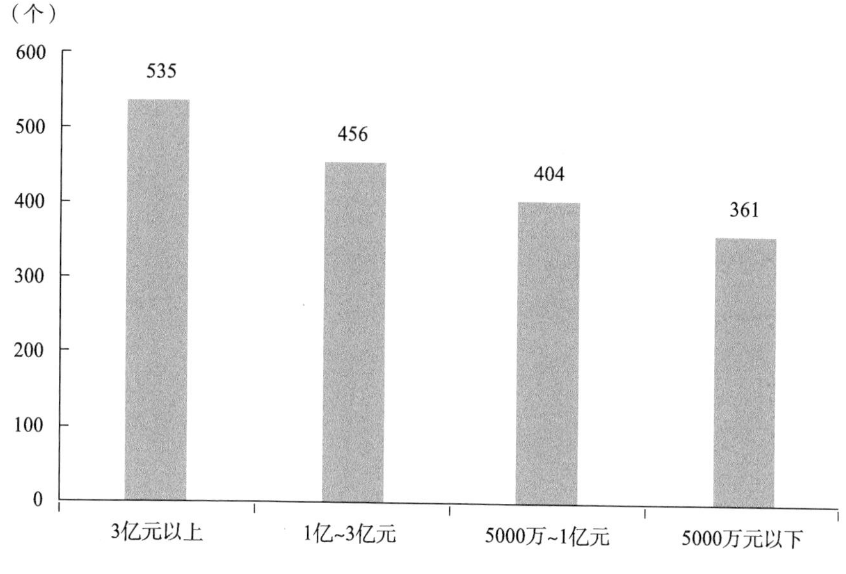

图 4-17　2020 年淘宝镇交易规模

资料来源：《1%的改变：2020 中国淘宝村研究报告》。

3. 村镇联动发展，促进城乡融合

淘宝村作为镇域经济的热点活力区，其专业化的运作与产业化经营不仅带动村内基础设施的完善，而且增强了与乡镇、县城的各种“流”对接，加速了淘宝村之间、淘宝村与淘宝镇的内在一体化联系，形成了新型的城乡融合模式。在这种融合的发展模式下，淘宝产业链带动了其他配套产业的快速成长，使得镇域内的村镇有了“主导—配套—基础”的组织联系，镇村体系得到了重构和“流”组织，实现了乡村振兴和城乡的一体化。在村镇联动发展中，淘宝产业集群发挥了重要的作用，不仅促进了淘宝村之间的联系，而且形成了更大范围的协作优势，实现了更高层面的产品推介和宣传效应。比如江苏沭阳县的 14 个淘宝村，依托内在有机组织的产业联系，形成了以花卉、绿植、多肉为主的庞大产业集群，实现乡镇层面的功能对接与整体产业链的协作运转。在村镇联动发展局面下，删除重复统计部分，淘宝村与淘宝镇网店年交易额超过 1 万亿元，活跃网店达到 296 个，创造了 828 万个就业机会，成为促进县域城乡一体化的重要载体和核心动力。

4. 直播带货兴起，催生新型乡镇

在新冠肺炎疫情的影响下，直播带货不仅可以将特色农产品推介给消费者，而且能够以“亲民”的方式拉近与消费者的距离，甚至成为集娱乐、生活、产销于一体的网络消费模式，因此在疫情期间“看直播买好货”成为普通民众释放压力、消遣娱乐的新方式，也促进了淘宝村的复工复产和新型产业链的形成。在这种新模式下，直播电商以井喷式的方式改变了已有平台推介的模式，成为直接“卖货”的新方式，也拉近了与消费者之间的关系。直播电商的核心是主播或者网红，他们通过分享“好物”和质优价廉的产品，使产品不再局限于已有的村内特色产品，产品、人与空间的结合方式也更加多元。在直播带货的新模式下，越来越多的网商加入直播电商，淘宝、抖音、快手等头部平台各具特色，形成了各自不同的电商直播生态体系。据统计，2020 年，共有 1750 个淘宝镇的商家开展了淘宝直播活动，占淘宝镇总数的 99.7%，直播销售金额达 425 亿元。淘宝直播仅 2020 年 4 月 30 日一场联合央视的助农带货专场的带货量就超过 2.26 亿元，其已经成为名副其实的“电商助农第一平台”。随着直播带货行业的不断深化，产品生产和销售的组织方式更加灵活，主播或者产品的双向集聚可以促使没有“资源”的村镇形成以“主播”为核心的新型“淘宝村”“淘宝镇”，甚至“网红村”“网红镇”。

（二）空间差异

1. 梯度空间差异依然明显

2020 年中国淘宝镇统计数据显示，东部地区共有淘宝镇 1362 个，占到淘宝镇总数的 77%，表现出东部主导的空间格局。从现实情况看，东部良好的产业基础以及浓厚的经商氛围，为淘宝村的形成和淘宝村镇的联动发育打下了良好的基础。虽然中西部地区淘宝镇数量也产生了新突破，但所占比重依然相对较低。具体来看，中部地区现有淘宝镇 289 个，占到淘宝镇总数的 16%，西部地区现有淘宝镇 103 个，仅占 6%。可以说，淘宝镇与淘宝村的空间分布格局类似，依然呈现明显的“东中西”梯度差异。从淘宝镇的交易额看，规模在 3 亿元以上的淘宝镇分别在浙江省（169 个）、广东省（119 个）、江苏省（72 个）、福建省（49 个）、河北省（37 个）、上海市（26 个）、山东省（17 个）、安徽省（14 个）、北京市（12 个）、河南省（5 个）、江西省（5 个）、天津市（4 个）、黑龙江省（1 个）、重庆市（1 个）、辽宁省（1 个）、四川省（1 个）、广西壮族自治区（1 个）、云南省（1 个），基本也表现出以浙江为中心，先向附近沿海地区扩散，进而延伸至中西部地区的空间特征（见图 4-18）。总结来看，首先，东部沿海地区处于淘宝村、淘宝镇电商产业发展的前沿，引领着中国农村电商的快速发展；其次，在东部淘宝村、淘宝镇的辐射带动下以及政府政策的支持下，中部地区淘宝镇的规模处于第二梯队，部分地区快速成长；最后，西部地区受限于当地的基础环境、电商平台、基础设施等方面“薄弱”的制约，淘宝村、淘宝镇孕育相对落后。

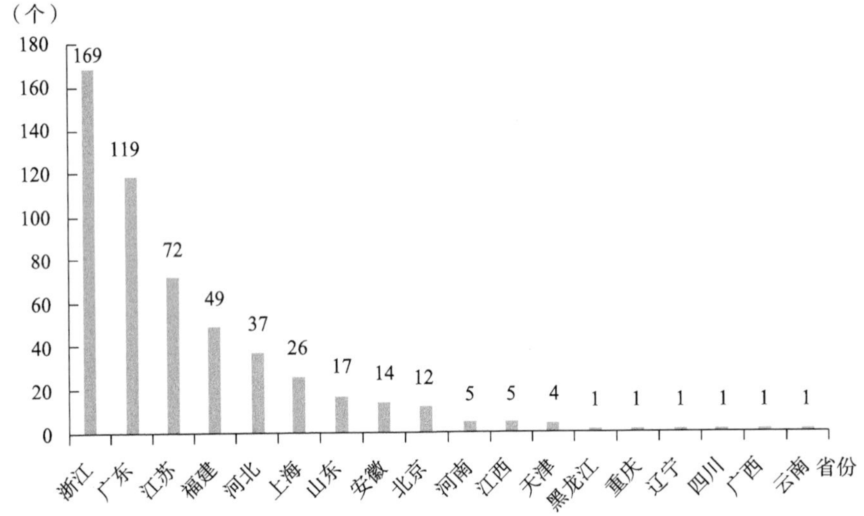

图 4-18　3 亿元以上淘宝镇省级分布

资料来源：《1%的改变：2020 中国淘宝村研究报告》。

2. 北方地区发展势头良好

由于淘宝镇是在淘宝村专业化基础上的裂变与扩散，因此需要淘宝村发展到一定阶段并逐渐向外影响产生若干个新淘宝村，并且淘宝村规模达到一定的级别标准才能认定。由于东部地区的淘宝村已经发展到相对成熟的阶段，因此淘宝镇的增长速度逐渐放缓，处于淘宝镇内部品质化阶段，近期每年增长的个数相对稳定。中西部尤其是北方地区，淘宝村正处于裂变传递、扩散影响的加速阶段，因此淘宝镇的形成个数不断增多。据统计，中西部和东北地区的淘宝村较 2019 年增加 169 个，总计 341 个，占全国比重提升至 6. 29%。在淘宝村发育的支撑下，淘宝镇的数量从 2019 年的

223个增至393个，占全国比重提升至22.38%，足见发展潜力之大。从北方地区看，淘宝村的数量由2019年的1246个增至2020年的1640个，占比提升了1.32个百分点。在河南等省份发力的支撑下，淘宝镇的数量由2019年的360个增至2020年的643个，几乎翻了一倍，呈现出强劲的发展势头。

3. 成渝、中原仍是增长亮点

阿里研究院发布的《1%的改变：2020中国淘宝村研究报告》显示，2020年，全国累计产生了1756个淘宝镇，分布于27个省级行政单元，分别是浙江省（304个）、江苏省（248个）、广东省（225个）、河北省（220个）、福建省（153个）、山东省（134个）、河南省（94个）、安徽省（68个）、江西省（54个）、四川省（38个）、北京市（37个）、湖南省（33个）、湖北省（29个）、上海市（28个）、广西壮族自治区（15个）、云南省（14个）、天津市（13个）、山西省（11个）、黑龙江省（8个）、辽宁省（8个）、内蒙古自治区（8个）、吉林省（5个）、重庆市（3个）、贵州省（2个）、陕西省（2个）、海南省（1个）和西藏自治区（1个），与淘宝村个数分布的空间格局类似。总体看来，以河南省为主体的中原地区和以四川省为主体的成渝地区最为抢眼，其中四川省淘宝镇的个数以近3倍的速度增长，由2019年的14个增加为2020年的38个；河南省淘宝镇的个数以翻倍式的速度增加，由2019年的44个增加为2020年的94个，成为仅次于东部六省的淘宝镇数量最多的一个省份。此外，2020年安徽、江西、湖南等中部省份淘宝镇的数量突破30个，广西、贵州、西藏等西部省区淘宝镇的数量也呈现快速增长的趋势，整体发展形势良好。值得一提的是，成渝地区、河南省、湖南省以及湖北省的淘宝镇集聚程度也在进一步增强，凸显了淘宝镇作为中西部欠发达地区新型增长极的空间带动作用。

4. 贫困县淘宝镇发育程度不一

阿里研究院发布的《1%的改变：2020 中国淘宝村研究报告》显示，2020 年，国家级贫困县形成了 119 个淘宝村，较 2019 年增加 56 个，增长 89%。依托淘宝村裂变和扩散效应，以及扶贫攻坚和乡村振兴的带动，2020 年在 75 个国家级贫困县形成了 106 个淘宝镇，较 2019 年增加 35 个，年电商交易额超过 170 亿元，平均每个淘宝镇 1.6 亿元。从空间上，106 个淘宝镇分布于 12 个省区，分别是河北省（30 个）、河南省（19 个）、江西省（17 个）、安徽省（15 个）、湖北省（10 个）、湖南省（7 个）、云南省（3 个）、山西省（1 个）、内蒙古自治区（1 个）、广西壮族自治区（1 个）、西藏自治区（1 个）、陕西省（1 个）。从贫困县淘宝镇的数量排名看，前三个分别是河北省、河南省和江西省，主要是京津附近、中部地区的省份，反映出中东部地区在国家政策的倾斜以及特色产品的带动下，电商减贫消贫的效果显著，促进了镇域经济的繁荣和专业化市场品牌的形成。西部地区贫困县淘宝镇的数量均为 1 个，体现出虽然有国家扶贫政策和电商发展战略的支撑，但限于当地区位、交通，以及创新意识的带动等原因，使得“电商产业”发展依然相对落后，减贫消贫的效果有待进一步提升。

第五章

河南省农村电商发展的总体情况与空间特征

一、河南省电商发展的基本情况与空间差异

（一）基本情况

1. 发展态势

（1）紧跟时代步伐，与全国特点类似

中原被视为国家经济社会发展的缩影，各项发展与中国整体情况类似。从电商经济发展看，呈现迅猛的发展态势，一直在追赶东部领先区，但稳定性和成熟性有待进一步提升。据统计，2008—2017 年，河南网购消费能力在全国排第九位，十年间的网购订单量激增 7500 倍。其中，从购物种类看，生活用品在网购中所占比例越来越大；从消费人群来看，实行网购的农村用户数增长了 5000 倍；从网络销售看，越来越多的河南货通过电商走向世界，尤其是特色农产品方面，灵宝苹果、铁棍山药、咸鸭蛋等老家味道最受欢迎。然而，由于中原地区信息化水平本身不高，加上部分区域是国家贫困区，因此电商发展虽有亮点但主要集中在经济发展水平较高的地区。在中原核心区郑州及其周边，既有国家自贸区的政策优势，还有跨境电子贸易试点区，因此发展态势可与东部沿海的一些城市媲美。2020 年，郑州航空港区跨境电商产业连续第四年翻番式增长，累计完成 7290.1

万单，全省前10个月跨境电商交易额完成1389.8亿元。除核心区外的外围区，尤其是南部、东南部的外围区，空有一些特色资源，电商经济的整体发展水平不高。因此，河南省虽然与全国整体保持类似的发展步伐，但中心—外围的发展差异明显。2020年在新冠肺炎疫情的影响下，农产品“积压”“销售无路”，通过直播带货等形式解决了农村居民部分产品滞销问题，也推介出了一批农产品品牌，在促消费、稳外贸、扩就业、惠民生等工作中发挥了很大作用。在这种形势下，网络推介和电商直播俨然已成为河南省农村居民推广产品必不可少的经营渠道之一，河南电商品牌的影响力和特色品牌优势也在不断增强。

（2）促进产业转型，支撑农业现代化

近年来，伴随着中国电子商务的迅猛发展和其巨大的商业价值，各地坚持“电子商务+特色产业”，积极推进电子商务与实体经济融合发展，促进了地方特色经济的兴起和产业结构的升级，为“三产”融合和农业现代化建设提供大力支撑，可谓无工不富、无“商”不兴。在国家大力发展电子商务的时代浪潮和农村“互联网+”不断融合的背景下，涌现了焦作桑坡村等以特色农产品销售为主的淘宝村，产品远销国内外，推动了农业现代化发展进程，同时完善了专业化生产车间与乡村作坊的条件。根据河南省《关于大力发展电子商务加快培育经济新动力的若干意见》，“十三五”期间，全省电子商务交易额年均递增28%，到2020年交易额超过2.6万亿元；网络零售额年均递增34%，到2020年超过5600亿元；网商数量达到160万个。到2020年，中小企业电子商务应用率超过85%，商贸企业电子商务应用率达到95%，规模以上生产制造企业电子商务普及应用率达到95%，跨境电子商务贸易额占一般贸易总额的45%。“十三五”期间，全省新增电子商务直接从业人员270万人，达到520万人。从上述数字和规划目标看，河南省的城乡电子商务将齐头并进，全面融入经济社会各领域、各环节，市场辐射力将进一步增强，一批具有较大影响力的电子商务龙头企业、综合服务企业和知名平台也将脱颖而出。在上述趋势和规划的引领下，河南省中部电子商务中心的地位也将进一步提升，不仅能为河南省的乡村振兴提供新“火力”支撑，也能带动农村传统产业升级、推进农村农业现代化、促进农民增收致富，进而为其他农业大省提供示范。

（3）孕育新型业态，带动创新创业

在“互联网+”各行各业和“万物皆可直播”的信息化时代背景下，河南省电商经济的发展孕育了新的业态，不仅有“农村+特色产品”的淘宝村，也有特色生活的田园生态电商，还有直播带货的专业团队……在乡村振兴和“返乡干一番事业”的政策带动下，一批中青年返乡就业创业，促进了年青一代的自主创业。在农村，除了自主创业开网店外，智能化专业化的生产车间运作也带动着农民们的就业，促进城乡居民生活方式的多元化。随着电子商务在农村的深入应用，传统的以生产、加工、销售为主的淘宝村开始出现产业生态上的变化，电子商务专业村产业融合发展特征初现，乡村电子商务与文旅、农旅产业发展进一步融合，乡村品牌影响力开始显现。尤其受新冠肺炎疫情影响，直播带货为“消费、娱乐、释放、排压”等综合行为模式提供了渠道，使直播电商、社交电商、“不打烊”服务等消费新业态、新模式加速迸发，使直播间购物成为一种消费新时尚，直播带货也为农村电商的发展提供了有力的支撑。2020 年 8 月 18 日，世界直播电商大会暨第二届国际贸易数字化发展论坛开幕，在河南分会场采用线上线下融合、展前展中展后全程模式进行直播，在该过程中，国际国内品牌参与直播，河南省各市县知名企业及特色产品参与扶贫公益带货直播，抖音、淘宝、快手三大直播平台提供流量支持，助力提升参展品牌曝光度，实现了复工复产、农民增收的社会效益。

(4) 助力扶贫攻坚，拓展就业路径

随着电子商务应用范围和深度不断扩大和深入，电子商务对提升贫困地区的收入水平、消除收入差距的作用越来越凸显，不仅为贫困地区创造了大量的创业就业岗位，也为其提供了销售农产品、手工制品的机遇。河南省的淘宝村与淘宝镇并发产生，在国家级贫困县的覆盖范围进一步扩大，如滑县、兰考县各有4个淘宝镇，为解决当地居民的就业和推广特色农产品提供了重要支撑。淘宝镇在河南省有8个，其作为乡村振兴的先行者，较中西部其他地区具有明显优势，对促进兰考县的提前脱贫和滑县的特色农产品优势在“云端”唱响，具有重要的现实意义，也为县域乡镇经济活力释放提供了强大动力。在农村电商和淘宝镇的带动下，在直播带货的新形式下，乡镇产业的专业化分工进一步细化，不仅催生了劳动密集型、技术密集型产业集群，强化了产品产业价值链，而且各地根据自身独有的特色，有序引导传统产业集群转型升级，从而提供了更多的就业岗位，拓宽了就业途径。正如河南省委宣传部副部长所说，河南是农业大省和人口大省，特色农产品极为丰富，电商直播能够促进产业发展，推动农业供给侧结构性改革，是脱贫攻坚的创新举措，是利用新技术、新模式助推脱贫攻坚的有效手段，也是打赢打好脱贫攻坚战的重要抓手。值得一提的是，光山县委、县政府高度重视电商工作，把电商发展作为激发农村经济发展和助推脱贫攻坚的新引擎、新手段，探索形成了“电商达人+产业+贫困户”带货模式，为扶贫攻坚、乡村振兴提供了有力支撑。

(5) 后发优势明显，近期发展迅猛

当前，东南沿海的电商经济发展已进入相对成熟的状态，而中西部地区在东部引领发展和辐射带动下，电商企业数量和电商规模效益等方面均呈现较好的发展趋势。如前文所述，中西部的成渝和中原是电商经济发展的亮点区，成为异军突起的重要板块单元。根据《中国统计年鉴 2019》，2018 年河南省人均 GDP 为 50152 元，位居第 17 名；城镇化率为 51.71%，位居第 25 名，可见河南省的经济发展与城镇化水平在全国处于相对落后的状态。在经济发展水平、城镇化动力不够强劲的背景下，农村电商作为河南省农业现代化和乡村振兴的“奇兵”力量，能有效破解落后地区的乡村产业发展问题并为农民就业门路的拓宽提供了新路径。根据河南省商务运行情况分析报告可知，2019 年河南省消费品零售总额为 22733 亿元，增长 10.4%，高于全国平均水平 2.4 个百分点。其中限额以上零售额为 5851.7 亿元，增长 7.6%。新业态消费快速增长，2019 年河南省电子商务交易额为 19439 亿元，增长 29.1%；网络零售额为 4045 亿元，增长 26.3%。2019 年全省拥有 75 个淘宝村，位于中西部省份之首，占据了中西部地区一半以上的数量，成为主导力量。95 个国家级、省级电商进农村综合示范县（市）电商交易额为 991 亿元，网络零售额为 442 亿元，足见农村电商在河南省发展的迅猛态势。此外，近年来，河南省抢抓跨境电子商务综合试验区战略机遇，统筹市场主体培育、服务平台建设、监管模式创新，首创网购保税进口模式，加快构建全球电商集疏网络体系，启动建设 E 贸易核心功能集聚区，通过制度创新不断赋能产业发展，跨境电商生态体系逐步完善，产业规模持续扩大，跨境电商持续高速增长：2017 年全省跨境电商进出口交易额为 1024.7 亿元，增长 33.3%；2018 年全省跨境电商进出口交易额为 1289.2 亿元，增长 25.8%。

2. 政策引领

（1）政策保障不断增多，引领作用明显

电子商务目前已经成为推动经济增长的新动力，提质增效的新引擎，因此，政府出台战略和相关政策保障电子商务健康发展已成为时代的必然要求。在国家电商发展政策的引领下，河南省紧跟全国步伐，陆续出台了关于助推电商高质量发展的政策。2014 年 1 月，河南省人民政府发布《关于加快电子商务业发展的若干意见》，旨在进一步增强网络消费产品供给能力，扩大信息消费需求，激发网络市场活力，推动全省电子商务实现跨越式发展，为中原崛起、河南振兴提供新动力。2015 年 10 月，河南省人民政府出台《关于印发河南省“互联网+”行动实施方案的通知》指出，引导大型龙头电商和快递企业布局农村市场，利用新农村现代流通服务网络、“万村千乡”市场网络，完善农村电子商务配送及综合服务体系。2016 年 3 月，河南省人民政府出台《关于大力发展电子商务加快培育经济新动力的若干意见》指出，以电子商务政策创新、管理创新、服务创新为动力，以调结构、促发展、惠民生为目的，大力发展“互联网+”新模式、新业态、新技术，加快电子商务与实体经济深度融合，创造新的消费和投资需求，激发“大众创业、万众创新”的活力，形成经济发展的新动能，推动全省经济提质增效升级。在国家政策与河南省电子商务发展战略的引领下，各地方政府也印发了相关发展政策文件，为电子商务、农村电子商务以及淘宝村的发展提供了支撑，并指明了发展的方向。

（2）宣传力度不断增强，品牌效应初现

为增强河南省电子商务业的宣传效应，河南省委宣传部、河南省商务厅、河南省工业和信息化厅等政府部门以及河南电子商务类协会等，积极发挥世界性、省内电商大会的优势，大力推介河南省特色电商品牌，产生了巨大的规模效益和会场效应。2017 年 3 月，河南五大产业链产销对接暨电商对接大会在郑州国际会展中心举行，五大产业链共签订购销合同 226 个、签约金额达 205.86 亿元。同时，深入开展“豫货通天下”工业企业与电商企业对接活动，累计参与电商企业有 150 多家、工业企业有 4000 多家，实现工业产品网上销售额达 287 亿元。2020 年 7 月，首届“世界直播电商大会”河南主会场在郑州启动，活动吸引了100多名河南知名直播平台代表、MCN机构代表、直播电商产品供应链代表、直播带货主播代表等参加，提升了河南省特色参展品牌曝光度，产生了复工复产、农民增收的复合效益，助力了河南决胜脱贫攻坚工作。2020年8月，世界直播电商大会暨第二届国际贸易数字化发展论坛分会场在河南省举办，以数贸河南、直播世界为主题，共设10个品牌展示厅100个直播展位，吸引了500家企业参与电商直播，1000家以上抖音、淘宝、快手直播平台主播现场营销，500辆网红直播车在会场外形成“夜经济+地摊经济”独有的经济运营模式，打造了盛大的数字经济现场，助推河南品牌走向世界。2020年9月，第四届全球跨境电子商务大会在郑州举行，以“全球疫情下跨境电商发展的机遇与挑战”为主题，分析跨境电商作为全球贸易新业态新模式的发展趋势，为重构全球生产链、供应链、贸易链、价值链等提供前瞻分析，为建设开放型世界经济提供了重要支撑。

（3）基础设施不断跟进，发展环境优化

电子商务的快速发展离不开物流、快递等基础设施的保障，因为只有“经脉”畅通，才能保证电子商务服务的可靠、可信、可达。在国家电商物流发展方面的战略和规划引领下，河南省陆续出台政策，加快物流、快递基础设施建设，电子商务发展的硬件设施不断完善。2017年9月，河南省人民政府办公厅印发《河南省物流业转型发展规划（2018—2020年）的通知》（豫政办〔2017〕109号），其中电商物流发展目标明确指出，建成全球网购商品集疏分拨中心，培育一批具备国际竞争力的引领性企业，“买全球、卖全球”能力和水平全国领先；培育建设10个有国际影响力的电商综合物流平台、30个大型电商物流产业园区，全省电子商务交易额达到2.6万亿元以上。同时指出，电商物流与智能制造、个性化定制、现代农业集群等领域融合更加深入，工业品、消费品、农产品流通更加便捷高效，供应链服务能力大幅提升。2017 年 10 月，河南省人民政府办公厅印发了《关于印发河南省物流业转型发展三个工作方案的通知》（豫政办〔2017〕126 号），明确指出要以标准化、信息化为引领，以完善设施装备、健全标准体系、建设信息平台、推进数据共享为重点，补齐制约电商物流发展的软硬短板。2018 年 1 月，河南省人民政府办公厅印发的《河南省促进物流业转型发展若干措施的通知》（豫政办〔2018〕3 号）指出，支持快递、电商物流企业完善农村地区物流体系，建设末端服务网点；支持邮政、快递企业发展快递冷链物流；开展电商进社区示范试点，对建设达标试点社区给予适当资金支持。2019 年 7 月，河南省人民政府办公厅印发《关于推进电子商务与快递物流协同发展的实施意见》，提出优化协同发展政策环境，完善电子商务快递物流基础设施，推动配送车辆规范运营和便利通行，提升快递物流末端服务能力，提高全省电子商务与快递物流协同发展水平。河南省政府工作报告、“十四五”规划等也明确指出要进一步加快电商物流设施的建设，为建设网络经济强省、区域电子商务中心提供有力保障。

（4）助推方案不断细化，促使业态细化

为了贯彻落实国家关于电子商务高质量发展的各项措施，河南省不仅在政策层面出台了《河南省关于大力发展电子商务加快培育经济新动力的若干意见》，加快了“互联网+”新模式、新业态、新技术与各行各业的融合，而且出台了各项细化意见和实施方案，助推电子商务在快速发展中有章可依。由于本书的重点是分析农村电商发展，因此下面重点从河南省推行农村电商示范区、示范点方面进行展开。为了发挥农业在电商发展中的竞争优势与政策优势，河南省出台了电子商务进城镇、进社区工程的政策文件和实施方案，明确各市县要优选一批条件较好的城市和社区，开展物流分拨、网订店取等便民服务，提升物流快递协同发展水平，打造示范引领性试点。2014 年 11 月，《河南省财政厅、河南省商务厅关于开展电子商务进农村综合示范工作的通知》明确了各县（市）要按照要求提交材料和具体实施方案，为农村综合示范区建设提供细化实施保障。“十三五”期间，河南省商务厅又印发了《河南省电子商务进农村综合示范县（市）项目实施和资金使用工作指南》《河南省商品现货交易场所监督管理办法实施细则（试行）》的通知，为电子商务综合示范县（市）、示范区的建设提供了有效的财政保障和监管保障。

（二）空间差异

1. 西北—东南差异明显，与经济格局类似

为了与中国电子商务空间分异格局的数据保持一致，亦采用相同的时间截面数据对河南省电商及农村电商水平进行分析，即 2015 年。根据阿里研究院提供的 2015 年河南省城市电子商务发展指数、网商指数、网购指数数据，借助 ArcGIS10. 2 空间分析工具，采用自然断裂点分级法对河南省市域尺度下的电子商务发展水平进行五级分类，结果见图 5-1。电子商务发展指数高值区主要为郑州市和洛阳市，体现出以郑州为中心的引领优势和“双核”牵引优势。中等水平区仍围绕高值区分布，形成许昌—漯河的中值集聚片区以及以焦作—新乡为引领的西北部中值集聚片区。低、较低水平区数量最多且分布最广，呈现出明显的南部、东南部低值连绵分布。整体来看，河南省电子商务发展水平呈现西北—东南分异格局，与河南省实体经济空间格局相差不大。从网商指数看，分布格局与电子商务发展指数差别不大，除了新乡、焦作由中等水平区变为较高水平区，其余地区变化不大，依然呈现出明显的西北—东南分异。从网购指数看，除了东部商丘市由较低水平区变为中等水平区外，整体依然呈现出西北—东南空间分异格局，与电子商务发展指数和网商指数差异不大。总结看来，河南西北部

尤其是以郑州为核心向西北方向绵延的区域具有良好的经济基础（传统中原城市群的核心区）、电商环境、地理位置以及基础设施，因此一直走在河南省电商发展的前沿，引领河南省电子商务业的空间分布格局。东南部地区受限于经济基础、外围区位、交通条件、产业基础等，整体电子商务发展水平相对滞后，加上经济发展的支持力度不足，形成东南部低值连绵分布区。

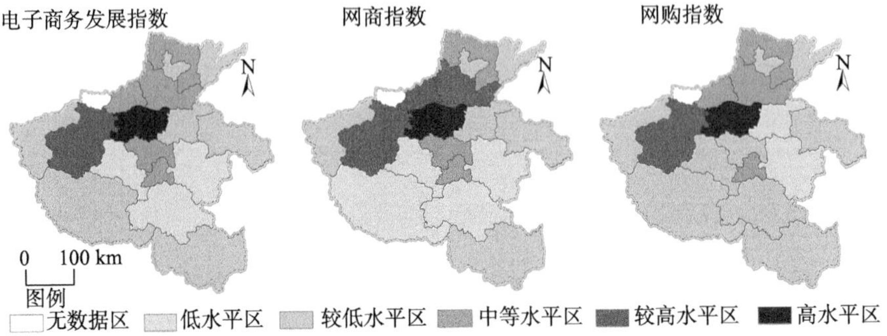

图 5-1　河南省市域电子商务发展指数、网商指数、网购指数空间分布

注：基于河南省标准地图（审图号为 GS（2019）3333 号）绘制，底图无修改。

2. 核心区优势凸显，体现引领作用

根据阿里研究院对中国电子商务业发展示范城市的评价，2018 年河南省郑州市排名进入 20 名以内，省会城市的电子商务发展水平不断提升。从市域尺度下的电子商务发展指数、网商指数、网购指数中同样发现，郑州市及其周边洛阳的发展水平较高，体现出了核心区的引领优势。究其原因，郑州市作为河南省的省会城市和电商发展先行区，无论是电商环境还是设施支撑、发展潜力都较好，加上各种电商政策的支持，因此稳居第一位。此外，郑州都市圈是河南省经济社会发展的重心，其在产业发展过程中具有更多的优势，加之其本身突出的创新能力，往往会形成新兴产业（比如电子商务）的先行区。同时，郑州作为国家的综合交通枢纽且是中国跨境电商综合试验区，其承载的电商接待量和转出量均较高，也就成为近年来电商经济发展的新亮点。值得一提的是，新乡、焦作、洛阳等作为郑州大都市区的重要组成部分和郑州西北方向的辐射区，受郑州市的辐射带动作用明显，形成了河南省电商发展的核心示范区。但是，由于河南省北部、东部、南部、东南部城市电商的经济支撑、孕育环境、基础设施建设等不及核心示范区，加上没有核心区的辐射带动和良好的电商企业支撑，因此尚未有经济基础较好的城市进入中国“电商百佳城市”。可以说，虽然河南省整体电商环境逐渐优化，省会城市的电商指数逐渐提升，但省内整体电商发展水平依旧相对较低，需要核心引领区的提升带动，进而提升整体和平均发展水平。

3. 局部小范围分布，集聚态势明显

根据 2018 年河南省市域电商发展指数，采用 Geo-Da 软件进行市域尺度空间自相关分析，结果见图 5-2。Moran's I 指数为 0.21 且通过显著性检验，表明市域尺度下电子商务发展水平在空间关联程度上存在集聚状态，即存在以 HH 区、LL 区为主的分布格局。由图 5-2 可知，HH 区主要呈组团状分布在郑州市及其周边焦作、新乡、许昌三市的区域范围，中原核心区的发展优势尽显。显著 HH 区为郑州、新乡、焦作三市，集聚效应和态势更加明显，说明这些地区在郑州市的引领带动下整体电子商务发展水平高，与周边地区的电子商务发展产生了良好的空间邻近效应，即“近朱者赤”。HL 区为三门峡、安阳两市，说明这些 HL 区对周边产生了一定的极化效应。LL 区占据了大片，为漯河、周口、商丘、驻马店、信阳、南阳等市，主要分布在南部、东部外围区且集聚连片效应明显，与河南省整体分异格局类似。显著 LL 区主要为驻马店、信阳、南阳等市，低值集聚效应更加明显，说明这些地区电商发展水平不高，对周边产生了负负相连的邻近效应，即“近墨者黑”。LH 区包括五个城市，分别是洛阳、平顶山、开封、濮阳和鹤壁，反映出五个城市的成长空间不足和自身提升不够。

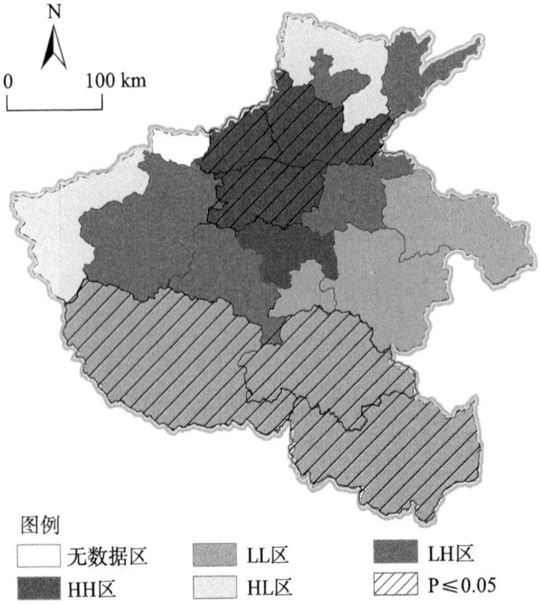

图 5-2　2018 年河南省市域电商发展指数 LISA 集聚图

注：基于河南省标准地图（审图号为 GS（2019）3333 号）绘制，底图无修改。

4. 外围区低值连绵，缺乏带动力量

根据 2018 年河南省市域电子商务指数空间分布格局可知，高、较高水平区有三个，分别是郑州市、新乡市、焦作市，形成了一个以郑州市为核心向其北部延伸至焦作市、新乡市的电子商务繁荣区。结合空间关联格局发现，这三个区域及其周边形成了 HH 区，反映了空间核心区的正向关联效应。中等水平区分布较为零散，主要处于高水平区和较高水平区的外围区域，空间关联类型既有 HL 区，也有 LH 区，体现出参差不齐的空间渗透影响。较低、低水平区数量较多，集中分布且所含市域单元数量占河南省总数的 60% 以上，具体包括洛阳、漯河、开封、商丘、濮阳、鹤壁、南阳、信阳、周口、平顶山、驻马店等 11 个地级市，基本上处在外围区，与空间关联的LL区格局基本类似，体现出低值集聚在外围区的不争事实。由此可以发现，南部、东南部等外围区经济发展的基础支撑不够，既缺乏类似郑州增长极的辐射带动，也缺乏具有明显地域优势的地区性中心城市，同时缺乏引领电商经济发展的创业能人和龙头企业，因此整体电商发展环境较差，崛起力量不足。具体见图5-3。

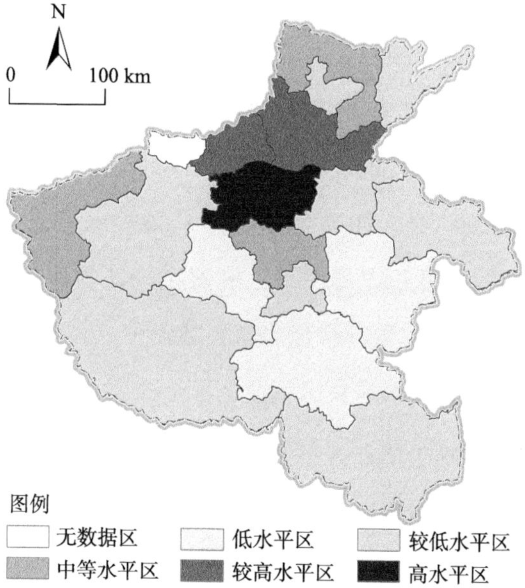

图5-3　2018年河南省市域电商发展指数空间分布图

注：基于河南省标准地图（审图号为GS（2019）3333号）绘制，底图无修改。

二、河南省农村电商发展的基本情况与空间差异

（一）基本情况

1. 规模实力不断提升，成为县域经济新亮点

在乡村振兴战略带动下，农村电子商务不仅成为现代农业发力的突破

口，而且成为提升农业农村现代化水平、解决“三农”问题和助力扶贫攻坚的重要手段，关系农业高质高效、乡村宜居宜业和农民富裕富足。河南省作为典型的传统农区，发展电子商务有着巨大的网购消费潜力和丰富的农产品资源，是县域经济高质量发展的重要动力和“翘板”。因此农村电商已成为河南省农村经济转型发展的新引擎、新动力，“大众创业、万众创新”的新平台、新载体。据统计，2018 年河南省共认定 95 个电商进农村综合示范县，其中国家级综合示范县有 40 个、省级综合示范县有 55 个，覆盖全省 53 个贫困县，贫困县覆盖率 100%，高出全国平均水平 11.4 个百分点；2018 年拨付电商示范资金达 9.75 亿元，其中支持贫困县 6.46 亿元，占资金总额的 66.3%；2018 年累计建成县级电商扶贫公共服务中心 121 个、乡镇电商扶贫服务站 1378 个、村级电商扶贫服务点 18790 个，电商扶贫服务站点累计覆盖 5806 个建档立卡贫困村。通过上述可知，农村电商在释放农村消费潜力、带动农民就业创业、推动产业升级、促进农村发展和农民增收方面成效明显，成为推动河南省乡村振兴的重要力量，也成为河南省县域经济发展的新亮点。

2. 基础设施逐渐改善，促进物流配送升级

电子商务是依托互联网将原有的商品流通方式转换为新的商品流通方式的商业模式，是借助于现代物流配送体系而快速成长的新型商贸关系，因此完善的基础设施及其配套服务是其迅猛发展的重要保障。在农村电商基础设施逐渐完善、物流环节逐渐畅通的局面下，河南省重点打造电子商务进农村综合示范县工程，短时间内，各示范县先后建立起县、乡、村三级电子商务管理服务体系。其中，县级建设电商运营服务中心，主要搞好产品展示、管理运营、业务培训、网商孵化、物流配送等工作；乡镇建立电商服务站和孵化中心，重点关注培训孵化、线下体验、仓储配送、产品展示、生活服务等工作；村里设服务点，提供代购代销、缴

费、充值、代收代发、取送货品等服务，为线上线下融合和物流快速配送提供保障。在县、乡、村三级体系的支撑下，经过近几年农村电商优质品牌的深入挖掘，淘宝村的快速发育和数量的大幅增加，河南省农村电商发展已成繁荣之势。在淘宝村的自我成长、农村电商环境不断优化的情况下，农村电商的经营方式也由自我经营转变为农民、企业、政府、协会等协同推进，各方利益主体的集聚效应快速呈现。可以说，通过地方政府的政策助推，企业和协会的“牵线搭桥”，创业能人和电商企业的自力更生，农村电商的物流配送快速升级，最终形成了线上线下融合、工业品农产品双向流通、商流物流信息流资金流合一、服务生产与服务消费并重、传统与现代有机互补的新型农村现代流通体系，新时期农村电商市场体系已初步形成。

3. 扶贫减贫效应明显，加快就地就近城镇化

电子商务作为一种新的流通方式，其本身所具有的互联网基因和商业模式特征改变了传统农业产业的供应链、价值链、信息链和组织链，成为精准扶贫的重要载体。截至 2019 年底，河南省累计认定电子商务进农村综合示范县 95 个，其中国家级综合示范县 53 个、省级综合示范县 42 个，实现了贫困县全覆盖，获得财政支持资金 14. 81 亿元。在电子商务的助推下，县域经济得到一定程度的盘活，促进了农村剩余劳动力向中心镇、特色村集中，加快了特色乡镇经济体系的建立。从河南省县域电商经济的实际推进效果看，不仅提高了工业品下乡和农产品进城双向流通效率，促进人才、技术、资金要素的流动和城乡一体化发展，而且与全面建成小康社会、扶贫攻坚、乡村振兴有机相连，巩固了脱贫攻坚成果，让贫困地区实现了一定范围的产业兴旺。此外，农民在变身网商的同时，闲暇时间也可以被充分利用，不用再外出打工，实现了本地化就业。与此同时，特色乡镇围绕电商进行产业链打造，加快就地就近城镇化进程，促进了农业的现代

化。可以预见，河南省以电商经济为乡村振兴的新发力点，全力培育特色农产品、特色电商产业园，加快打造特色农产品的网络营销品牌，这些举措必将大大促进河南省农产品的产业化、规模化、标准化发展。特色乡镇、特色园区、特色人群与知名电商平台合作，发挥知名网络主播带货作用，打造农产品网络直播基地，完善农村物流体系，将大大提高农村产品上行效率。

4. 返乡创业能人增多，带动一方经济振兴

2010 年前后，网络购物开始在全国流行起来。一批受过高等教育的年轻人受到启发，依托当地的产业基础与资源禀赋发掘特色产品，将当地特色农产品放在淘宝网上进行销售，开启了销售新模式。以桑坡淘宝村皮毛生意为例，村民卢毅发挥年轻人的优势，率先在淘宝和微信上开网店，拓宽了销售渠道，扩大了消费市场，赚取了可观的收入。随着淘宝村的不断发展，桑坡村村民不断学习掌握网上销售技术，网商经营者数量不断扩大，并吸引了大量外来人到桑坡发展皮毛生意。后来桑坡村在皮毛、雪地靴等产品的带领下，村内仿效学习和自主创业的人不断增多，使得 6500 多人的村庄中开起了 1000 多家网店，旺季单日发货量超 6 万件，成就了“中原淘宝第一村”。在“互联网+”与乡村振兴相融合的时代背景下，很多有为青年通过自己的打拼和电商创业，创造了属于自己的电商世界，塑造了一大批励志创业的典型人物。在“双创”战略的引领下，河南省共青团团委发挥对青年人的引导作用，通过“春雁行动”对接了人才与市场需求，挖掘、吸引了大批青年返乡创业，促进了河南农区电商产业的振兴发展。与此同时，河南省人民政府为鼓励人才返乡创业，出台了《关于支持农民工返乡创业的实施意见》（豫政办〔2016〕135 号），在建立多层次、多样化农民工返乡创业格局中明确提出，要加快推动发展农村电商，打造集渠道建设、电商平台、双向流通、人才培育、农村金融等为一体的农村电子商务生态链和生态圈，吸纳更多返乡农民工开展“互联网+”创业。在时

代背景、政策支持、政府帮扶等多方面的带动下，河南省通过创业能人的带领实现“淘宝村”电子商务事业繁荣发展的例子不断增多，不仅促进了当地电商产业的发展，增加了城乡居民的收入，而且真正带动了一方经济振兴，形成了网络空间集聚优势。

（二）空间差异

1. 地域差异明显，与电商空间类似

为进一步剖析河南省农村电商综合发展水平的空间特征，基于相关研究成果，选择农村人均纯收入、农民交通通信费用支出、农业固定资产投资、县域网商指数、县域网购指数、农村人均互联网用户量、农村年发电量、农村投递路线长度 8 个指标进行主成分计算，结果见图 5-4。由图 5-4可知，空间分异结果基本上与电商水平的格局类似，除了个别城市的级别发生改变外，西北—东南的地域规模差异明显。具体来看，除了南阳市独特的资源禀赋以及产业基础促使当地的农村电商产业发展较好，产生了集聚分布的淘宝村和特色乡镇，其余高值区均围绕郑州市分布在全省西北部以及西部地区，如新乡市、焦作市、洛阳市等。农村电商的发展与地区所处的区位、经济基础和电商环境密切相关，以郑州为核心的集聚区有实力强劲的现代化服务支撑，农村电商的政策惠及面大，因此处于电商发展的第一梯队。中等水平区依然围绕高、较高水平区分布，凸显了核心区对周边区的辐射带动作用，体现了农村电商受环境影响较大的客观现实。低、较低水平区占据了全省东部、东南部地区，其塌陷效应依然明显，与前面的分析结论类似，也印证了这些区域的基础电商支撑力不强，而且需要形成共同发展、努力赶超、凸显特色的区域新气象。

2. 三市表现突出，体现地区特色

“淘宝村”作为农村电商的重要表现形式，其发展状况能很好地反映

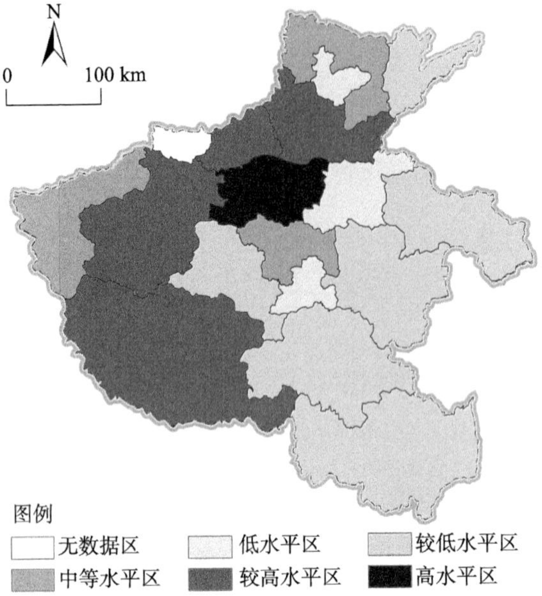

图 5-4　2015 年河南省农村电子商务发展水平空间分布图

注：基于河南省标准地图（审图号为 GS（2019）3333 号）绘制，底图无修改。

当地的农村电商发展状况，也能反映电商集聚、专业化分工、产业化运作的集群状态。因此，基于淘宝村数量来解读各市农村电商的总体特点不难发现，各市淘宝村的数量依然呈现西高东低、北高南低的空间特征，与电商、农村电商发展的总体特征类似，也与河南省的实体经济格局类似。从排名和集聚程度看，郑州市、洛阳市和南阳市排名前三，体现了三者农村电商强劲的实力和不俗的潜力。郑州市作为河南省省会城市，经济实力、人口规模、创新意识等均位于河南省前列，其本身也是河南省发展重心，因此其农村电商在发展过程中具有更多优势，尤其是政策优势，加之其作为国家的综合交通枢纽且是中国跨境电商综合试验区，承载的电商接待量和转出量均较高，成为近年来发展农村电商经济的带头示范区。洛阳市作为河南省的副核心城市，一方面受到郑州市电子商务的辐射带动，另一方面其本身也具有丰富的产业基础，再加上与郑州市接壤，在资源共享方面具有一定的优势，因此其农村电商产业同样得到了不错的发展。南阳市虽远离郑州市，受其辐射作用较小，也不能享受郑州市的资源优势，但是其独特的地理位置为其带来独特的资源禀赋，因此南阳市在特色农产品加工（玉石、香菇等）方面具有发展农村电商产业的独特优势，形成西南一隅的特色淘宝村集中区。

3. 集聚程度较低，关联效应不强

为了进一步探究河南省更加微观尺度的空间特征，利用 Geo-Da 软件对河南省县域尺度下农村电子商务发展水平进行空间自相关分析，结果见图 5-5。2018 年农村电商发展 Moran's I 值为 0. 14，说明河南省县域农村电子商务发展水平存在显著的正相关并伴随着集聚状态，但关联效应不强。由图 5-5 可知，HH 区除了在东部夏邑县、永城县以及沈丘县零星分布外，其余地区形成三个高值集聚片区，一处是以郑州市为中心的电商发展引领区，一处是南阳市的镇平县、西峡县、内乡县、邓州市 4 县组成的南部高值集聚片区，最后一处是东南部固始县、淮滨县、潢川县、光山县、新县 5 县组成的高值集聚片区。值得一提的是，以郑州市为中心的 10 个县域单元通过了显著性检验，这与空间分类格局特征基本一致，体现了郑州市及其周边的集聚效应明显。从 LL 区来看，主要以低值连绵带的形式集中在边缘地区尤其是南部，表明这些地区受中心的带动作用较弱，且县域之间的相互影响较大，最终形成“近墨者黑”的现象。从 LH 区看，主要围绕 HH 区在西南部卢氏县、汝阳县，东南部商城县、息县、平舆县，北部范县、南乐县、淇县、延津县、封丘县零散分布，说明三处存在电商发展水平的“塌陷效应”。从 HL 区看，2018 年全区边缘地带呈三两组团状分布，以南部、东南部集聚现象最为凸显，表明高值极化现象进一步加剧，整体电商发展水平不高。

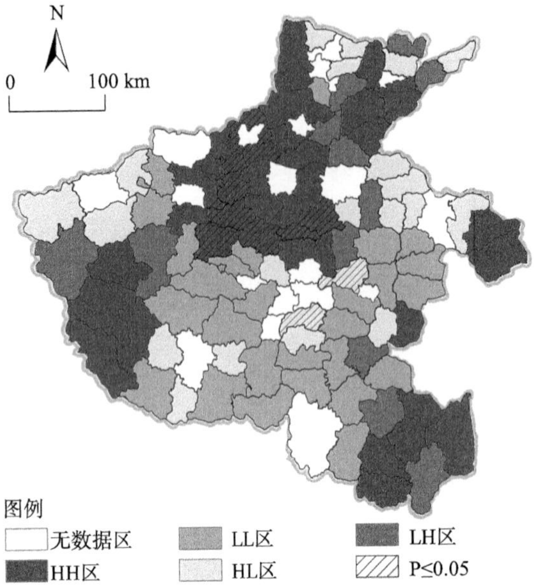

图 5-5　2018 年河南省县域电商发展指数 LISA 集聚图

注：基于河南省标准地图（审图号为 GS（2019）3333 号）绘制，底图无修改。

4. 核心带动不强，外围低值连片

根据阿里研究院提供的河南省电子商务发展指数数据，借助 ArcGIS10.2 空间分析工具，采用自然断裂点分级法对河南省县域尺度下的电子商务的发展水平进行五级分类，结果见图 5-6。由图 5-6 可知，县域电商发展水平大体呈现以郑州市为核心的中心—外围分布格局，向外辐射带动作用明显，体现郑州市的引领带动作用。然而，在以郑州市为核心的带动战略下，外围区的传导效应不明显且空间缺乏快速成长的环境，因而外围区除了东南部光山县、潢川县，西南部洛宁县、镇平县，东部夏邑县，北部内黄县、清丰县、南乐县等县域单元处于中等水平区外，低值区广泛分布在外围且集聚连片分布。究其原因，一方面外围县市由于区位条件不佳、资源优势不突出、产业链不完备等，使得电商发展的整体环境不优；另一方面由于其经济实力不强、创新意识不足、创业干劲不够，致使基础设施配套跟进速度慢，进而产生弱弱相连的沉降效应。整体来看，县域尺度下农村电商发育还处于低水平状态，高水平区的扩散方向主要是以郑州市为中心向周围地区扩散，向边缘地带的辐射作用较差，尤其是发展水平较低的南部、东南部地区。

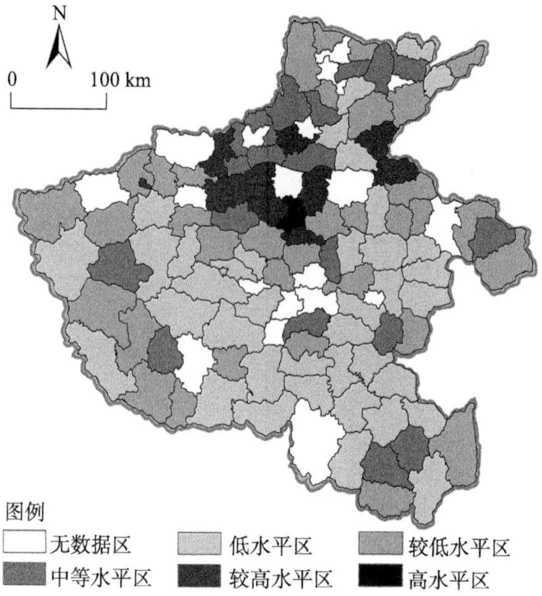

图 5-6 2018 年河南省县域电商发展指数空间分布图

注：基于河南省标准地图（审图号为 GS（2019）3333 号）绘制，底图无修改。

三、河南省淘宝村的基本情况与空间差异

（一）基本情况

1. 数量迅速增长，中西部异军突起

如阿里研究院发布的《1%的改变：2020 中国淘宝村研究报告》所述，

中西部地区淘宝村数量迅速攀升，成渝和中原地区是增长的新亮点，数量迅速增长。从时间变化特点来看，虽然河南省淘宝村起步较晚，自 2014 年产生第一个淘宝村（焦作市桑坡村）后，以“J”字形快速增长，2017 年增加到 34 个。2017 年之后，淘宝村的个数仍然不断增加，2019 年达到 75 个，位居全国第七；2020 年破百达到 135 个，成为仅次于东部沿海六省的淘宝村数量最多的省份，这与河南省淘宝村的发展特点密切相关（见图 5-7）。具体来看，河南省淘宝村镶嵌且集中分布在北部、中部和西部地区，东南部淘宝村数量极少且分布零散，这与前述电商、农村电商发育环境密切相连。从发育扩散看，主要在中西部形成集聚片区但集聚范围较小，且多是在早期淘宝村周边发育，裂变和集群扩散明显。值得一提的是，河南省经济发展水平较为突出的郑州、洛阳、焦作、新乡、许昌等市，由于其经济发展水平较高且产业基础较强，电商发展的基础环境好，加上乡村振兴、电商扶贫政策的影响，淘宝村数量快速增加。

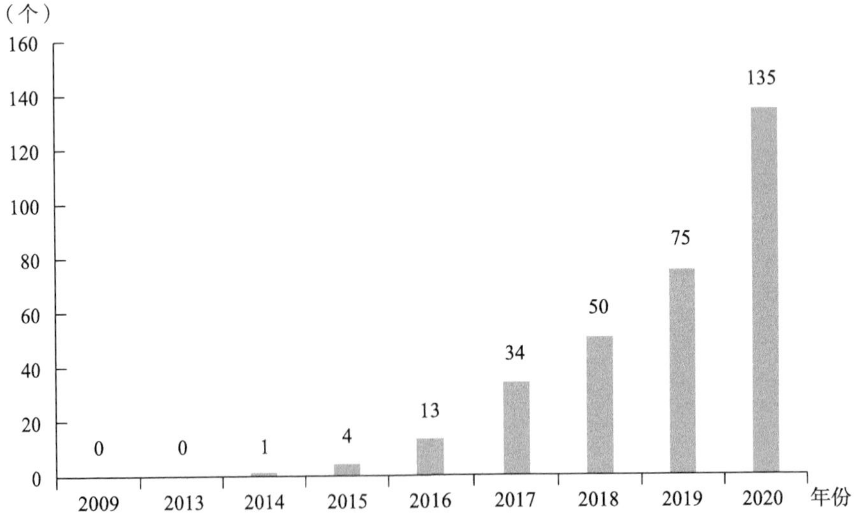

图 5-7　河南省淘宝村时序变化

资料来源：《1%的改变：2020 中国淘宝村研究报告》。

2. 扶贫区占比大，助力农村振兴

近年来，随着互联网的普及和农村基础设施的逐步完善，河南省农村电商尤其是“淘宝村”发展迅猛，交易额保持高速增长，已成为农村转变经济发展方式、优化产业结构、促进商贸流通、带动创业就业、增加群众收入的重要动力。结合河南省淘宝村的空间分布特征可知，贫困地区淘宝村个数比重近年来不断提升，尤其以西南部南阳镇平县以及北部滑县的淘宝村发展最为突出。镇平县作为国家级贫困县，依靠农村电子商务销售当地的特色农产品（如玉石、服装等），推动特色产业转型升级，助力乡村振兴，形成全国独树一帜的玉产品专业淘宝村。滑县作为河南省直管县，地方特色突出，依托浓厚的电子商务氛围，网上销售产品涉及家居用品、家具、服装、食品、化妆品、医疗器械等，形成综合实力强劲的淘宝村集聚区，该县的道口镇、万古镇、高平镇入选淘宝镇。值得一提的是，镇平县和光山县入围阿里研究院评出的2018年电商创业最活跃贫困县十强名单，其中镇平县位居第一，成为中国贫困县脱贫致富的榜样。此外，根据《1%的改变：2020中国淘宝村研究报告》可知，分布在12个省73个国家级贫困县的106个淘宝镇中，有19个淘宝镇是在河南省的贫困县，充分体现出淘宝村镇在河南省乡村振兴中的重要作用。可以预见，淘宝村镇在河南省国家级贫困县的覆盖范围将进一步扩大，也必将为带动其他省区的农村电子商务脱贫扶贫提供可借鉴的思路和模式。

3. “农”特色明显，品牌优势渐显

河南省地处中原，被冠以“农区”“农业大省”的帽子，特色农产品种类多且认可度高，因此以“农”为品牌的特色产品在淘宝店铺对外宣传中具有明显的地域优势。2019年淘宝发布的《全国地方特色农产品上行报告》显示，2018年近3000款“入淘”的特色农产品中，河南怀姜、信阳毛尖、温县铁棍山药等成为热销农产品，南阳黄牛肉跻身肉制品前五阵营。另外，河南人民对特色农产品的消费力十足，排名全国第七位。在农产品的特色优势和品牌助农战略的支撑下，河南省着力开展转型升级、质量标准、绿色发展和品牌培育“四大行动”，努力提升产品品质、产品档次和产品价值，形成了一批知名品牌。截至2019年11月，河南省农业已拥有“中国驰名商标”78个、省级知名品牌400个、“三品一标”4429个，越来越多的农业品牌正在叫响全国。近年来，在“互联网+”和农村电商的引领下，河南省坚持“一村一品”“一县一业”，实施“互联网+”农产品出村进城工程，进一步培育特色农产品，为河南省乡村振兴中的产业兴旺提供了重要支撑。在特色农产品的带动下，河南省农村地区网商集聚的程度不断提升，村域内部及与外部的联系日益专业化、网络化，专业型淘宝村不断发育，品牌效应逐渐产生。淘宝村以及淘宝电商平台作为河南省目前使用人数最多的农产品交易平台，涵盖粮油米面、禽肉水产、红枣干果等众多农产品，成为河南省农村向外对接最重要的销售平台，对促进农业农村的现代化具有重要的支撑意义。同时，淘宝网站的集聚优势也大幅提升了河南农副产品在全国乃至世界的知名度，增强了河南省农副产品在互联网市场上的竞争力，有力地促进了河南省农产品的销售以及现代农业体系的建立。

4. 百强数量虽少，潜在优势明显

根据《1%的改变：2020中国淘宝村研究报告》，河南省新郑市和长葛市两个县级市入选全国淘宝村百强县，五个淘宝村入围农产品百强淘宝村，分别是尚庄村、和尚杨村、双庙李村、王营村和何营村。其中，长葛市销售蜂产品的佛耳湖镇尚庄村位列农产品百强淘宝村第11，大周镇的和尚杨村、双庙李村位列第23和第29；商丘市夏邑县何营乡以混合坚果、枣制品为主要产品的王营村位列第16，而以混合坚果、黑木耳为主的何营村位列第40。虽然河南省百强县数量较少，但在东部沿海一带尽占优势的局面下能贡献出2个百强县和5个淘宝村，实属不易。可以预见，在河南省淘宝村进一步发育的情况下，其在中西部地区的“亮点”表现会进一步增强，发展潜力依然很大。概括起来，未来发展的潜在优势可归纳为得天独厚的农产品产业基础、便捷的交通条件、政府政策的驱动等。首先，河南省作为传统的农业大省，资源禀赋较好，特色品牌优势远播，为农产品的加工生产打下了很好的基础；其次，河南省拥有亚洲最大的列车编组站、中国境内最大的铁路集装箱货运中心，郑州市是国内普通铁路和高铁的“双十字”中心，拥有便捷的立体交通体系，为农村电商产业发展提供了强有力的物流保障；最后，河南省人民政府不断出台政策支持农村电子商务发展，为农村电商、淘宝村发展提供了环境支撑、政策保障和基础设施支撑，助推着河南省电子商务尤其是淘宝村的健康、高质、高效发展。

（二）空间差异

1. 空间分布不均衡，郑洛许表现突出

根据阿里研究院认定的河南省淘宝村名单，定位其位置信息后，将其进行可视化析出可知，河南省淘宝村数量在空间上依然呈现西高东低、北高南低的分布特征。从市域视角来看，郑州市淘宝村数量最多，其次邻近郑州市的洛阳市和许昌市相对较多，其余城市整体水平一般。郑州市无论是区域地位、基础设施还是经济实力、人口活力，在河南省的实力均稳居前列，加上河南省省会城市的政策优势，以及河南省经济发展的重心影响，其在电子商务产业发展过程中具有明显优势，成为河南省农村电商产业的先行区。洛阳市和许昌市，一方面受到郑州市电子商务的辐射带动作

用，另一方面其本身也具有丰富的产业基础，再加上两者在核心城市周边，在资源共享方面具有一定的优势，因此两者的电商发展水平排名相对靠前。值得一提的是，近年来西南部南阳市凭借独特的地理位置为其带来资源禀赋，淘宝村产业也相对较为发达。除南阳市外，还有六个城市有淘宝村，分别是焦作市、安阳市、开封市、商丘市、新乡市和漯河市。其中，前三个城市均距离郑州市及核心区比较近，因此在发展过程中受到郑州市的邻近扩散、辐射带动以及资源传递效应较多，加上其本身也处于中原城市群的核心区域，故在发展中也会受到部分政策带来的便利，因此也形成了一定数量的淘宝村。后三个城市主要依托当地特色的农产品优势，以及产业的专业化、市场化运作，加上“互联网+”电商的“东风”，淘宝村逐渐形成并迎风启航。

2. 裂变增多型较多，中西部增速较快

河南省淘宝村数据显示，2019 年河南省共有 43 个乡镇单元形成 75 个淘宝村，整体在中西部地区的集聚态势明显，在外围区的个数较少。从中西部集聚区的淘宝村分布看，主要是依托原有淘宝村的核心区向邻近区扩散，裂变后集群式淘宝村模式易见。其中淘宝村数量最多的是新郑市龙湖镇，共 10 个，且全是 2017 年之后受局部地区的快速辐射带动而起的。邻近新郑市的长葛市蜂产品淘宝村，其扩散增多也是基于核心驱动，以链带面的轴带、近域带动格局明显。除蜂产品的核心扩散外，许昌市围绕社火戏剧、食用菌等特殊产品也兴起了部分特色淘宝村，呈现多点、多产业共同带动的局面。南阳市镇平县内的淘宝村发展也较为突出，其主要依托玉石产品名扬天下，并在石佛寺镇形成集聚效应，专业化市场品牌优势明显。此外，作为河南省经济发展水平的高水平区如郑州、洛阳、焦作、新乡等市，其淘宝村在近些年也得到了较快的提升，体现出电商环境、政策战略等方面的现代服务业支撑优势。外围区的淘宝村发育后，逐渐形成了一些规模效应并引起周边村镇的仿效，增长趋势明显，进一步印证了淘宝产业链核心形成区的带动效应和扩散价值。可以预见，河南省淘宝村在中西部的集聚态势会进一步加剧，而外围区的孤立状态也会逐渐打破，整体发育的数量和质量都将进一步提升。

3. 核心集聚区明显，外围区发育较差

选取各个乡镇的淘宝村个数、网络关注度指标对河南省淘宝村的核密度值进行分析，结果见图 5-8。乡镇尺度下淘宝村数量的核密度值呈现出中间高四周低的空间分布特征，并且除核心区之外大部分地区的核密度值都远远低于核心区域。高密度区主要是以郑州市为核心形成了集聚，且集聚核心区清晰易见。虽然在南部南阳市也形成了次一级核心，但与核心区相比差异很大，说明其集聚效果不佳。高值核心的中心位于河南省中部，涵盖的主要区域为郑州市及其周边。郑州市作为河南省的省会城市，其经济发展水平居河南之首，具有良好的现代服务业发展条件，因此人们创新创业意识较强，淘宝店铺发育的数量和质量较好，形成了层次相对较高的集聚核心。由图 5-8 可知，基于 75 个淘宝村的网络关注度值运算，在空间上形成单个高核心区，对南部的扩散效应较弱。该核心区密度的最高值区位于焦作市、新乡市和郑州市的交界处，并且主要向北部扩散。对比个数核密度图可以发现，淘宝店铺服务质量高值核心区的中心在郑州市附近并向南部许昌市扩散，说明淘宝店铺服务质量与其所受到的网络关注度在空间上的集聚特征具有一定的相似度，但也存在一定的偏差。此外，基于百度指数的网络关注度核密度在南部未形成二级次中心，说明淘宝村在南部的整体环境较差，局部的集聚效应也不显著。

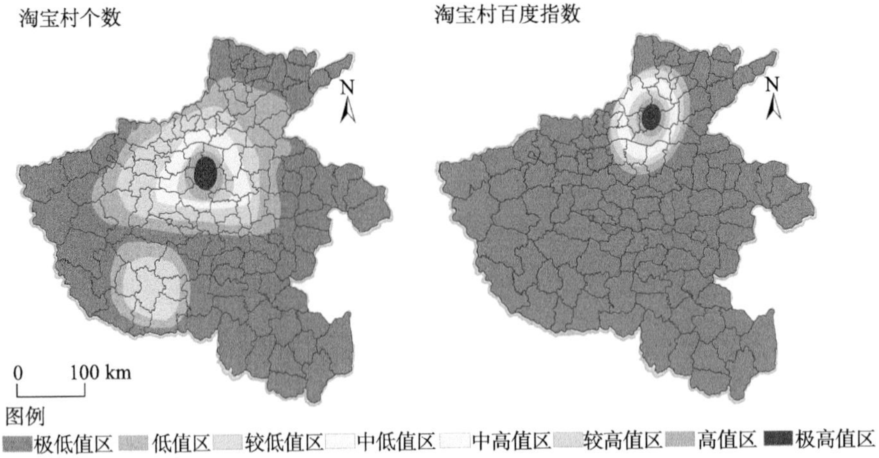

图 5-8　淘宝村个数与百度指数空间集聚图

注：基于河南省标准地图（审图号为 GS（2019）3333 号）绘制，底图无修改。

第六章

河南省淘宝村网商集聚的形成过程与演化分析

淘宝村网商作为农村电商的典型代表，对理解村域电商经济的运转模式具有重要的理论意义，对剖析电子商务业的形成、发育过程具有重要的现实意义。因此本章选择河南省2016年最早一批的淘宝村进行案例剖析，以期从更深层次解释农村电商的线上线下集聚模式，进而助推信息化背景下的乡村振兴，促进农业高质高效、乡村宜居宜业、农民富裕富足。本章主要探讨河南省淘宝村网商集聚的形成过程与演化特征，一方面，对河南省13个淘宝村网商集聚类型进行划分，主要划分为“企业分销+产业基础+品牌效应”“闪培模式+政府培育+地域特色”“农户+家庭作坊+电商平台”“专业市场+资源优势”四种类型。另一方面，根据划分的四种类型对每种类型下淘宝村网商集聚的形成过程以及演化进行分析。

一、淘宝村网商集聚类型划分

根据对河南省13个淘宝村的实地调研情况，结合收集和整理的大量一手资料，从主导驱动因素以及内部组织形式的角度对13个淘宝村网商集聚类型进行划分，最终归纳为四种淘宝村网商集聚类型，具体见表6-1。

表 6-1　河南省 13 个淘宝村类型划分

类型	村庄
企业分销+产业基础+品牌效应	桑坡村、尚庄村、岗李村、和尚杨村、双庙李村、王营村
闪培模式+政府培育+地域特色	平乐村、掘山村
农户+家庭作坊+电商平台	霍庄村、郭店村、马屯村
专业市场+资源优势	石佛寺村、贺庄村

“企业分销+产业基础+品牌效应”型是指在当地产业特色的基础上，网商通过购买当地优势企业的商品所有权并在电商平台转售出去的类型。在这种类型下，由于村民并不能独立完成产品的整个制作工艺，因此村内并未出现“家家户户开工厂”的场景。因此村民只有依靠当地的龙头企业或者网商带头人建立的生产企业提供货源，让村民通过分销的方式进行转售，因而淘宝村这种网商分销模式的优势在于村民库存压力和投资相对较小，不需要承担过大的市场风险。不难发现，在这种类型中龙头企业或网商带头人对淘宝村的形成起到了关键作用。因此，调研村庄内带头人的识别和对村内模式的剖析是分析的重点。经过对河南省 13 个淘宝村的实地调研，发现桑坡村的皮毛产品，尚庄村、岗李村、和尚杨村和双庙李村的蜂产品以及王营村的枣夹核桃和无框画，均属于“企业分销+产业基础+品牌效应”类型。

“闪培模式+政府培育+地域特色”型是指在政府和第三方电商服务商“闪讯公司”的合作和引导下，依托当地特有产品，对村民进行短时期的网店经营培训，进而出现淘宝村网商集聚现象。在这种类型的淘宝村中，政府在淘宝村的形成过程中扮演着关键的角色，其不仅为推动当地特色产业的转型以带动当地经济的发展提供了定位支持，而且提供政策和资金支持、完善基础设施建设、建立电商产业园区、引进服务商等助推软硬件设施改善，在大力培育这种类型淘宝村的过程中发挥了重要作用。闪讯公司是一家帮助拥有产业基础的村庄进行电商转型的企业，通过与政府合作对村民进行运营、美工、推广等整个淘宝店铺运营过程的培训，能使特色专业村在短时间内达到淘宝村的标准。这种类型的淘宝村主要依托当地政府与闪讯集团的合作，通过专业的电商培训避免了自发过程中出现的网店经营技术问题，更快更有效地推动了淘宝村的形成。通过调研发现，洛阳平乐村和掘山村均是在政府的扶持下，引进闪讯电子商务公司对村民进行电商培训并在短时期内形成的淘宝村，属于“闪培模式+政府培育+地域特色”类型。

“农户+家庭作坊+电商平台”型是指基于当地产业基础，通过网商带头人的辐射带动效应，以“一家一户”的家庭作坊方式与电子商务平台相结合的淘宝村。这类淘宝村的特点是网商多以家庭为单位，不仅家庭成员在原料进货、组织生产、经营销售等每个环节分工明确，而且整个产品的生产、加工、经营等都在村民家中进行。这种类型的淘宝村主要是网商自发形成的，因此第一个成功经营网店的村民在其发展中起到了关键作用。在一个成功者的引领下，村民通过能人的示范效应进行模仿复制，通过亲缘关系、地缘关系、血缘关系等多种方式扩散，快速形成淘宝村的网商集聚。根据对河南省淘宝村的调研，发现霍庄村、郭店村、马屯村均是以家庭作坊的方式发展成为淘宝村的，因此将其归为“农户+家庭作坊+电商平台”类型。

“专业市场+资源优势”型是指在拥有当地特有资源的基础上，依赖附近专业市场充足的货源，网商通过购买市场的产品在淘宝网等电商平台交易，在能人示范效应带动下，使更多村民加入网商队伍，从而形成淘宝村网商集聚现象。这种类型的淘宝村虽然拥有产业资源和专业化市场，但由于在传统市场上产品趋同性严重，致使其失去了原有的竞争优势。因此，以网商带头人为首的村民通过互联网线上平台再次激活传统优势产业的活力，是该类淘宝村快速形成的关键。在调研的13个淘宝村中，南阳镇平石佛寺村与贺庄村属于“专业市场+资源优势”类型。

二、不同类型淘宝村网商集聚的形成过程

（一）“企业分销+产业基础+品牌效应”型淘宝村网商集聚过程

根据对河南省13个淘宝村的调研，桑坡村的皮毛产品，尚庄村、岗李村、和尚杨村和双庙李村的蜂产品，以及王营村的枣夹核桃和无框画均属于“企业分销+产业基础+品牌效应”类型。为进一步了解这种类型下淘宝村网商集聚的形成过程，在淘宝网平台对每个淘宝村的网店进行搜索，并确定网店开店时间。焦作市的皮毛产品淘宝网店多来自桑坡村，许昌市的蜂产品淘宝网店多分布于尚庄村、岗李村、和尚杨村和双庙李村，商丘市的枣夹核桃与无框画网店多分布在王营村。在搜索这些淘宝村网店时将其所在地设置成所在村的地级市，所获取的网店信息能够在一定程度上反映河南省“企业分销+产业基础+品牌效应”类型下淘宝村网商发展过程。通过对桑坡村、尚庄村、岗李村、和尚杨村、双庙李村、王营村的淘宝店铺及开店时间进行统计，如图6-1所示，从整体上看，“企业分销+产业基础+品牌效应”型淘宝村网商集聚过程主要划分为缓慢发展阶段（2005—2012年）与快速增长阶段（2013—2018年）。在缓慢发展阶段，该类型村庄的电子商务发展水平不高，村民对淘宝店铺经营处于相对陌生的状态，因此在这一阶段淘宝网店的数量较少且增幅缓慢。在快速增长阶段，随着前期网商经营者的创业成功，村民纷纷效仿这种企业分销的网店发展模式，因此网商数量增长较快。

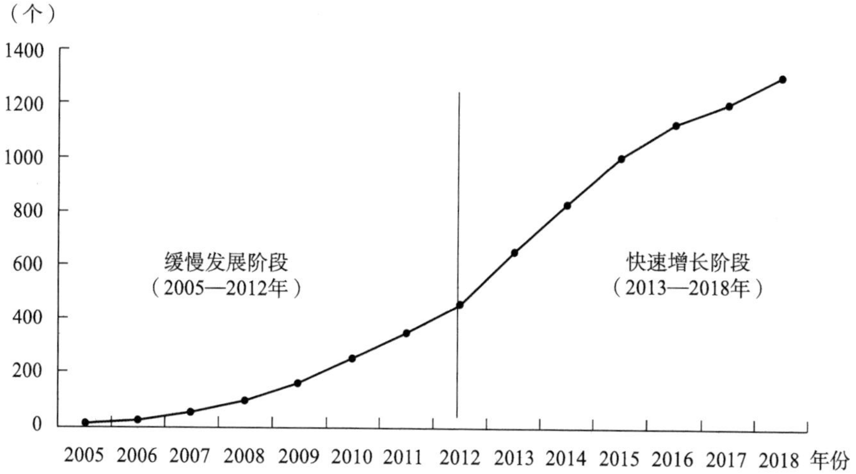

图 6-1 “企业分销+产业基础+品牌效应”类型下淘宝村网商数量增长趋势

由于“企业分销+产业基础+品牌效应”类型中每个淘宝村发育时间存在差异，且具体的发育时间不同，因此对桑坡村的皮毛产品，尚庄村、岗李村、和尚杨村和双庙李村的蜂产品以及王营村的枣夹核桃和无框画产品的淘宝村网商集聚过程进行逐一分析，具体如下：

1. 桑坡村网商集聚过程

2014 年年底，作为“中国皮毛之都”的桑坡村注册淘宝店达到了 100 余家，成功被阿里研究院认证为“淘宝村”，实现了河南省“淘宝村”零的突破。经过近几年网商人数的快速增长，如今在桑坡村网商的门店几乎处处可见，从事网商的人数已达 3000 余人，淘宝网店的注册更是超过了 1000 余家。作为河南省首个淘宝村，桑坡村网商的发展经历了初期萌芽阶段、爆发扩张阶段和蓬勃发展阶段。笔者根据实地调研和资料收集等获取的相关信息，绘制了桑坡村网商集聚过程示意图（见图 6-2）。

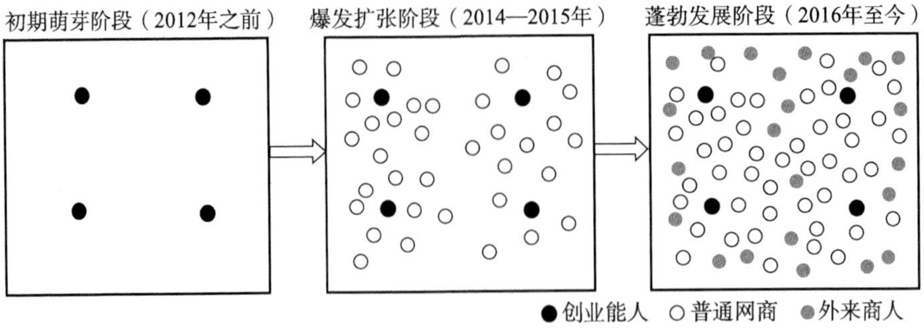

图 6-2　桑坡村网商集聚过程示意图

（1）初期萌芽阶段（2012 年之前）

桑坡村是焦作市最大的回民聚居村，皮革、毛料加工一直是村内的支柱产业。据查证，桑坡村在清代就有了许多熟制皮毛革的生产作坊，之后世代传承皮毛加工工艺，在“互联网+”浪潮中和市场成熟后成为全球最大的羊剪绒加工销售集散地。桑坡村早期主要以实体店销售或招商加盟等传统的销售模式进行交易，随着近几年淘宝网等电子商务平台的出现，吸引了一些年轻人开始从事网商经营。

“我们桑坡村是以羊皮、羊剪绒加工为主，但是这里并没有羊，所以需要进口澳大利亚、巴西、美国等多个国家的羊皮。由于皮毛加工产业属于外向型经济，进口的原材料需要再次加工，之后进行出口或者内销。2012 年左右，由于国际市场不景气，政府对出口市场进行限制，村内的皮毛生意进入萧条期。那时候我们村里有很多人在广东省、温州市等沿海发达地区做生意，可以较快地接收到市场信息，当接触到淘宝店后，这批人就率先在电商平台进行销售，例如村民丁培然、芦毅、丁合光等第一批网商在淘宝网平台进行雪地靴等皮毛产品的销售。所以桑坡村真正出现网商是在 2012 年左右。”

——桑坡村丁主任

（2）爆发扩张阶段（2014—2015 年）

桑坡村的村民芦凤亮为做大皮毛生意，建立起自主品牌，逐渐拥有自己的终端产品和市场品牌。在“宝卓”品牌建立后，芦凤亮的儿子芦毅和儿媳丁桂婷发挥年轻人在“互联网+”方面的优势，率先在淘宝网平台和微信开网店，拓宽了销售渠道，扩大了消费市场，赚取了可观的收入。芦毅、丁桂婷等网商创业能人成功的消息一经传出，吸引了桑坡村的村民纷纷效仿加入网商的队伍，网店数量层出不穷，实现爆发式的增长。

“桑坡村这个市场之所以能够形成，主要是因为雪地靴这类产品在近几年比较畅销，比如最有名的UGG品牌。UGG的原材料供应商和代工厂就是从桑坡村走出去的隆丰公司，隆丰公司是目前亚洲最大的羊剪绒加工企业，是行业标准的制定者。对于桑坡村来说，这很大程度上带动了皮毛产品的市场。当村民看到有人在网上卖雪地靴挣了钱，就有大批桑坡人纷纷学习在淘宝上开起了网店。在2014年左右，桑坡村淘宝网商的人数呈现爆发式的增长。”

——桑坡村丁主任

（3）蓬勃发展阶段（2016年至今）

2016年至今，随着电子商务的发展，桑坡村村民从刚开始的简单模仿到不断学习掌握网上销售技术，网商经营者数量不断扩大，并吸引了大量外来人员到桑坡村发展皮毛生意，周边地区的消费者也纷纷前来购物。同时，微商的发展趋势让桑坡人打开了另一种网上销售渠道。据相关统计，桑坡村大小实体商铺有496家，从事微商人数有3000余人，淘宝网店更是超过了1000家，实现了蓬勃发展。

图6-3 桑坡村调研场景

“随着网商人数的增加，桑坡村政府提出了‘一村一带’的发展思路，并加强对基础设施的资金投入和支持。在政府的帮助下，村里吸纳了韵达、顺丰、申通、德邦等多家物流快递公司的进入，不断完善物流运输体系。现在桑坡村的网商发展进入了蓬勃发展阶段，淘宝店铺大概有几千家。原来文化路和商贸大街两条主街的皮毛加工厂门前停自行车的位置，现在都盖成房子，作为门面店出租，租金更是从最初的3000元一年涨到了平均2万元一年。这些都可以看出我们桑坡村皮毛产业在这几年发展的速度之快。”

——桑坡村丁主任

2. 尚庄村、岗李村、和尚杨村、双庙李村网商集聚过程

河南省长葛市因蜂而形成的产业已有百年历史，在全国具有很好的信誉与销售市场，因此被称为“中国蜂产品产业基地”。长葛市从事蜂产品产业的主要有尚庄村、岗李村、和尚杨村、双庙李村四个村庄。其中，官亭乡尚庄村、岗李村以出售蜂产品为主，大周镇和尚杨村、双庙李村以出售蜂机具为主。近几年，在“互联网+”的影响下，尚庄村、岗李村、和尚杨村、双庙李村出现了一批网商创业能人。在他们的影响下，同村或邻村的村民也开始从事网商经营，农村网商集聚的效应逐渐显现。2015—2016年，尚庄村、岗李村、和尚杨村、双庙李村相继被阿里研究院认证为“淘宝村”。结合对四个蜂产业型淘宝村的实地调查结果，可进一步将蜂产业型淘宝村网商集聚的时间演化过程细分为五个阶段（见图6-4）：①萌芽阶段：早期零散发育（2011年之前）；②能人引领阶段（2011—2012年）；③熟人扩散阶段（2013—2014年）；④周边扩散引领阶段（2015—2016年）；⑤共荣发展阶段（2017年以后）。

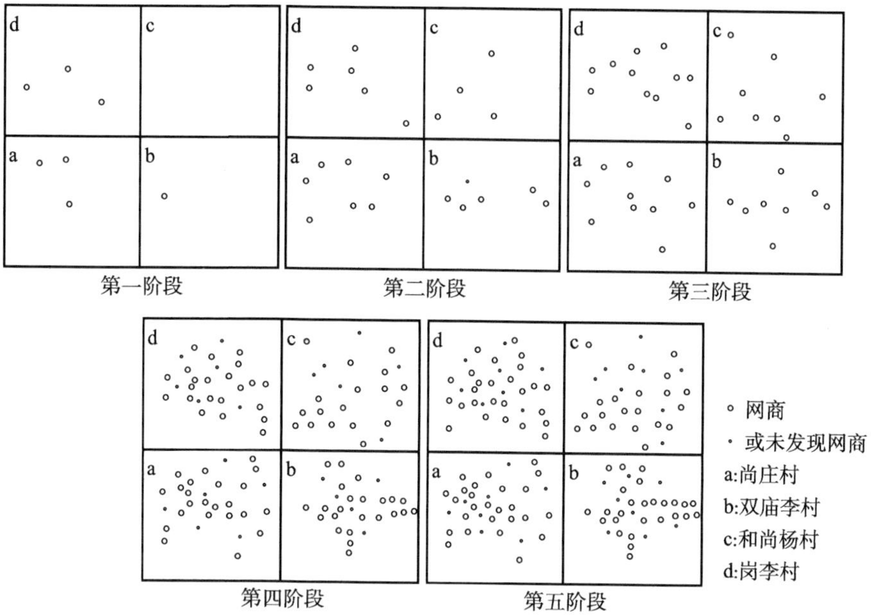

图 6-4 尚庄村、岗李村、和尚杨村、双庙李村网商集聚过程示意图

(1) 萌芽阶段：早期零散发育

蜂产业淘宝村网商集聚的形成离不开当地良好的产业支撑，而长葛市作为中国最大的蜂产品集散地，具有良好的蜂产业基础，销售市场遍布全国各地。进入 21 世纪以来，随着科技不断进步，蜂产品以及蜂机具的生产效率也在不断提高，蜂产业的生产规模不断扩大。20 世纪 80 年代初期，研究区几乎所有的村民都从事蜂产品收购，即按照市场需求去外地挨家挨户或者到蜂场零星采购。然而，限于条件或者个人能力，经常收购到掺假或者质量无法保证的产品，不仅辛苦，还需要承受一定的风险。此外，这一行业的特点是本钱小，但资金周转很慢，因此农户靠收蜂产品所获收益仅能维持家用，规模效益欠佳。但收蜂农户们多年的购销经验带给他们蜂产品积累的基础，一方面拓宽了经营渠道，了解了全国市场；另一方面也为本地区蜂产业的发展打下了坚实的基础，部分村民借机创办了蜂产品企业或加工厂。

“村里几百年前是养蜂的，现在已经从直接养蜂转变为购销蜂机具、蜂产品。村民先把蜂机具卖给蜂农，之后把蜂农的蜂产品收回，再通过一些大企业进行深加工，进而出口。政府准备在我们这儿建设一个蜜蜂小镇，形成蜂产品园区（华夏集团的规划）。”

——岗李村村支书

坐落于佛耳湖镇尚庄村的河南卓宇蜂业有限公司始创于1986年，正式成立于2003年年底，是集养蜂基地建设、科研开发、生产销售、原料供应为一体的农业产业化省重点龙头企业；佛耳湖镇岗李村的李福亭和李社美于1981年成立长葛市福美蜂产品加工厂，开始进行机型蜂蜡、花粉、蜂王浆等蜂产品的收购与销售；1990年成立长葛市福美蜂产品有限公司，并从事蜂蜡的过滤和成型；2006年更名为河南福美生物科技有限公司，开始进军食品及保健品原料领域……类似的企业还有好多，比如河南省长兴蜂业有限公司（岗李村，创建于1986年）与长葛市盛达蜂业有限公司（双庙李村，始建于1988年）均为国内较大的集收购、加工、销售、科研为一体的外向型蜂产品专营厂家；还有河南金华蜡业有限公司（岗李村，始建于1988年）、河南省维康蜂业有限公司（和尚杨村，创建于1994年）、长葛市壮元蜂机具制造厂（尚庄村，创建于1995年）、河南普瑞蜂品股份有限公司（双庙李村，创建于2003年），等等。由此可见，研究区的蜂产业基础较好，具有良好的产业支撑。

随着互联网的普及与渗透，部分企业开始尝试利用互联网出售商品，主要依托的网络销售平台是阿里巴巴和淘宝。淘宝村萌芽阶段开始的标志是某个或若干个创业能人引进淘宝网店项目，形成快速崛起中的代表人物或者代表企业。由于当时网络销售平台建设尚未完善，熟悉网店运营的人较少，因此研究区内的网商仅呈零星分布。一般来看，研究区最初的网商群体都是从淘宝网这个平台做起的，而经营淘宝店铺的网商出现时间相对较晚。上文提到的部分产业基础较好的蜂产品公司率先在阿里巴巴注册开通了网店，这是前期发育的基础。根据阿里巴巴中诚信通时间统计（由于阿里巴巴开店时间无法获取，而一般的阿里巴巴店铺注册时会连带开通诚信通为其提供各项服务，因此本书以诚信通开通的年限作为店铺经营年限的参考），目前已知最早的店铺是2003年年初注册的河南普瑞蜂品股份有限公司（双庙李村，诚信通第17年，以下简称“普瑞蜂品”），随后是河南卓宇蜂业有限公司（尚庄村，诚信通第15年，以下简称“卓宇蜂业”）、长葛市金华微晶蜡加工厂（岗李村，诚信通第14年，以下简称“金华微晶蜡”）、长葛市睿蜂坊蜂业有限公司（岗李村，诚信通第13年，以下简称“睿蜂坊蜂业”）、长葛市新兴蜂产品有限公司（尚庄村，诚信通第11年，以下简称“新兴蜂产品”），等等。

依据调研数据，结合淘宝网店铺信息，发现2011年之前研究区内以淘宝网为销售平台的网商凤毛麟角，同时这些网商零散分布在各个村域，并未形成规模。其中，尚庄村淘宝网商萌芽最早，并对邻近的岗李村和双庙李村起到不同程度的示范效应，但和尚杨村距离尚庄村相对较远，所以未受到辐射。根据已有信息，目前已知的研究区最早的淘宝店铺是长葛市壮元蜂机具制造厂（尚庄村，以下简称“壮元蜂机具”），开店时间为2008年11月，开店之时已有了13年实体经营蜂机具的经验；另外还有远东蜂业（岗李村，2008年12月）、河南昌达蜂业有限公司（尚庄村，2009年，以下简称“昌达蜂业”）、山河蜂业（双庙李村，2009年9月）、幸福之家蜂业蜂具店（尚庄村，2010年3月）、长葛旺发蜂具经营部（尚庄村，2010年12月）等。这一时期淘宝店铺所具有的共同特征是有各自的实体公司或工厂作为货源支撑，但分布零散，未出现集聚现象。

（2）能人引领阶段

早期在阿里巴巴或淘宝开始网店经营的企业只是抱着尝试心态，只是想把各自的蜂产品通过互联网的方式卖出去。然而，他们试探之后发现互联网交易的销路非常畅通，因此后期逐渐加快网络品牌的建立和对外市场的扩散。在“一来二去”的网络交易过程中，通过互联网购买蜂产品与蜂机具的客户与日俱增，线上交易额在总交易额中的占比也越来越不容小觑，从而促使他们不断地加大投入，实现良性循环。究其原因，线上市场不仅可以使农村网商降低销售成本，打造网络销售品牌，而且促使其不断提高产品质量，形成独具特色的产品竞争力。这一阶段，随着以尚庄村为首的村域网商数目的增多以及网店经营质量的提升，辐射效应越来越强，相对距离较远的和尚杨村受尚庄村与双庙李村的带动，也实现了网商的从无到有。同时该阶段，研究区四个村中都出现了创业能人。他们可分为两类：一类是萌芽阶段出现的网商中，根据优胜劣汰的市场规则，筛选出了一批创业带头人；另一类是近年新增的、擅长网络运营与网上销售的能人。

昌达蜂业创始人尚国强、卓宇蜂业创始人尚建国、壮元蜂机具创始人尚红超、普瑞蜂品创始人李杨等都是这一阶段的创业能人。他们的成功不仅给自身带来了经济收益并且扩大了经营规模，也为当地人提供了更多的就业机会，为那些敢于接受互联网销售这一新事物的农户们起到了很好的示范作用。部分本就从事蜂产业的农户，尤其是年轻人，在这些创业能人的带领下，开始加入网络销售蜂产品与蜂机具的大军。这一时期创业能人的代表有尚庄村的尚国强、尚建国、尚晓龙等人，岗李村的李根灿、李长营、李德坤、李海彬、李浩杰等人，和尚杨村的杨展、杨鹏涛等人，双庙李村的孙涵杰、张志辉等人。

图 6-5　岗李村访谈场景

“李德坤是我们村最早开淘宝店的。他是大学生，在大学时就开始开网店，不过所出售的商品并不是蜂产品。毕业之后，与妻子共同经营锦前程养蜂用具有限公司，同时也继续在网上销售商品。李海彬也是大学生，他们家北边和南边都有网商。李浩杰大专毕业，他的父亲李根灿帮助他做包装，他们有两家淘宝店，分别是长葛杰出蜂产品经营部、杰诺蜂具批发。”

——岗李村村支书

“网店经营比较好的，一天利润不低于 1000 元。村西边孙涵杰和张志辉做得不错，他们开始的比较早。东边也有六、七个做得好的，大都是从 2012 年开的网店。一般是一个人开店，找五六个人帮忙。”

——双庙李村村干部

另外，这一时期，前几年在阿里巴巴上开网店的部分企业也开始进军淘宝网。以卓宇蜂业为例，2011 年 3 月在淘宝开通了卓宇官方企业店，2018 年 8 月又进驻天猫，开通卓宇旗舰店，其网络销售平台进一步拓展与规范。

(3) 熟人扩散阶段

当蜂产业销售渠道转型后带来经济效益快速提升时，研究区农户参与度不断增强，主要是通过亲缘、友缘、邻里等熟人向外扩散，心理学上称之为邻近效应。一般情况下，普通农户的创新能力以及识别创新契机的能力都相对较低。在不确定的情况下，自主创业可能需要承担更高的风险，因此他们选择模仿周边创业成功者的概率会高一些，并且被模仿者更有可能是身边的熟人。在假定不同的农户拥有同等的能力以及其他条件的情况下，由于熟人比非熟人更了解被模仿者的网上销售情况，也更清楚其实际收益状况，同时可以在被模仿者的帮助下解决诸多问题与困难，并减少学习与风险成本，因此熟人之间扩散的可能性更大。正是由于中国农村典型的"熟人社会"效应，能人的示范引领不仅快速带动了产业的崛起和网络品牌的形成，而且为淘宝村网商集聚的形成提供了有利的技术扩散通道以及良好的学习环境，使"一人带一户，一户带一村"的淘宝村网商集聚成为可能。

"最早的网商出现于2007年，后在创业带头人带动下，开淘宝店的人数逐年上涨。""刚开始时开店的人比较少。后来，一些同龄人在一起聊天交流，发现开淘宝店收入不错，就也跟着开了淘宝店，试着自主创业。经过朋友之间、邻里之间的扩散，网商数目越来越多。"

——岗李村村支书

虽然这一发展阶段各个村的淘宝网商数目都快速增加，然而由于和尚杨村的网商起步较晚，因此相比其他村庄网商增加速度相对滞后。这个阶段具有代表性的网店有非凡昊蜂（尚庄村，2013年1月）、长葛市瑞蜂达蜂具蜂产品（双庙李村，2013年2月）、万森蜂机具（尚庄村，2013年4月）、至宝蜂具经营部（岗李村，2013年5月）、烁烁蜂具（尚庄村，2013年6月）、兰峰蜂业（和尚杨村，2014年4月）、河南紫金蜂业厂家直销店（和尚杨村，2014年11月），等等。

2013年年底支付宝手机支付用户超过1亿，实名认证用户超过3亿。在支付宝这一安全快捷的支付方式普及的影响下，网购（尤其是淘宝）变得越来越便捷，并渐渐成为人们日常生活的一部分。同时菜鸟驿站、聚划算等配套产品不断发展创新，也为农村网商市场的繁荣提供了支持。在这些因素推动下，淘宝网一跃成为亚洲最大的零售购物平台，为各行各业融入“互联网+”市场提供了支撑，为农村网商的参与提供了契机，也为淘宝村网商的迅速集聚提供了保障。

（4）周边扩散引领阶段

熟人扩散阶段之后，各个村的网商数量在“雪球效应”下快速增加，向周边地区加速扩散。一方面，熟人扩散阶段的模仿者也成了新的扩散源，促使模仿的农户数量呈指数式增长，“一传十，十传百”并打消了原先的顾虑，更放心地投入网商大军；另一方面，网商规模的迅速扩大以及网商发展所带来的经济效益也引发了政府、媒体、服务商等外部力量的注意以及介入，带动了一系列配套设施的完善，如道路的修缮、快递点的设置、网商培训中心的建立等。从另外一个角度来看，农村电子商务对促进农民就业、增收以及农村经济发展具有重要的作用，因此地方政府出于为人民服务以及对电子商务政绩的追求，也会选择适当时机介入淘宝村的发展。2015年，尚庄村成立了长葛市蜂产品电商协会暨电商服务中心，不仅积极开展电商培训并为农村网商提供技术指导，而且在研究区建立了网商服务平台，提供了额外的技术服务支撑。与此同时，地方政府修缮了道路，设立了物流、快递、邮政代办点等，引入京东驻村服务中心，进一步促进电子商务的发展。

这一阶段，政府的行为大大催化了淘宝村的发育，主要表现有三：一是政府作为政策与制度的制定者，为建立健全电子商务支撑体系，出台了一系列文件来支持淘宝村的网商发展；二是作为公共服务的供给者，积极完善电子商务基础设施建设，不断优化电子商务发展环境，推动企业拓展经营业务、实现转型升级，促进传统蜂产业与电子商务的互动发展，先后形成多个自建电商平台，催生多种运营模式；三是作为中间组织者，积极推进蜂产品企业与中科院等科研技术机构的战略合作，并组织技术培训，带动了产学研合作。

“跟着开网店的有的不是亲戚关系，可能本来在上学或者打工，发现开网店收益不错，就把工作辞了，回来也做这个。开淘宝店的大多是80后（二三十岁），年龄太大的对电脑的操作不是很懂。”“政府在村里开展了电商带动贫困户的培训，目前主要采取‘电商带贫’‘电商扶贫’的方式。另外，镇上还成立了电商委员会，专门为电商服务。”“村中道路修得比较好，是这几个村中最好的，这样就比较方便淘宝商户平时拉货送货。”

——岗李村村支书

2015年，尚庄村成为长葛市首个淘宝村；2016年，和尚杨村、双庙李村、岗李村也被评选为淘宝村。这一时期的网店代表有宏大蜂业浩亮蜂具经营部（岗李村，2015年3月）、豪爽蜂业（和尚杨村，2015年4月）、盛源蜂产品（和尚杨村，2015年6月）、泉发塑业（双庙李村，2015年8月）、恒盛蜂业蜂蜜瓶塑料瓶加工厂（双庙李村，2016年6月）、怡宁蜂具（双庙李村，2016年12月），等等。其中也不乏一些开淘宝网店之前在阿里巴巴开了网店，后又在淘宝平台开店的商家。这一时期的淘宝店铺部分有实体公司或工厂作为货源支撑，但也有部分是直接从本地的工厂或企业进货，并没有实体店。

（5）共荣发展阶段

由于运营淘宝店铺的技术难度并不大，也不需要太多的经费支撑，同时经营地点、经营时间都较为自由，因此农村网商的扩散进行得很快，最终保持着稳定变化，进入“家家户户淘宝店，买卖双方不见面，照样还能把钱赚”的阶段。

“村里做得好的淘宝商户有一二十家，利润一天1000元以上。”“为了更好地为我们的蜂产业进行宣传，村里正在建一个蜂机具的展馆。村里438户，搞蜂产品的达到95%，他们中有的是全职做电商的，有的是在家里做家庭小作坊的，还有40%的人是跟着蜂农东奔西走的。去工商局办过营业执照的电商户有150~160家。但是有的人办了执照，却因为学问低，对开店操作不熟悉，导致没办法继续做下去。个人认为网店办得好坏，跟学历关系密切。很多大学生毕业之后拿到营业执照开了网店，他们对电脑操作、产品介绍等比较熟悉，经营得也比较好。比如一些年轻女孩子们开了网店，会找几个人为她们工作，主要帮她们做一些包装发货等工作。现在村里网商所出售的蜂产品（蜂王浆、花粉、蜂蜡）、蜂机具，各有各的销售渠道。现在出口的主要有几个大厂（盛达蜂业、普瑞蜂业）。河南电视台、许昌电视台等多次报道过我们的淘宝村。”“政府也给电商做展销，提供宣传平台。”“电商做得好的一年可以挣六七十万元，做得不好的一年也可以挣三五万元。”“我们村蜂产品门市有十几个，物流十几家，每天网上出售的产品可以装四五节火车车厢。”

——双庙李村村干部

淘宝网活跃用户群体数目庞大，拥有充足的市场容量。同时，不同消费群体的需求具有多样性，这些因素都让蜂产业网络销售市场的细分成为可能。在蜂产业型淘宝村，虽然网商们销售的是同一类产品，然而由于蜂机具与蜂产品种类繁多，使得市场被进一步细化，例如部分网商以出售蜂蜜、蜂王浆、蜂胶的蜂产品为主，也有部分网商以出售割蜜刀、摇蜜机、蜂衣蜂帽等为主。由于每一种产品都有需求，网络和实体市场均有很好的销路，使得村内农户竞争的集中度得以缓解，从而能让更多的网商活跃与发展。此外，由于消费者对淘宝平台产品欣赏的视角不同，网商对店铺的设计风格呈现差异化，经营推广的方式也不相同：有的店铺通过高级设计公司设计，页面精致，让人眼前一亮；有的店铺虽页面简单，但产品图片是真实拍摄的，非常具有亲和力；有的店铺为了证明自己产品好，亲自上阵，整个人都站在摇蜜机上展示商品加厚、结实的一面。除此之外，还有不少比较有创意的卖家秀，通过另类的宣传同样吸引眼球；也有人通过定期开展一些促销活动，如折扣、优惠券、满减优惠等吸引消费者购买……这些因素决定了没有任何一个网商能够垄断整个网络销售市场，也意味着每个网商都能通过个性化与差异化的经营让自己的店铺拥有一定的流量，最终使蜂产业型淘宝村的网商进入共荣发展阶段。

3. 王营村网商集聚过程

商丘市夏邑县何营乡王营村是豫东地区的第一个“淘宝村”，然而从实际调研看，该村人多地少，地理位置偏僻，经济带动的资源优势不佳，那么该村如何能形成淘宝专业村呢？近年来，村内一些年轻人接触淘宝经营后，在网上仿效其他特色区域销售枣夹核桃、无框画等产品取得了成功，带动了整个村庄的电商发展。王营村网商发展主要划分为萌芽阶段和效仿阶段，如图 6-6 所示。

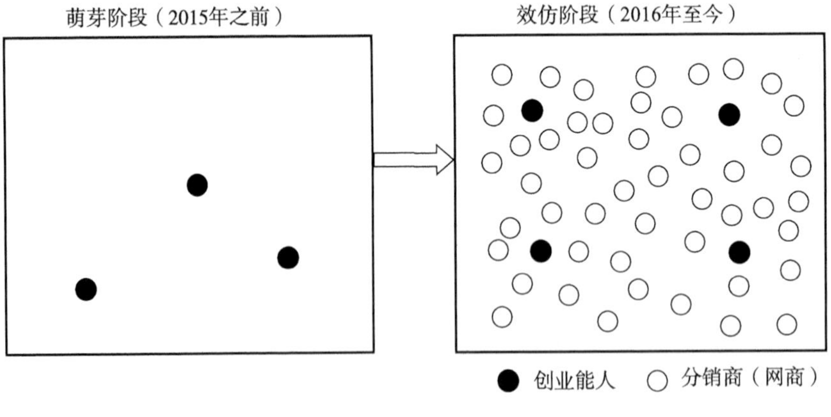

图 6-6　王营村网商集聚过程示意图

（1）萌芽阶段（2015 年之前）

根据访谈了解到，王营村最早从事淘宝店铺经营的是王丽峰，他最早是在郑州从事大枣销售生意，也建立了自己的电商团队和加工厂。2015 年前后，他的店铺经营效益不佳，有意转型或者回家创业。在政府政策的推动下，王丽峰决定返乡创业，开了第一家淘宝店。由于王丽峰在早期拥有一定的网络营销基础，因此淘宝店铺很快取得了成功。随后，在王丽峰等一批在外从事电商销售的年轻人返乡创业的带动下，100 多家大枣深加工、装饰无框画作坊入驻王营村，由此开始了王营村电商创业之路。

（2）效仿阶段（2016 年至今）

在王丽峰、何方等在外创业村民的驱动下，大枣深加工、装饰无框画等企业入驻，带动了就地就近城镇化，解决了部分村民的就业问题，很大程度上带动了贫困户脱贫致富。由于创业能人的成功，村里具有一定文化水平的年轻人以及同村的亲朋好友开始效仿开网店，扩散效应逐渐产生。除此之外，为推动王营村经济发展，王丽峰在新疆承包了 1000 亩枣园，并在村里开办了资质齐全的大枣加工厂，提供给本村的网店销售。在能人创业引领和产业品牌逐渐兴起的背景下，王营村的网店数量迅速增长，最后发展到几乎每家都有人参与电商相关的工作。目前，王营村已有各类网店 180 余家，主要销售大枣和无框装饰画，年网络销售额超 2 亿元。

图 6-7　王营村调研场景

（二）"闪培模式+政府培育+地域特色"型淘宝村网商集聚过程

结合河南省淘宝村网商集聚类型的划分，平乐村的牡丹画与掘山村的钢制家具均属于"闪培模式+政府培育+地域特色"类型。为进一步了解这种类型下淘宝村网商集聚的形成过程，笔者在淘宝网平台对洛阳市的牡丹画与钢制家具的网店进行搜索，逐一确定网店开店时间，结果见图6-8。结果显示，从整体上看，该类型淘宝村网商集聚过程主要划分为早期零散发育阶段（2005—2013年）与后期加速阶段（2014—2018年）。在早期零散发育阶段，一些接触电商平台的村民尝试在淘宝网开店，但是由于缺乏网店经营经验，多数网店的发展并不乐观，因此这一阶段淘宝网商数量较少；在后期加速阶段，政府与闪讯公司合作，对村民提供免费电商培训和宣传，吸引了大量的村民参与网店培训，并在闪讯公司的指导和培育下开办网店，因此这一阶段淘宝网商的数量呈现快速增长状态。

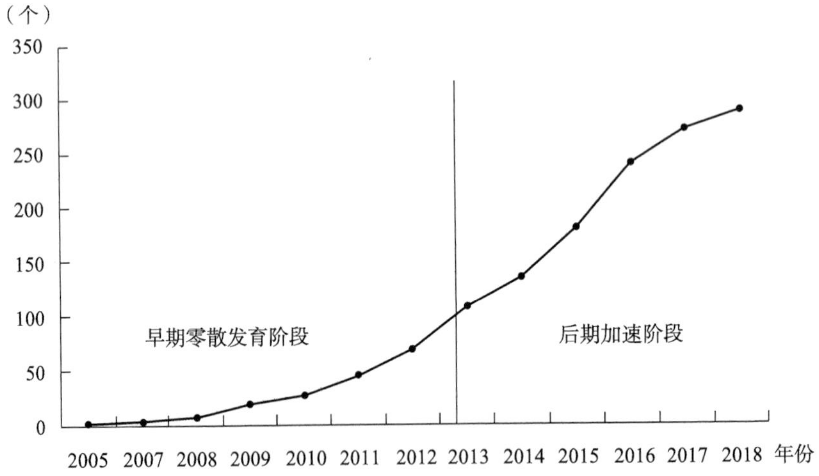

图6-8 "闪培模式+政府培育+地域特色"类型下淘宝村网商数量增长趋势

结合对平乐村与掘山村的实地调研，分别对平乐村与掘山村网商集聚形成过程进行分析，具体如下：

1. 平乐村网商集聚过程

平乐村地处洛阳市孟津县平乐镇南部，是全国唯一的牡丹画生产基地，被誉为“农民牡丹画创作第一村”，2016 年被授予“淘宝村”的称号。平乐村网商的集聚过程主要是在政府的扶持下，借助当地牡丹画产业，引进闪讯电商公司对村民培训网上经营技术，在短期内使网商数量呈现爆发式增长，从而形成淘宝村（见图 6-9）。

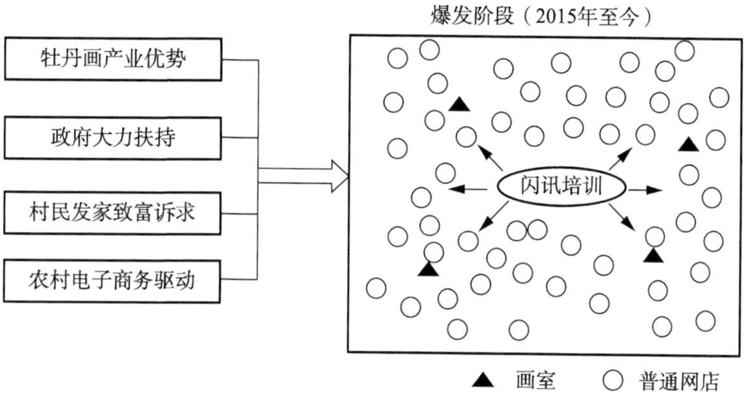

图 6-9　平乐村网商集聚过程示意图

20 世纪 80 年代以来，平乐村牡丹画文化产业在几个爱好绘画的村民带动下画师人数超过 1000 人，形成当下特有的产业。随着“互联网+”政策的提出，地方政府为提升当地牡丹画产业的经济效应，与洛阳闪讯电子商务有限公司进行合作开发。在闪讯模式下，经过短短半年的培训和经营，平乐村网商数量呈现大幅度增长，成功地被认证为“淘宝村”。

“我们村发展牡丹画产业比较早，最初是由郭太安、郭笑伟、郭太森、郭西凡发起的，他们比较爱好画画，就以此作为兴趣培养，那时候经济意识也比较淡薄。改革开放时期，他们发现画的作品可以卖些钱，于是就从事这个行业。因为农村的亲情关系比较重，于是村里的老画家教街坊邻居画画，那个时期画家数量就增多了。在 20 世纪 90 年代，村委会觉得以绘画为生的经营模式还不错，就开始大力提倡和引导牡丹画产业的发展。从刚开始聘请书画院老师免费授课，到政府扶持建设牡丹画创意园区，再到引入洛阳鼎润实业公司运营牡丹画创意园区，形成‘公司+园区+签约画师’的模式进行销售，最后到现在与洛阳闪讯电子商务有限公司进行合作，对村民进行免费的电商技术和运营培训。虽然在发展牡丹画产业的过程中不断有新的问题出现，但自从与闪讯公司合作后，村里很多人开始了淘宝网店经营，不仅推动了牡丹画产业的发展，而且也带动了整个村里经济的增长。”

——平乐村村支部郭书记

“我们公司主要是通过对村民进行半年的电商培训，实现网店数量在短期内快速增加，达到淘宝村店铺数量和销售额的要求，形成淘宝村。具体采用的是‘1+3+2’的模式，‘1’是一个月的全面培训，主要是通过创业班让农民触网、开店、培育新型农民，再通过精英班提升优质村民及企业的电商技能，让农民画师利用淘宝店铺拓宽牡丹画销路；‘3’是三个月深度孵化，通过小班孵化，分为五期进行培训，依托专业化的运营团队，让村民了解整个淘宝村的运营过程，标杆引领带动平乐店铺销量的提升；‘2’是两个月深度孵化与资源整合，从 120 家活跃店铺中沉淀出 10 家标杆店铺、30 家重点店铺和 80 家活跃店铺。经过六个月的培训，最后产生了 100 家活跃店铺。在我们公司的培训下，最终产生了 100 余家活跃店铺，并成功在几个月内迅速发展为淘宝村。”

——闪讯电子商务有限公司运营部负责人

图 6-10　平乐村调研场景

2. 掘山村网商集聚过程

钢制家具产业作为庞村镇的支柱产业，已发展30余年，先后经历了原始积累、资本裂变、快速发展、整合提升四个阶段，成为中国钢制家具产业基地。但在快速发展的过程中，由于缺乏自主创新能力，钢制家具市场同质化竞争问题严重，导致企业间恶性竞争。为应对钢制家具产业发展中出现的问题，庞村镇政府决定依托当地产业基础发展电子商务，并于2016年与洛阳闪讯公司进行合作，采用“政府+服务商”模式，鼓励村民发展电子商务。掘山村位于庞村镇政府驻地，拥有便利的交通条件和产业基础，因此成为庞村镇培育的第一个淘宝村（见图6-11）。通过政府主导和服务商助力，充分调动了村民触网开店的积极性，促使掘山村的电子商务在短期内迅速发展，淘宝店数量增长至130余家，交易额累计突破1200万元。

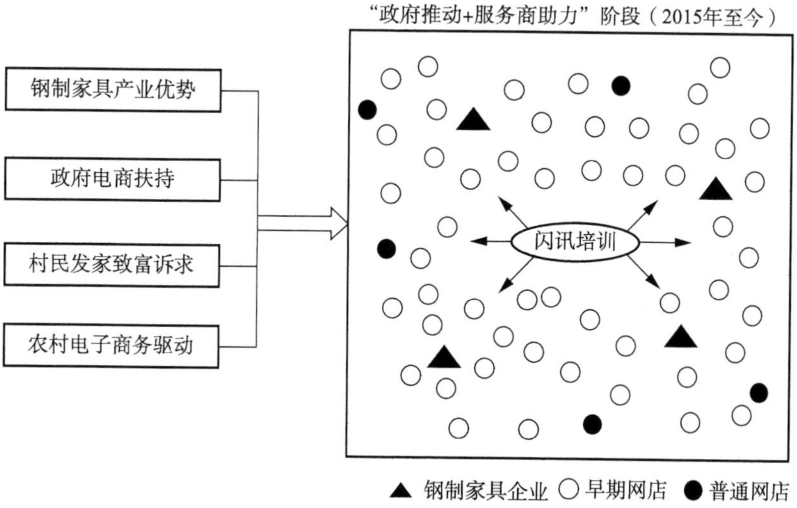

图6-11 掘山村网商集聚过程示意图

“我们庞村镇钢制家具产业是从20世纪80年代开始的，从最初的3个人创建的企业不断扩大，至今全镇已有300多个企业。在2016年左右，镇政府为缓解企业之间恶性竞争等问题，依托钢制产业的资源优势，引进闪讯电子商务有限公司，采用‘政府+服务商’模式打造洛阳首个淘宝镇。政府将掘山村作为第一个试点村，同时中国钢制家具电子商务孵化基地也坐落于掘山村。由于其地理位置的优势与政府的推动，掘山村很多人都报名参加了网商培训。经过培训，村民开网店的积极性非常高，在闪讯公司的指导下，网店数量大幅度增加。”

——庞村镇党委张书记

“我们公司对村民进行定期培训，指导学员学习开网店、运营、美工、客服等电商知识。因为是政府出资为村民提供免费的电商培训和学习场地，因此有不少人愿意来听课，也从最初对网络的不信任和拒绝转变成主动学习的态度。2016 年，经过我们公司短期的培训，掘山村网商数量呈现明显上涨。同时，掘山村电商发展的成功带动了同样拥有钢制家具产业基础的百草坡村、西庞村村民的积极性，村民踊跃报名参加电子商务培训，促进了网商数量的不断增加。到 2017 年，庞村镇成功申建成为洛阳市首个‘淘宝镇’。”

——闪讯电子商务有限公司职员胡某

图 6-12　掘山村调研场景

（三）“农户+家庭作坊+电商平台”型淘宝村网商集聚过程

根据调研访谈和总结，霍庄村、郭店村的社火戏服与马屯村的鼓均属于“农户+家庭作坊+电商平台”类型。为进一步了解这种类型下淘宝村网商集聚的形成过程，笔者在淘宝网平台对许昌市的社火戏服与洛阳市鼓产品的网店进行搜索，并逐一确定网店开店时间，结果见图 6-13。结果显示，从整体上看，“农户+家庭作坊+电商平台”型淘宝村网商集聚过程主要划分为能人开创阶段（2008—2011 年）与村民效仿阶段（2012—2018 年）。在能人开创阶段，随着互联网环境逐渐进入农村地区，一些在外接受过高等教育的年轻人在自主创业的需求下开始接触淘宝店铺经营。由于农村大多数村民保守意识较强，因此在这一阶段网商数量增幅不大。在村民效仿阶段，创业能人的成功产生了示范效应，村民纷纷效仿，因此这一阶段网商数量呈现较大幅度增长。

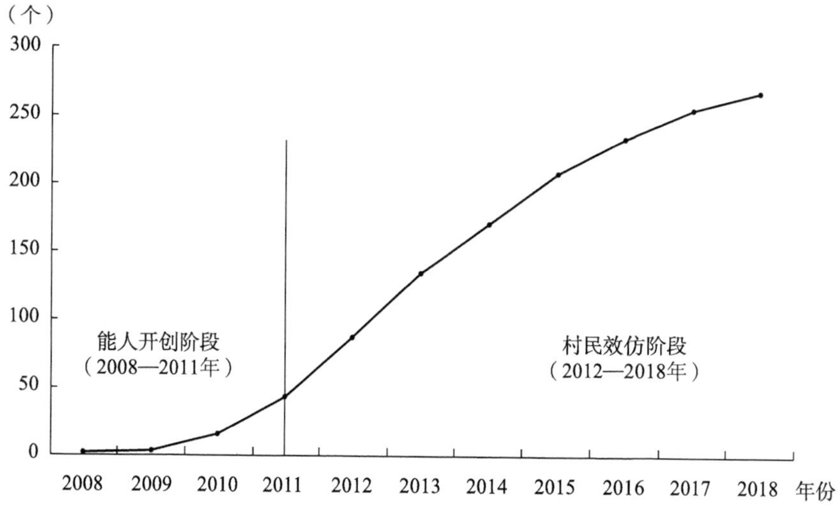

图 6-13　“农户+家庭作坊+电商平台”类型下淘宝村网商数量增长趋势

由于“农户+家庭作坊+电商平台”类型中各个淘宝村创业能人的产生存在一定的差异，具体的发育时间也不同。因此结合实地调研对霍庄村和郭店村的社火戏服与马屯村的鼓等两类产品的淘宝村网商集聚形成过程进行分析，具体如下：

1. 霍庄村、郭店村网商集聚过程

（1）能人驱动阶段（2010—2015 年）

在 2010 年前后，网络购物开始在全国流行起来，霍庄村一批受过高等教育的年轻人受到启发，将社火道具放在淘宝网平台上进行销售，开启了销售新渠道。由于网商经营模式增加了销售渠道，实现了在家中做生意和自主创业的目标，因此吸引了越来越多的村民从事网商经营。目前，霍庄村从事社火戏剧加工户有 326 户，从业人员有 1000 多人。同时，该产业还吸纳周边农村富余劳动力 2000 多人就业，产品畅销全国各地以及欧美、东南亚等国家和地区。

“我们霍庄村制作社火道具已经有一百多年的历史。在过去，从事这行的人比较少，主要都是跟着戏班子干。霍庄村开始以小作坊、摆地摊的经营方式为主，随着从事社火戏服生产的人越来越多，在 2010 年左右，村里的霍大双、霍振江、霍亚超、霍文举等人受‘互联网+’思维的影响，开始尝试做网店。他们的成功不仅推动了霍庄村村民从事网商经营，而且打开了社火道具的销售市场，大大提升了霍庄村的名气。如今，霍庄村生产的社火道具通过电商平台以及各分销商的销售，霸占了长江以北 60%以上的市场。曾经热播的电视剧《武媚娘传奇》，剧中有不少服装道具就出自霍庄村。”

——霍庄村党支部霍书记

图 6-14　霍庄村、郭店村调研场景

（2）辐射带动阶段（2015 年至今）

随着霍庄村社火道具行业发展越来越快，村内加工社火道具的人员需求量不断扩大，因此带动了周边村庄大批的劳动力从事该行业。其中，邻近村庄的郭店村村民受霍庄村网商发展的影响，向霍庄村学习社火道具加工技术，并效仿电商经营模式，纷纷开起了网店。根据访谈了解到，郭店村第一批网商在 2014 年左右出现，多数是借助于农村浓厚的亲缘、地缘关系效仿霍庄村能人而兴起。在能人出现后，社火道具加工技术和网商经营模式在郭店村快速传播开来，并采取代理商或者从厂家进货的方式进行网上销售。2016 年，郭店村在霍庄村辐射带动下，村内淘宝网商经营的店铺达百余家，成为第二个销售社火戏服的淘宝村。

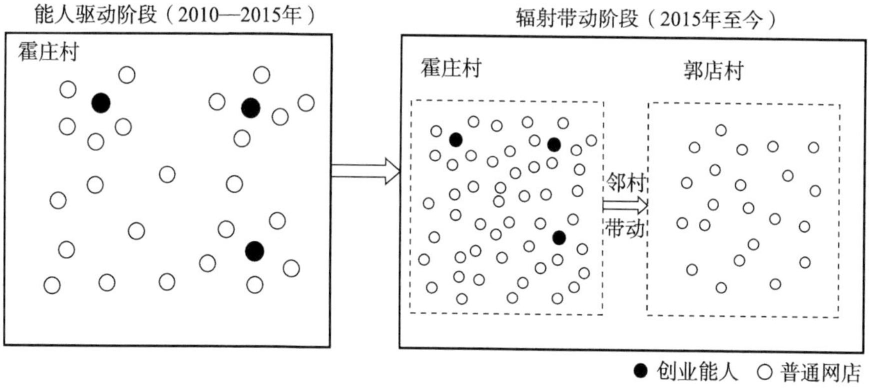

图 6-15　霍庄村、郭店村网商集聚过程示意图

2. 马屯村网商集聚过程

马屯村是回族聚集区，自古就有宰杀牛羊的传统，因此皮革产业在马屯村兴起较早，其中制作大鼓就是传承下来最为发达的产业。目前国内生产的大鼓近 80%出自马屯村，因此马屯村也被称为“中国制鼓第一村”。马屯村制鼓产业起源于 20 世纪 70 年代，随着制鼓产业的不断发展，马屯村已形成完整的、具有一定规模的产业链。2010 年前后，马屯人将市场转向互联网平台，在村民杨林川等创业能人的带动下，村民们纷纷效仿开网店，网商数量不断扩大，形成了马屯村网商集聚的现象。通过实地考察和调研访谈，将马屯村网商集聚过程划分为能人引领阶段与加速扩张阶段，如图 6-16 所示。

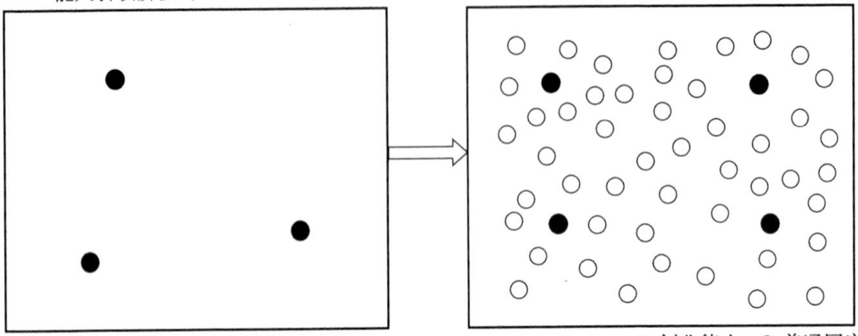

图 6-16　马屯村网商集聚过程示意图

（1）能人引领阶段（2010—2013 年）

马屯村的制鼓产业发展至今已有上百年的历史，经历了最初在摸索中完成制鼓到掌握每个制鼓环节再到不断改善提升制鼓的工艺、从单个的大鼓种类到多样化的鼓类、从传统手工制作到现代机械化制作等过程，在制作工艺和生产效率方面得到了很大提升。2010 年村民杨林川、马建都等从长辈手中接过制鼓生意后，将目光投向了互联网平台，尝试注册淘宝店进行经营。然而，由于缺乏网上运营的方法，村里没有及时跟进的快递网点，因此网店发展并不顺利，初期发展效果不理想。后期随着不断的学习和探索，马屯村网店逐渐有了起色，形成了线上线下相结合的销售模式，制鼓逐渐形成产业链条。随后，纷至沓来的订单让村民们看到了商机，网店销售模式很快在马屯村里传播开来。

（2）加速扩张阶段（2014 年至今）

在杨林川、马建都等第一批触网村民的带动下，通过亲缘和地缘关系进行网店传播，村民之间纷纷学着开网店，使得村内网店数量实现大幅度增长。随着越来越多村民触网，马屯村的快递业务量大增，很多快递公司开始上门收货，物流货运得到有力保障。线上的销售渠道打开后，马屯村一半以上的产品都是通过网络成交的，制鼓销售量也得到了大幅度提升。2016 年，马屯村网商数量达到 240 余家，制鼓产值超亿元，产品热销我国香港、台湾，还远销日本、俄罗斯、韩国、欧美等地。可以说，马屯村借助独特的制鼓产业，实现了“互联网+农业”的结合，实现了村民的增收致富。

“淘宝店是在近三五年才开始兴起，现在马屯村几乎家家户户都有自己的网店。因为村里的鼓类产品是手工活，所以一般都是在自己家里加工产品，属于家庭作坊的模式。每天下午会看到快递公司的车挨家挨户地上门取货。可以看出，网上平台的销售渠道打开后村里的大鼓销售量增加了不少。”

——缑氏镇政府顾主任

图 6-17　马屯村调研场景

（四）“专业市场+资源优势”型淘宝村网商集聚过程

根据对河南省 13 个淘宝村的调研，石佛寺村与贺庄村属于“专业市场+资源优势”类型。为进一步了解这种类型下淘宝村网商集聚的形成过程，笔者在淘宝网平台对南阳市玉产品的网店进行搜索，并逐一确定网店开店时间，结果见图 6-18。从整体上看，“专业市场+资源优势”型淘宝村网商集聚过程主要呈现逐步上升的趋势，近期增幅有所提升。由于“专业市场+资源优势”型淘宝村只有以玉产品为主的石佛寺村与贺庄村，因此结合实地调研的情况，重点分析石佛寺村与贺庄村网商集聚过程。

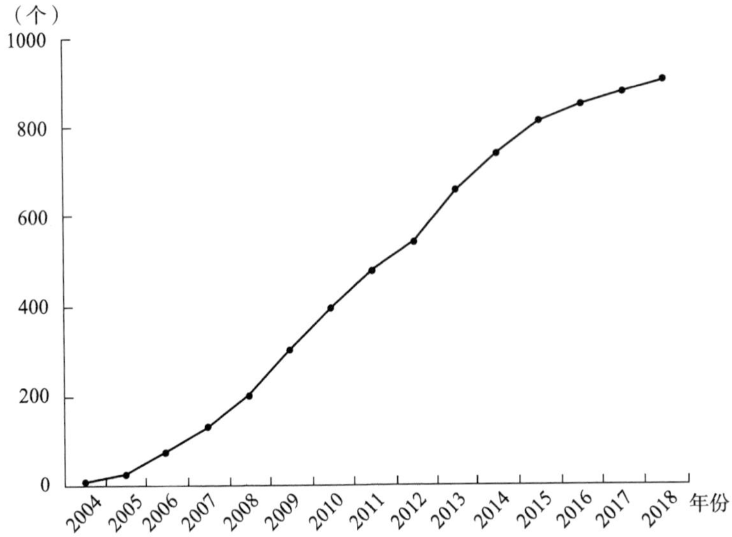

图 6-18 “专业市场+资源优势”类型下淘宝村网商数量增长趋势

石佛寺镇玉加工业最早起源于新石器时代，在宋、元时代玉雕生产渐具规模，到明、清时期已成为当地一大产业。伴随着玉器产业的繁兴，石佛寺镇产生了玉博苑、玛瑙巷、国际玉城、万玉市场等多个玉器销售市场。随着电商时代的到来，石佛寺镇玉器销售从最初的传统玉器店面销售模式到微商时代，再到如今的淘宝直播时代，其玉雕产业规模不断扩大，带动了整个玉雕销售行业的发展。2015—2016 年，石佛寺镇石佛寺村与贺庄村淘宝店铺年销售额突破千万元，先后被阿里研究院评为“淘宝村”。总结看来，石佛寺村与贺庄村网商的发展主要分为初步探索阶段和高速扩张阶段，具体如图 6-19 所示。

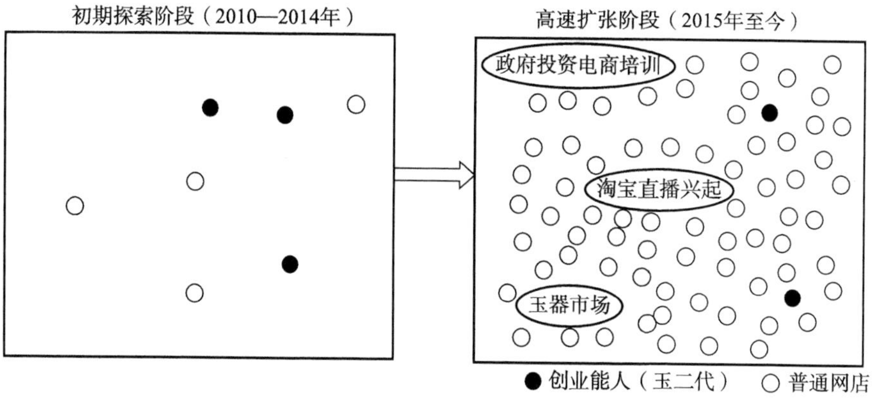

图 6-19 石佛寺村、贺庄村网商集聚过程示意图

（1）初步探索阶段（2010—2014 年）

石佛寺镇作为“中国玉雕之乡”，是目前中国最大的玉器集散地，玉雕产品有 100 多个品种，种类齐全，拥有着完善的产业链。21 世纪初，由于玉器市场饰品趋同性严重，导致玉器销售进入发展的瓶颈期。为应对玉器市场中出现的问题，一些接触到电商平台的商家尝试利用淘宝网平台开网店，以扩展新的销售渠道，从而开启了玉器市场的新天地。

“石佛寺是全国最大的玉雕市场销售集散地，产业转型相对比较早，七八年前就有人从事电商，但那时候由于对网店经营不熟悉，也没有相关的学习渠道，从事网商的人数相对比较少。淘宝网店真正开始在石佛寺发展，应该是在 2010 年。村里有个叫叶芒的‘玉二代’，父辈一直从事玉雕手艺，主要以家庭作坊为主进行经营。那时候玉雕市场上的玉镯和挂件千篇一律，整个玉器市场发展都不好。作为年轻人的叶芒接受过高校艺术的熏陶，想要推陈出新，于是就利用淘宝平台卖货并根据客户的要求进行私人定制，最后取得了成功。”

——石佛寺镇韩镇长

(2) 高速扩张阶段(2015 年至今)

叶芒等创业能人的成功很快被石佛寺的年轻人借鉴，陆续尝试在淘宝网电商平台开店。伴随着玉器市场的“互联网+”模式，网商人数有了大幅度增加，同时销量也得到了很大提升。2016 年以来，淘宝直播作为一种新的电商模式在淘宝平台兴起，“触网”的人越来越多，现已有各类直播企业 200 余家入驻，直播年销售额高达 5 亿元以上。至此，石佛寺网商发展进入了高速扩张阶段。

“这几年淘宝网商数量一直呈现不断增长的趋势，尤其是近两三年网商发展速度最快，网商人数每天都在增加。为推动农村电子商务的发展，政府出资提供场地和专业人员，免费对当地村民进行淘宝运营和美工等方面的培训，以鼓励更多的人加入网商队伍。”

——石佛寺电商服务中心王老师

“贺庄村外出务工人员很少，大多数人都是从事玉器经营。近三四年淘宝网商发展速度很快，吸引越来越多的外地人来当地从事玉器生意，有些村民还出租房子给外地人，所以这几年村里的经济水平相对较高。”

——贺庄村村委门书记

“石佛寺村做淘宝网店的主要是外地人，本地人主要是在市场的摊位上进行售卖，网商从市场上拿货。玉之友、玉博苑、宝玉城是目前最大的三个玉器市场，都位于石佛寺村，具有一定的地理优势。这几年淘宝直播发展速度很快，在玉器市场上每天人流量不下 30 万人，越来越多的人从事网商经营。”

——美玉记网商王老板

图 6-20　石佛寺村、贺庄村调研场景

三、不同类型淘宝村网商集聚的演化过程

为探究河南省淘宝村内部网商在空间上的演化过程，按照划分的“企业分销+产业基础+品牌效应”“闪培模式+政府培育+地域特色”“农户+家庭作坊+电商平台”“专业市场+资源优势”四种类型，分别对每种类型下淘宝村网商集聚演化进行分析，具体如下。

（一）“企业分销+产业基础+品牌效应”型演化过程

1. 桑坡村网商集聚演化分析

为测定桑坡村网商在空间上的分布类型，将实地调研中确定的网商位置利用 ArcGIS 软件建立点图层，同时运用 ArcGIS 的最邻近距离工具对桑坡村网商进行计算，结果见图 6-21。图中指标显示，最邻近距离 $R=0.016007$，$z=-36.062507$，$P=0$，置信度为 99%，说明桑坡村网商在空间分布中呈现显著的集聚特征。

目前，桑坡村几乎家家户户都有网店，除了发展淘宝店以外，微商逐渐成为他们倚重的另一种销售渠道，并且有超越淘宝店的趋势。因此以淘宝店与微商实体店铺作为网商的分布点，绘制桑坡村网商空间演化图（见图 6-22）。从图中可知，桑坡村网商集聚特征较为明显，网商分布点主要在商贸大街、栖风路以及新盂路西侧，形成三个网商集聚区，还有一些零

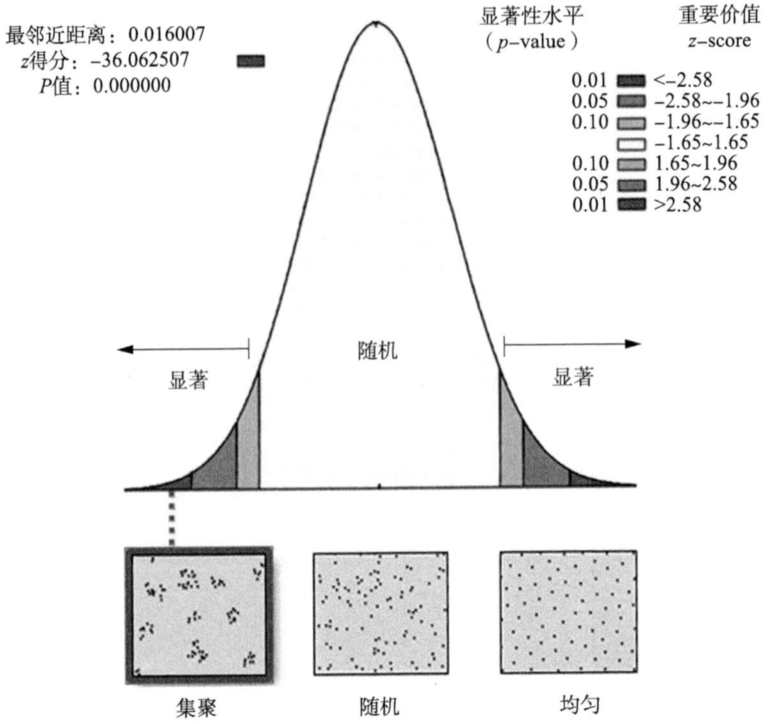

图 6-21　桑坡村最邻近距离判断空间集聚图

散分布在居民区。同时可以发现，皮毛公司也基本在这三条主路两侧分布，与网商点形成前店后厂的发展模式。

在发展初期，桑坡皮毛企业主要是对从澳大利亚等地进口的羊皮进行加工，加工后的产品再出口或者内销，从而为网商的发展奠定了基础。伴随着电子商务的繁荣，桑坡村在 2012 年前后开始出现第一批网商。2013—2014 年，通过熟人关系、地缘关系、亲缘关系等渠道扩散，辐射带动了更多村民开网店，网商经营者数量不断扩大。2014 年桑坡村被评为“淘宝村”。2014 年以来，微商让桑坡人打开了另一种网上销售渠道，吸引了大量外来商贩到桑坡村发展皮毛生意以及周边地区消费者前来购物。为适应不断发展的商业环境，桑坡人在家中经营淘宝店铺的同时，也开设门店以满足微商的发展需要。除此之外，物流快递不断入驻桑坡村，进一步保障了电子商务的物流服务。然而，由于原有的门店数量有限，远远不能满足现有的发展，因此很多村民在皮毛企业周围增建新的门店，并逐渐形成了以商贸大街、栖风路以及新孟路西侧等为主的前店后厂的网商集聚发展模式。在物流和集聚同时获得保障的情况下，前店后厂的模式不仅增加了村民进货发货的便利性，而且能为消费者和代理商选择商品时提供多种选择性，因此进一步带动了桑坡村皮毛产业的蓬勃发展。

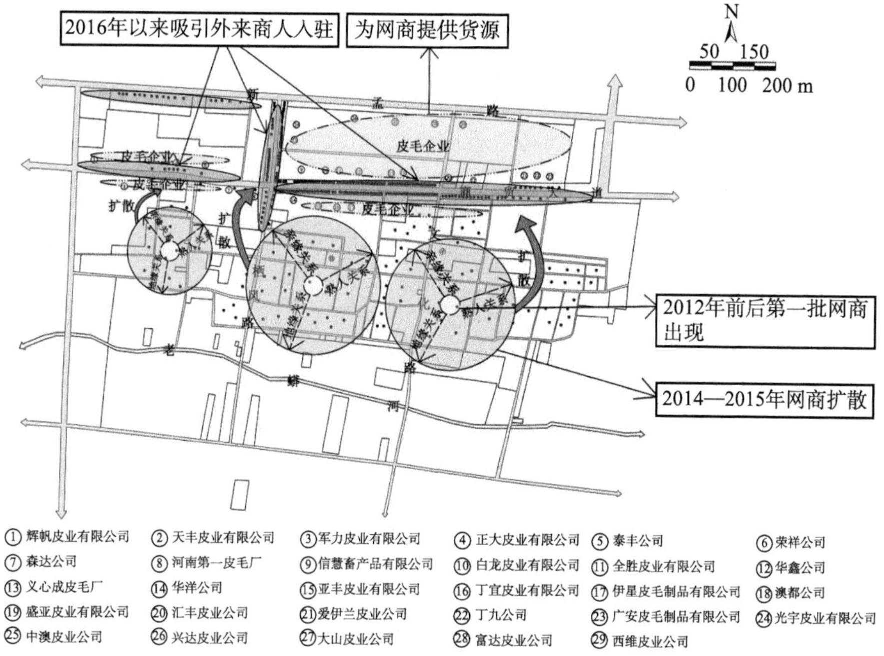

图 6-22　桑坡村网商集聚演化过程

2. 尚庄村、岗李村、和尚杨村、双庙李村网商集聚演化分析

为测定尚庄村、岗李村、和尚杨村、双庙李村网商在空间上的分布类型，运用 ArcGIS 的最邻近距离工具对尚庄村、岗李村、和尚杨村、双庙李村网商进行计算，结果见图 6-23～图 6-26。由图 6-23 可知，尚庄村最邻

近距离 $R=1.160725$，$z=2.361792$，$P=0.018187$，说明尚庄村网商在空间分布中呈现均匀分布的特征。由图 6-24 可知，岗李村最邻近距离 $R=1.199227$，$z=3.072812$，$P=0.002121$，说明岗李村网商在空间分布中呈现均匀分布的特征。由图 6-25 可知，和尚杨村最邻近距离 $R=1.061909$，$z=1.178433$，$P=0.238624$，说明和尚杨村网商在空间分布中呈现随机分布的特征。由图 6-26 可知，双庙李村最邻近距离 $R=1.131184$，$z=2.099712$，$P=0.035754$，说明双庙李村网商在空间分布中呈现均匀分布的特征。

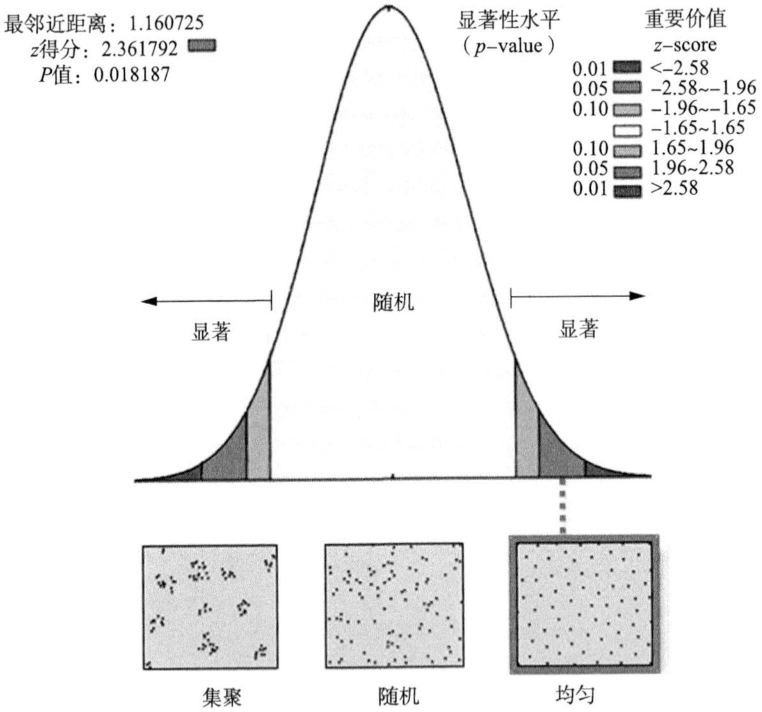

图 6-23　尚庄村最邻近距离判断空间集聚图

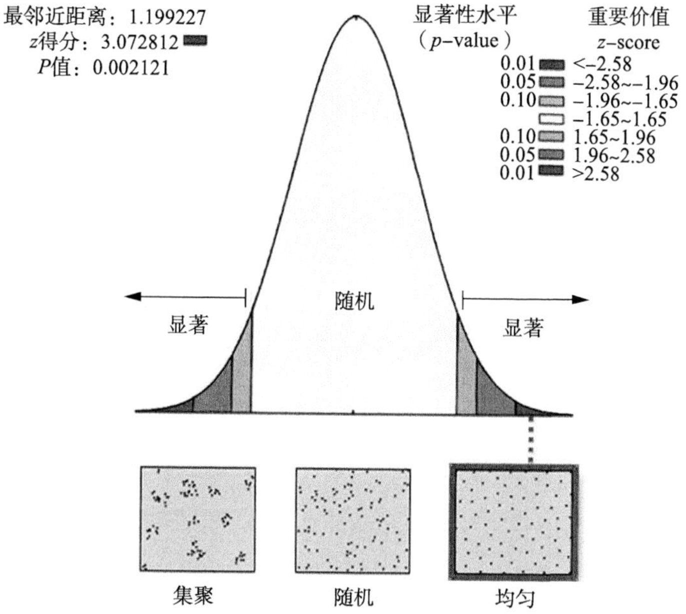

图 6-24　岗李村最邻近距离判断空间集聚图

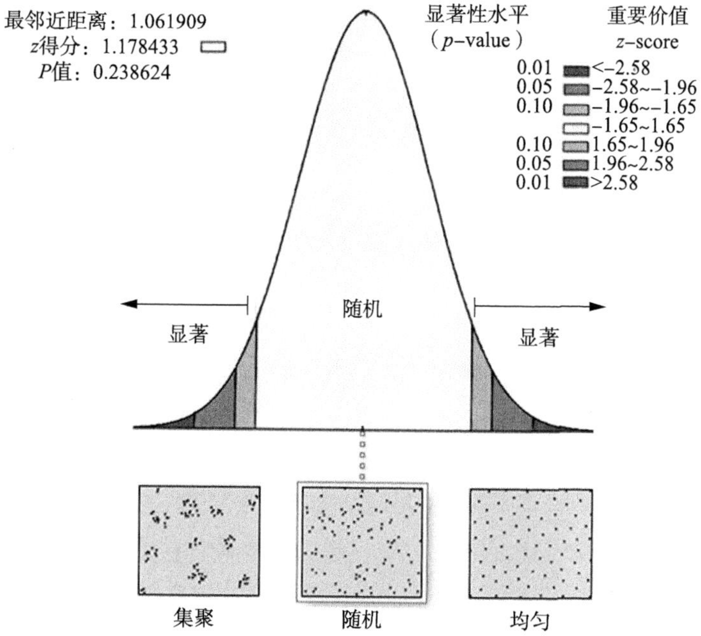

图 6-25　和尚杨村最邻近距离判断空间集聚图

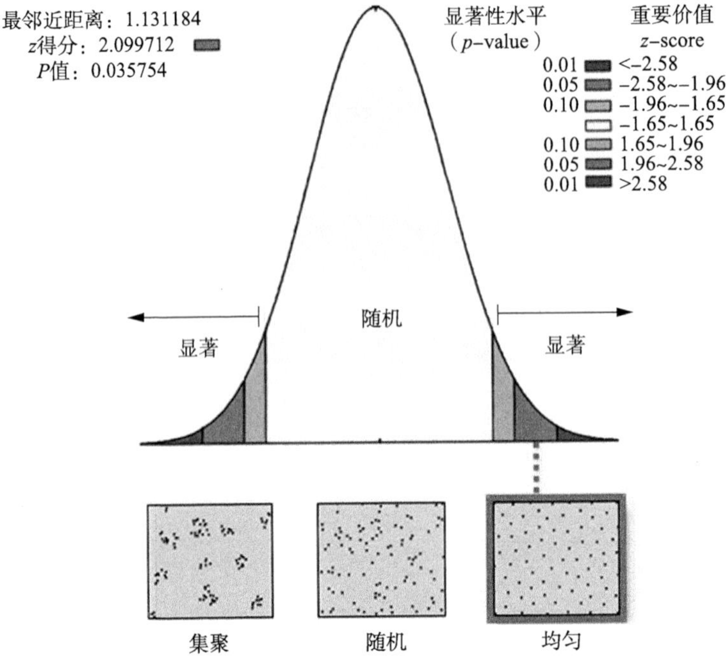

图 6–26　双庙李村最邻近距离判断空间集聚图

笔者通过对尚庄、岗李、和尚杨、双庙李四个村庄挨家挨户的调研和对村干部的访谈，确定了村内网商在空间上大致的分布位置，且绘制了尚庄村、岗李村、和尚杨村、双庙李村网商空间分布图，结果见图 6–27。

（1）尚庄村

尚庄村是研究区内最早形成的蜂产业型淘宝村。在网商出现之前，该村蜂产业已进入蓬勃发展阶段，大大小小的企业、工厂与实体店铺分布于村域的各个片区。村内规模较大的企业由于所需场地较大，所以除卓宇蜂业外其余均分布在村子周边，主要有西部的新兴蜂产品公司，北部的昌达蜂业，东部的蜂源祥蜂机具加工厂、鑫瑞征蜂业、正鑫蜂具等，东北部的誉洋蜡业、鑫莼食业等。其中卓宇蜂业和鑫莼食业均为村民尚建国投资创办，是能人进军淘宝市场的主要支撑企业。村域中部比较大的企业有壮元

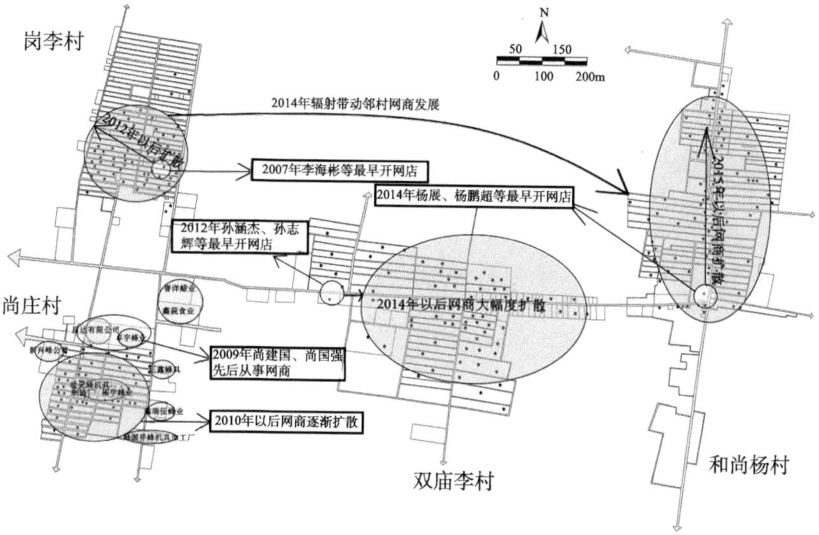

图 6-27　尚庄村、岗李村、和尚杨村、双庙李村网商集聚演化过程

蜂机具、福宇蜂业等，为网商的集聚发展提供了产业支撑，并催生了周边大量网商的产生。根据发育过程，可将尚庄村网商扩散过程大致分为三个阶段：

早期单核辐射。村内最早出现的网店是村北部的卓宇蜂业。在网商扩散初期，主要以卓宇蜂业为中心，呈现向中部、东部和西部逐步扩散的状态。

中期双核辐射。在卓宇蜂业的影响下，村域中部出现了壮元蜂机具、王艳涛蜂具等网店。这些村中的网店集合体与卓宇蜂业一同成为网商集聚中期的两大扩散源，在创业能人带动下，向邻近区域辐射扩散。

周边扩散阶段。该阶段以亲缘、友缘及邻里为媒介，向四周呈放射状扩散，网商数量进一步增多。由于村域西部主路、中部道路两侧（状元蜂机具周边）集聚了村内大部分网店，加之后来村周边的大型企业陆续进驻淘宝网，使尚庄村最终形成以北部、东部大企业为依托，中西部实体店铺为支撑的网商分布格局。

（2）双庙李村

受交通主干道的影响，双庙李村从事蜂产业的村民大多选择在东西向的福美大街道路两侧开设实体店铺，出售蜂产品或蜂机具。实体店铺沿福美大街形成条带状高度集聚区，为网店的形成打下了良好的产业基础。伴随着“互联网+”与电子商务的发展，村内大部分店主开始在线上出售产品，逐渐形成“实体店铺+淘宝网店”的经营模式。根据发育过程，可将双庙李村网商扩散过程大致分为三个阶段：

早期单边辐射。村内最早的网店是河南普瑞蜂业有限公司的阿里巴巴店铺（2003 年），最早的淘宝店铺是山河蜂业（2009 年），二者均位于村域西部。在其带动之下，一方面在村西部率先形成了网商集聚，另一方面在这两个扩散点邻近区域也出现了网商集聚。

中期两端辐射。该阶段，网商由两端向村域内部逐渐扩散，最终形成多个集聚片区。

周边辐射扩散。在已有网商的基础上，周边不断涌现的新网商逐渐融合，最终形成网商的大集聚。扩散过程中，东部网商扩散的速率更快，因此网商密度更大，并形成了规模较大的条带状集聚区；由于西部人口较少，网商数量也较少，因此网商集聚规模较小。和尚杨村的产业基础良好，为网商的出现奠定了基础。

（3）和尚杨村

和尚杨村的村域轮廓是典型的南北长、东西短，一条南北向主路（维康路）纵贯全村，一条东西向主路与双庙李村相连。在产业基础与道路体系的支撑下，维康路北部集聚着一些蜂机具批发等实体店铺；中部主要是以村里一些基础设施为主，譬如小学、生活广场、超市、卫生所、药店、小吃店、银行等；南部与东西向主路交叉处分布着大量的蜂产业实体店铺。整体上看，村内规模较大的蜂产品企业多分布在村南部，如星阳蜂产品公司、维康蜂业、紫金蜂业等，北部的企业规模相对较小。根据调查所获的信息，虽然村内从事蜂产业的历史悠久，但没有出现特别早从事网上销售的网商，多为 2012 年之后注册的店铺。因此，可将和尚杨村的网商扩散过程划分为两个阶段：

早期单核辐射。最早出现的网商位于村域中西部，形成单核状。在该网商与紧邻的双庙李村巨大的网商扩散源的双重影响下，双庙李村的网商开始向东部、北部以及南部扩散。

周边辐射扩散。在各单核辐射的带动下，邻近区域不断出现新的网商，并在各个方位形成集聚片区。从网店的分布情况来看，南部较为密集，在东西向主路与维康路的交叉处形成集聚，呈“丁”字分布；北部网店分布较为稀疏，但也有部分店铺形成了小的集聚。这种“南密北疏”的格局，一方面是由于和尚杨村域面积较大，北部农户少，不易形成网店集聚；另一方面，村域南部与双庙李村、尚庄村、岗李村交通距离更近一些，更容易受双庙李村等其他村网商扩散源的影响。

（4）岗李村

岗李村虽是最后一个形成的淘宝村，但是在村“两委”的鼓励与支持下，成立了电子商务工作小组，设立了电子商务培训中心，成立了蜂业电子商务协会，带动了该村网商的快速集聚。2015 年，该村筹建了蜂业电商仓储物流园，被阿里巴巴誉为“岗李模式的淘宝村”。2018 年 9 月，农业农村部发布“中国农民丰收节 100 个特色村庄”名单，河南省仅有 4 个村庄入选，而岗李村就是其中的“中国蜂蜜特色村庄”。目前，岗李村共 14 个村民小组，491 户，从事电商的村民达到了 196 户。村内的基础设施状况是四个村中最好的，拥有规则的道路网和完善的物流配送体系，大大解决了产品运输问题。村内规模最大的企业是东南部的河南福美生物科技有限公司，其次是西南部的长葛市千沣蜂产品有限公司、河南晟巢蜂业有限公司，中部的河南金华蜡业有限公司，西部的河南省长兴蜂业有限公司等。岗李村采用“公司+电商+贫困户”电商扶贫模式，在村委会一楼建立佛耳湖镇电商扶贫平台中心，收集各类信息及时与贫困户对接。从空间集聚看，岗李村的企业及实体店铺较多分布在村的边缘，尤其是村东南部，形成了较高密度的企业集聚。值得一提的是，虽然北部的产业基础相对较弱，但也形成了小范围的集聚片区。岗李村的网商扩散过程与尚庄村类似，可分为三个阶段：

早期单核辐射。村内最早的网店是中部的长葛市金华蜡业巢础机蜂具厂的阿里巴巴店铺（2005 年）。在其实体企业和网商的基础上，带动了村内其他企业的仿效，逐渐在村南部出现了淘宝网商。

中期双核辐射。在中部和南部两大扩散源的带动下，网商在其周边渐渐涌现，并形成多个集聚片区。

周边辐射扩散。村内网商进一步向周边扩散，最终形成网商的大规模集聚。从目前网商的分布来看，由于村南部产业基础较好，网店数量较多，因此网店主要集聚在南部，且以东南部最多。

3. 王营村网商集聚演化分析

为测定王营村网商在空间上的分布类型，运用 ArcGIS 的最邻近距离工具对王营村网商进行计算，结果如图 6-28 所示，王营村最邻近距离 $R=0.970259$，$z=-0.588537$，$P=0.556172$，说明王营村网商在空间分布中呈现均匀分布的特征。

王营村的网商在空间上主要分布在 025 县道的两侧，体现出明显的条带状集聚特征。根据调研访谈了解到，王营村位于河南省商丘市夏邑县何营乡，在过去由于其经济发展水平较为落后，村民大多数选择外出务工，村域经济水平不高。2015 年，在政府外出务工人才返乡创业政策的支持

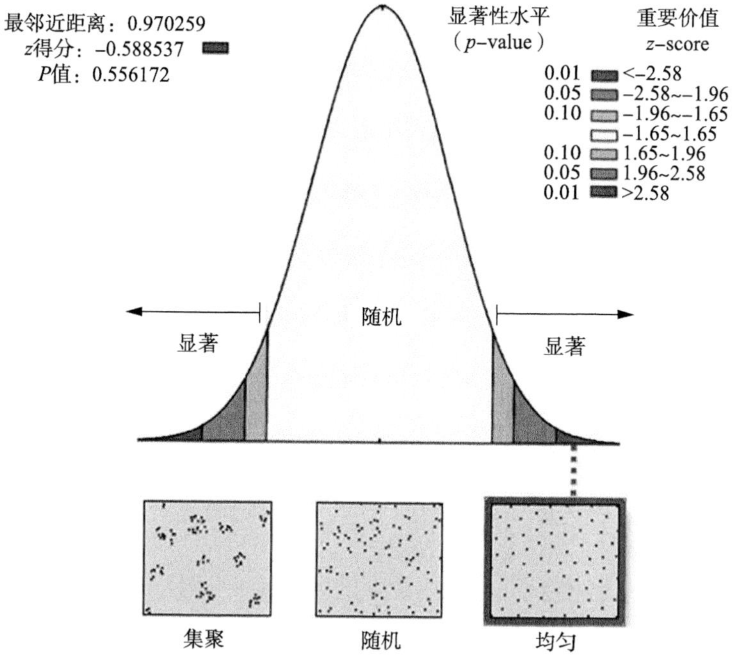

图 6-28　王营村最邻近距离判断空间集聚图

下，在郑州从事大枣销售生意的王丽峰决定将生意带回家乡，并带回自己的电商团队返乡创业。在王丽峰的影响下，在外从事电商销售的年轻人纷纷返乡创业，进一步推动了村庄网商的集聚。与此同时，政府为推进王营村电商发展，不断完善村内道路硬化、网络通信等基础设施，进一步调动了村民开网店的积极性。由图 6-29 可以看出，025 县道横穿王营村，运输货物较为便利，具有一定的区位优势，因此网商主要依 025 县道两侧分布。由于村北区域道路硬化程度不高，村民文化水平较低，加之缺乏网店操作和店铺运用技术，所以北部网商分布较少。

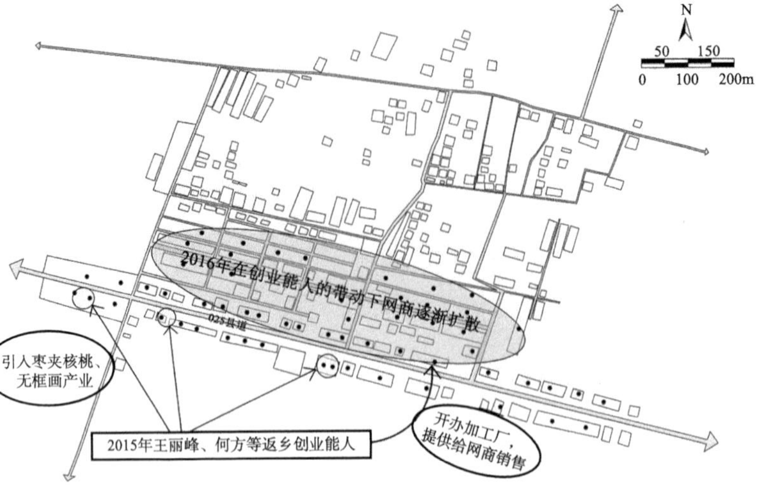

图 6-29　王营村网商集聚演化过程

（二）“闪培模式+政府培育+地域特色”型演化过程

1. 平乐村网商集聚演化分析

为测定平乐村网商在空间上的分布类型，运用 ArcGIS 的最邻近距离工具对平乐村网商分布特征进行计算，结果见图 6-30。由图可知，平乐村最邻近距离 $R=0.970259$，$z=-0.588537$，$P=0.556172$，说明平乐村网商在空间分布中呈现随机分布的特征。

为进一步了解平乐村淘宝店铺的分布状况，根据平乐村支书郭文献与闪讯公司运营部代表的介绍，并结合实地调研的情况，笔者绘制了平乐村网商空间分布图，结果见图 6-31。由图可知，淘宝网店主要分布在白常路两侧的居住区，以及牡丹画创意产业园区与牡丹画工作室。究其原因，平乐村淘宝店的销售商主要分为两种，一种是以经营的店铺为依托而形成网商，另一种是以政府介入后的产业园与工作室为依托而产生。第一种是村民购买知名画家的牡丹画进行装裱，之后在网店中进行销售，多分布在白常路两侧。由于绘画是一个长期学习的过程，画家、画师的数量有限，因

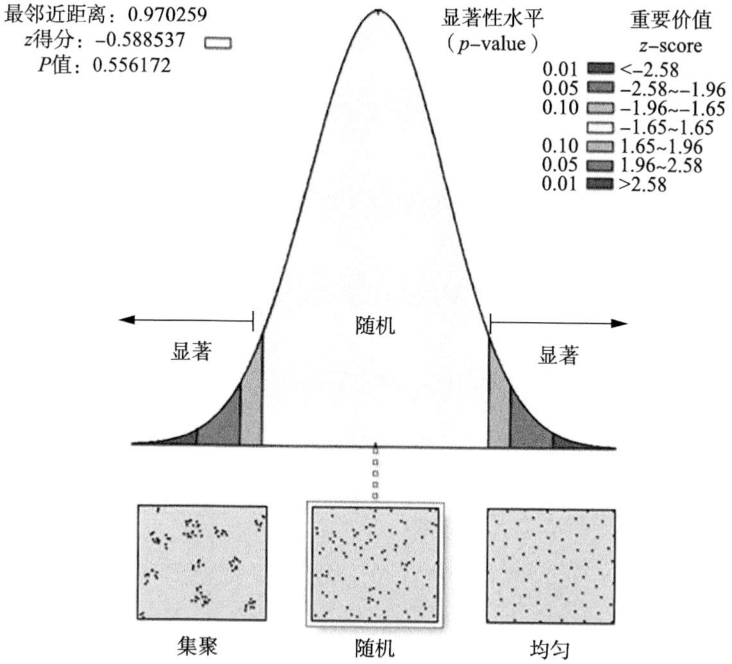

图 6-30　平乐村最邻近距离判断空间集聚图

此规模效益很难实现。淘宝店铺的营销理念是在短期内就快速形成产业链，因此能很好地与当地的画家、画师进行融合。2016 年政府引进闪讯公司对村民进行网商培训，促使其以购买画家作品的形式进行网上销售，形成了牡丹画创意产业园区与白常路两侧的牡丹画工作室。由于画家、画师多在画室或家中进行创作，且绘画需要花费大量的时间成本，没有多余的时间经营淘宝店，因此引入闪讯公司后，通过对其亲友或者朋友进行培训，使得优质的画品也得以在网络销售。

2. 掘山村网商集聚演化分析

为测定掘山村网商在空间上的分布类型，运用 ArcGIS 的最邻近距离工具对掘山村网商分布特征进行计算，结果见图 6-32。由图可知，掘山村最邻近距离 $R=0.978830$，$z=-0.289219$，$P=0.772413$，说明掘山村网商在

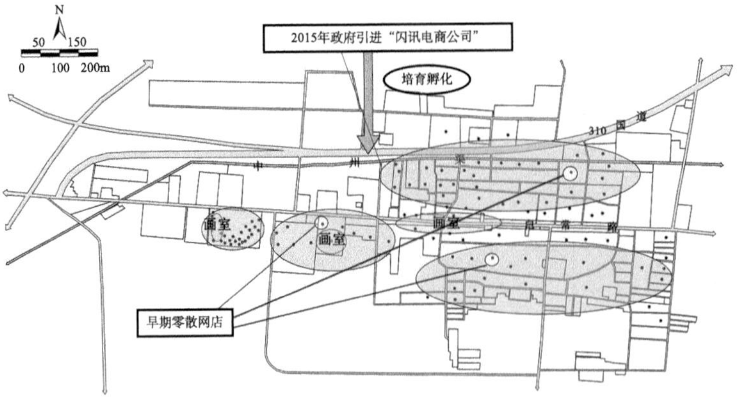

图 6-31　平乐村网商集聚演化过程

空间分布中呈现随机分布的特征。

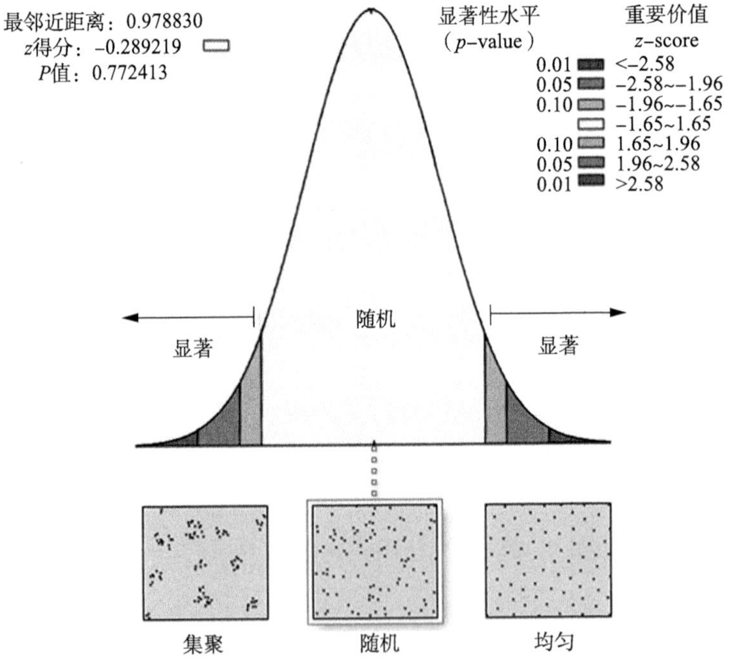

图 6-32　掘山村最邻近距离判断空间集聚图

为探究掘山村淘宝网店的分布情况，根据镇政府领导的介绍和团队的实地调研，笔者绘制了掘山村网商空间分布图，结果见图 6-33。由图可知，掘山村淘宝店铺主要在村民居住区分布，少部分分布于钢制家具企业外围，究其原因还需要从其发展过程说起。掘山村拥有 20 余家钢制家具企业，过去多数村民在当地企业打工，整体经济收入水平较低，企业的规模效益也不高。2015 年在政府和闪讯公司的共同推动下，吸引了大批村民去了解和学习网店的经营方法，形成了村民与企业合作，以分销商的身份在网上进行销售的模式。这种销售模式不仅实现了村民足不出户就能工作，而且大大提高了村民的收入水平。此外，这种销售方式的成功也吸引了当

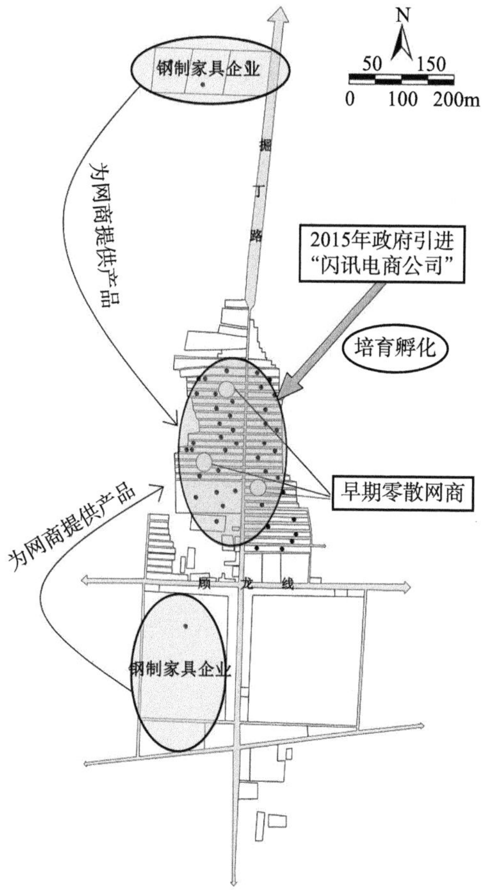

图 6-33　掘山村网商集聚演化过程

地及周边村庄的创业青年，还吸引了掘山村外出打工的青年返乡加入，使得网商集聚的队伍进一步壮大。就企业而言，这一方面可以扩大企业的销售市场，增加销售额；另一方面，在企业内部也开设了线上交易平台，形成线上线下有机融合的电子商务产业集群。

（三）“农户+家庭作坊+电商平台”型演化过程

1. 霍庄村、郭店村网商集聚演化分析

为测定霍庄村和郭店村网商在空间上的分布类型，运用 ArcGIS 的最邻近距离工具对霍庄村与郭店村网商进行计算，结果见图 6-34、图 6-35。由图 6-34 可知，霍庄村最邻近距离 $R = 0.971758$，$z = -0.358382$，$P = 0.720057$，说明霍庄村网商在空间分布中呈现随机分布的特征。由图 6-35 可知，郭店村最邻近距离 $R = 0.018755$，$z = -15.593113$，$P = 0$，说明郭店村网商在空间分布中呈现显著的集聚特征。

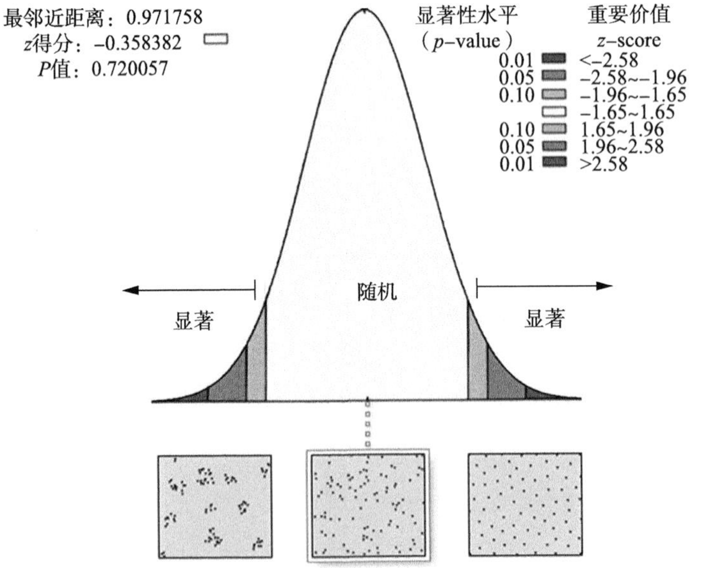

图 6-34　霍庄村最邻近距离判断空间集聚图

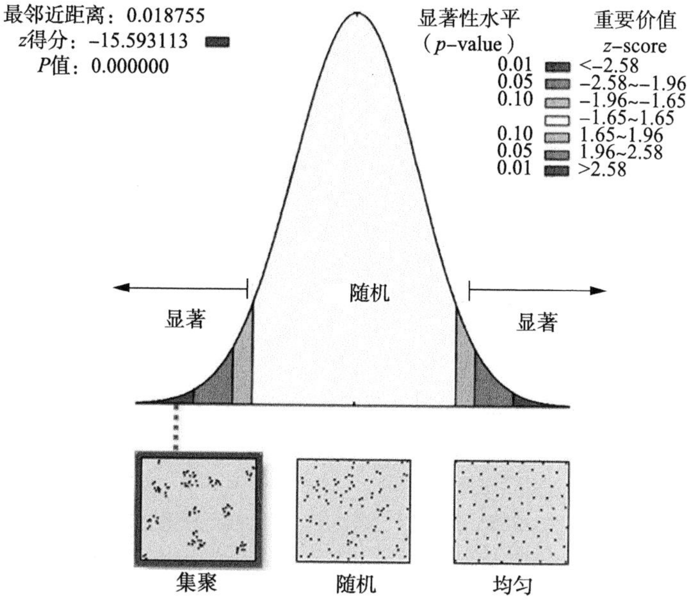

图 6–35　郭店村最邻近距离判断空间集聚图

为进一步了解霍庄村与郭店村的网商空间分布情况，通过实地调研和与村委访谈后绘制了两个村的网商空间分布图，如图 6–36 所示。由图可知，霍庄村淘宝网商主要集中分布在中部和北部，郭店村淘宝网商则主要分布在西北部与中东部。社火道具属于家庭作坊模式，其产品都是在家中制作完成，因此其网商的扩散多是通过亲缘关系和地缘关系。霍庄村最早的网商出现于 2010 年左右，在空间上分布较为零散。2010—2015 年，受地缘关系的影响，霍庄村从事社火戏服传统销售模式的村民看到在网上开店可以扩大销售量，获取更多的利润，也纷纷开始在淘宝网注册店铺，淘宝村逐渐孕育并产生。郭店村的社火道具多从霍庄村的销售商处进货，然后在网上进行二次售卖，因此属于二次辐射和村际间传播。调研发现，郭店村网商的扩散特征明显，主要以早期网商为中心向四周扩散，形成了西北部和中东部两个集聚区。

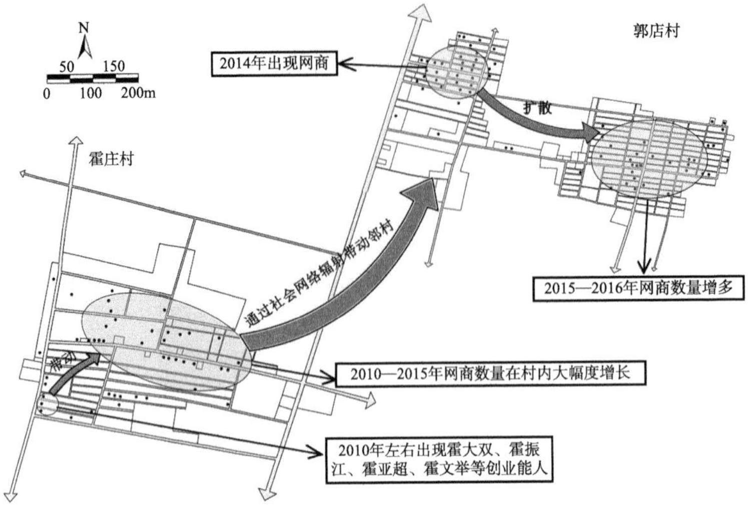

图 6-36 霍庄村、郭店村网商集聚演化过程

2. 马屯村网商集聚演化分析

为测定马屯村网商在空间上的分布类型，运用 ArcGIS 的最邻近距离工具对马屯村网商进行计算，结果如图 6-37 所示。由图可知，马屯村最邻近距离 $R=0.032964$，$z=-19.665850$，$P=0$，置信度为 99%，说明马屯村网商在空间分布中呈现显著的集聚特征。

为研究马屯村淘宝网店的分布情况，结合调研获取的位置绘制了马屯村网商空间分布图，结果见图 6-38。由图可知，淘宝网店在马屯村南部和北部的居民区集聚分布，空间格局非常清晰。马屯村制鼓产业多以家庭作坊式进行，因此规模效益不大且彼此之间存在竞争。2010 年，马建都等创业能人成功网络创业后，在社会关系的扩散带动下，村民也开始尝试和学习在网上进行销售。由于家庭作坊式制鼓多在马屯村南部和北部的居民区分布，因此围绕两个区域的制鼓厂形成了集聚区。通过调研进一步印证，马屯村电子商务最初是在制鼓厂的基础上兴起的，之后在“淘宝店+企业”销售模式下企业之间纷纷效仿拓展线上销售渠道，形成了以营君路两侧制鼓厂为主的网店分布格局。

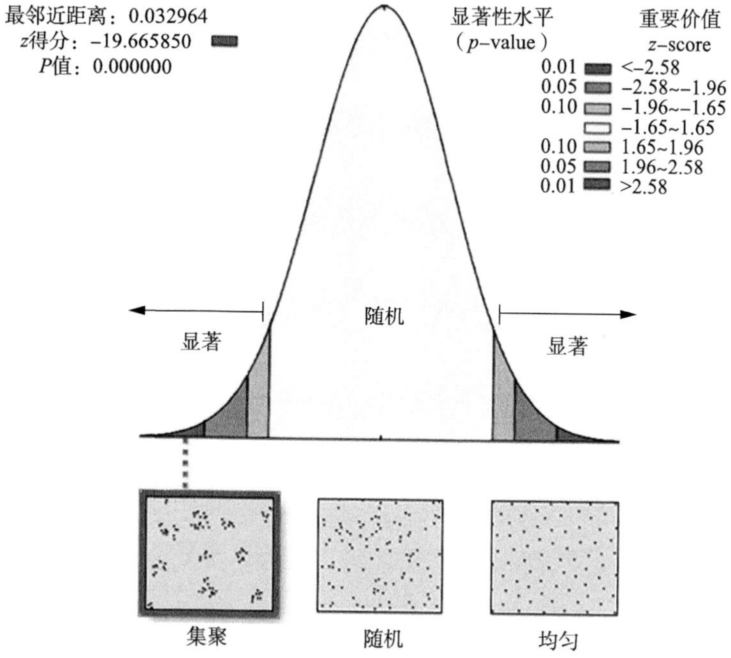

图 6-37　马屯村最邻近距离判断空间集聚图

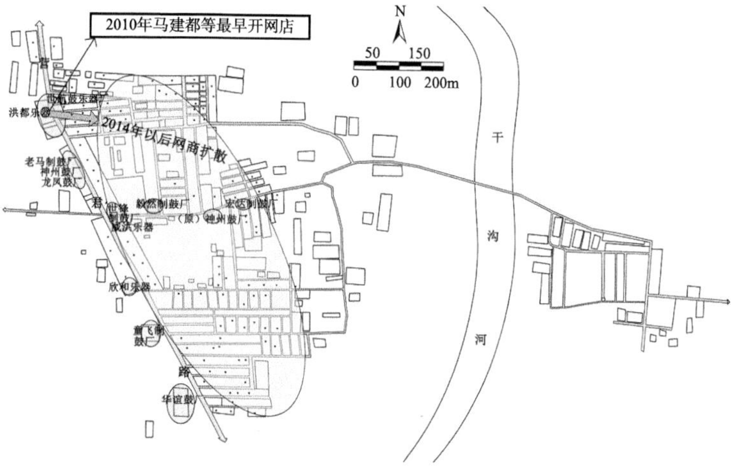

图 6-38　马屯村网商集聚演化过程

（四）“专业市场+资源优势”型演化过程

由于“专业市场+资源优势”型淘宝村只有销售玉产品的石佛寺村与

贺庄村，因此对其淘宝村网商集聚进行演化分析。首先，为测定石佛寺村与贺庄村网商在空间上的分布类型，运用 ArcGIS 的最邻近距离工具对石佛寺村与贺庄村网商进行计算，结果见图 6-39。由图可知，最邻近距离 R= 0.653744，z=-9.780400，P=0，置信度为 99%，说明石佛寺村与贺庄村网商在空间分布中呈现显著的集聚特征。其次，为研究石佛寺村与贺庄村淘宝网店在空间上的分布情况，结合调研访谈绘制了网商空间分布图，结果见图 6-40。由图可知，石佛寺村与贺庄村的网商主要是围绕 12 个玉器市场集中分布的，且多数网商通过淘宝直播的方式进行销售，形成新型的淘宝村集聚模式。为了进一步了解其空间集聚过程，笔者根据访谈梳理了玉器市场的发展过程。玛瑙巷是石佛寺最早的玉器市场，建立于 20 世纪 90 年代初，主要承担玉器的批发和零售。随着经济社会的快速发展和居民生活水平的提高，人们对玉器的需求不断扩大，玉器市场的数量增多，市场规模也不断扩大。石佛寺在 21 世纪初出现了垃圾窝、玉博苑、琢玉苑等市场，为日后淘宝村镇的形成奠定了很好的基础。2010 年前后，为推动玉雕产业的发展，在地方政府的规划引导下，又建立了国际玉城、玉之友、真玉天地等玉器销售市场。这些玉器市场基本上每个都有 1000 个左右的摊位，经营的品种也多种多样，包括白玉、翡翠、玛瑙、岫玉等。随着互联网的发展，石佛寺镇玉器销售商逐渐转型网络市场，淘宝店铺陆续注册建立，销售量得到了大幅度提升。2016 年以来，淘宝直播作为一种新的电商模式在淘宝平台兴起，既能通过淘宝直播进行产品展示，也能在线回答客户提出的问题和要求，极大地促进了淘宝店铺经营模式的改变。这种电商销售模式不仅可以根据客户需求现场进行玉器加工，而且能够为店铺带来额外的流量，提高销量。与此同时，玉器市场销售商通过传统的销售渠道将商品卖给其他销售商，也带动其他销售商的网络直播和店铺经营，进一步促进了玉器市场的网商集聚和持续繁荣。

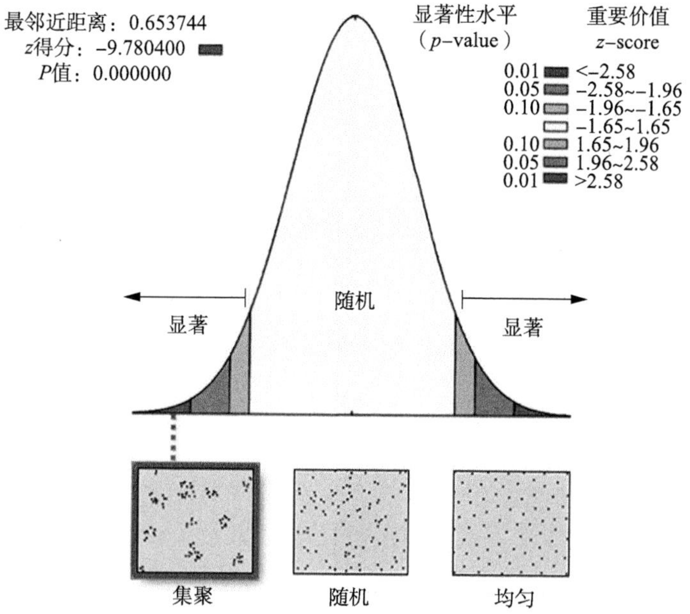

图 6-39 石佛寺村、贺庄村最邻近距离判断空间集聚图

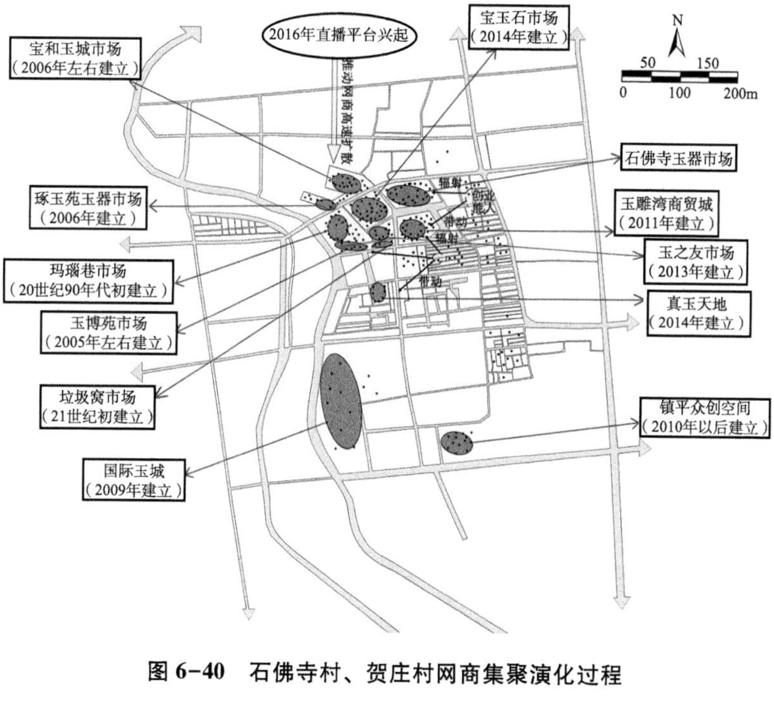

图 6-40 石佛寺村、贺庄村网商集聚演化过程

第七章

河南省淘宝村网商集聚的形成机理及区域效应

淘宝村网商的集聚，不仅可以通过调研、访谈、空间分析等进行时空发育过程分析，而且可以通过分析关键因子进行形成机理分析，为淘宝村网商的高质量集聚和村域产业可持续发展提供支撑。基于此，本章一方面通过对四种类型的淘宝村网商集聚过程进行分析，提取关键的影响因子，分析每种类型淘宝村网商集聚机理；另一方面基于前文构建的淘宝村网商集聚机理分析框架，运用定性和定量相结合的方法从农户、社会网络、产业基础、互联网环境以及政府行为五个方面分析河南省淘宝村网商集聚机理。在剖析形成机理后，结合淘宝村调研的具体情况，分析淘宝村的区域效应。

一、河南省淘宝村网商集聚的形成机理

（一）不同类型的淘宝村网商集聚机理

1. 企业分销+产业基础+品牌效应

通过对“企业分销+产业基础+品牌效应”类型下桑坡村、尚庄村、

岗李村、和尚杨村、双庙李村、王营村的调研和访谈，结合构建的淘宝村网商集聚机理分析框架，分析该类淘宝村网商集聚机理，框架式解释见图 7-1。

第一，产业基础为网商集聚提供了产品保障。淘宝村拥有各种资源并将其转化为产品和市场优势，例如桑坡村是亚洲最大的羊剪绒加工地，拥有百年历史的皮毛加工技术优势，这为当地企业的网商集聚和雪地靴品牌生产等提供了重要支撑。同时，该类型的淘宝村网商进一步提升产品品质，通过企业分销方式发展下一级网商，又反过来提升了产品的知名度并持续产生品牌效应。

第二，政府行为为网商集聚提供了环境支撑。政府的电商激励政策（如资金支持）、基础设施建设（如道路硬化）、引进物流快递公司等，为淘宝村网商发展创造了有利的外部环境，加速了淘宝村的网商集聚。

第三，互联网环境为网商集聚指明了方向。随着电商产业逐渐从东部发达地区向中西部欠发达地区扩散，具有产品特色的淘宝村快速发育，成为乡村振兴、扶贫攻坚的重要发力点。同时，淘宝网作为网上零售交易平台慢慢融入城乡居民生活的方方面面，为淘宝村网商集聚提供了发展机遇。

第四，创新农户的示范带动为网商集聚提供了扩散支撑。农户作为淘宝村网商发展的主体，分为网商开创者与普通网商。在淘宝村发展初期，主要是创新农户率先在淘宝网开网店，产生巨大价值后引领其他农户仿效学习，进而产生链式效应并增强了集聚程度。在发展中后期，次一级的创业能人又带动了其他从事传统分销的村民效仿，从而推动淘宝村网商的进一步集聚，助推了淘宝村的形成与认定。

第五，社会网络纽带是网商集聚的主要传播方式。在社会网络纽带关系的带动下，淘宝村的创业能人通过邻里之间带动、亲戚朋友推荐以及从众效应等方式进行传播，带动更多村民转型为网商。

在网商萌芽以及扩散初期，创新农户的个体特征与经营差异、产业基础与区位条件是网商集聚的决定性因素。从产业基础方面来说，资源禀赋和品牌优势提供了网商经营的经济基础，是网商集聚发展的基石。其中，特色和知名企业不仅为网商发展提供货源支持与技术参考，而且为村民提供了更多的就业机会，拉动村内经济增长和产业链的形成。从网商尤其是创新能人的个体特征与经营差异方面来说，勇于尝试、勇于创新的能人可利用产业优势，成为带动研究区网商发展的先锋队伍。在创新能人的引领下，在产业基础的支撑下，依托村内的各种扩散效应，从业人员迅速增长，保证了网商扩大规模后的正常运转及网商的复合叠加扩散。此外，从区位条件方面来说，地形是否复杂、交通是否便捷决定了一个村网商集聚程度的强弱和销量多寡，如长葛市蜂产业淘宝村良好的区位条件就为网商集聚打造了适宜的发展环境。

在网商加速扩散与网商快速集聚阶段，淘宝村网商扩散的速度、规模与质量和市场行情及政府的介入息息相关。良好的市场行情一方面能够提高网商的经济收入，激发其他农户参与网上销售的积极性；另一方面，网上销售带来的巨大经济效益也会增强网商扩大经营规模的意愿，助推网商的扩散速度。在创新扩散与邻近效应下，网商逐渐在亲缘、友缘、邻里等熟人之间扩散，社会网络关系的效应进一步放大。随着网商群体的逐步扩大，其影响力与吸引力也越来越大，在雪球效应下，网商迅速增加，最终形成了网商集聚，形成了特色淘宝村。在这个过程中，政府逐渐参与到网商集聚发展中，不仅能加快网商扩散速度，增大网店经营规模，同时也能在一定程度上控制网商发展的质量。例如地方政府通过加快淘宝村内部基础设施的建设，同时引进更多的物流快递公司，为网商的良性发展创造条件；通过在村内开展一系列的宣传活动和网络报道，提高本地产业的知名度，扩大网络市场影响；通过举办电商培训班、电商知识讲座等方式，进行网商相关知识与技术的传播等，提升网商的运营水平。

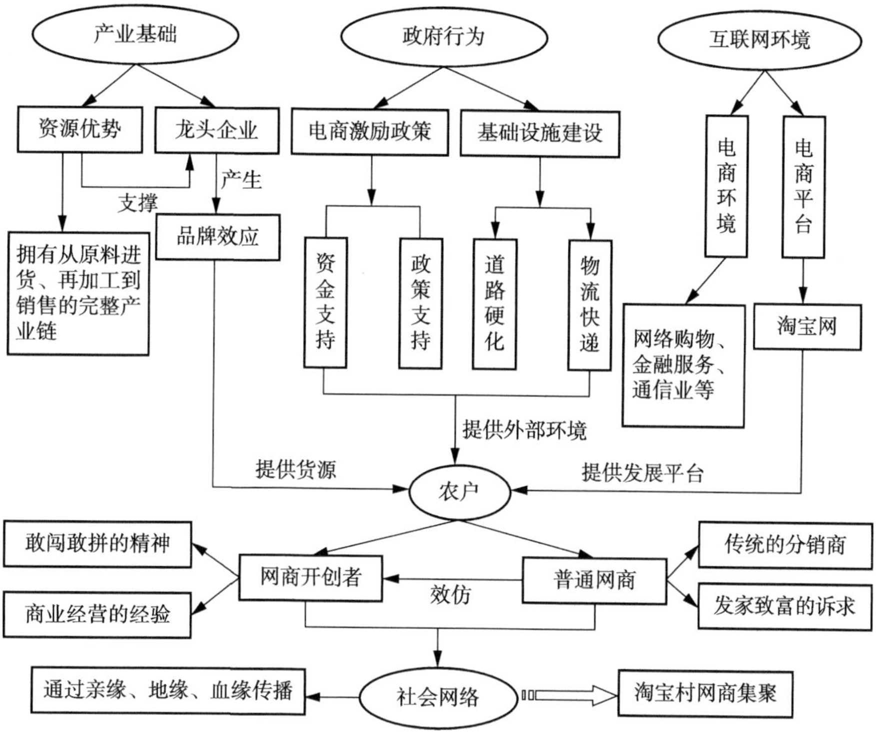

图 7-1　“企业分销+产业基础+品牌效应”型淘宝村网商集聚机理

2. 闪培模式+政府培育+地域特色

通过对“闪培模式+政府培育+地域特色”类型的调研和访谈，结合构建的淘宝村网商集聚机理分析框架，分析该类淘宝村网商集聚机理，并绘制网商集聚机理图，如图 7-2 所示。首先，地域特色的发展为当地淘宝村网商的形成提供了产业支撑。例如，平乐村特有的牡丹画产业是在几个热爱绘画的村民的带动下形成的，进而又带动了牡丹画产业的兴起和市场的繁荣。其次，政府行为是淘宝村网商集聚的主导力量。这种类型的淘宝村网商发展主要依赖政府对农村电子商务发展的大力支持，包括省、市、县政府相关的电商扶持政策，搭建产业园区等实体发展平台，进行专业化的电商培训等，以帮助农民创业与电商化转型。其中，洛阳闪讯公司具有专业电商技能培训、电商企业孵化、数据平台分析等完善的电商培育体系，是该类型淘宝村网商集聚发展的主要驱动力量。再次，农户是淘宝村网商发展的主体。为推动农村经济发展，政府与闪讯公司进行合作，并出资为农户提供免费的电商培训教学以及学习场地，这很大程度上吸引了农户学习网店经营课程，提升了农户自身创业的内在动力。最后，闪讯公司的催化是关键。在闪讯公司的专业化培训下，通过“一个月全面培训、三个月深度孵化、两个月帮扶加资源整合”的模式，孵化出百余家活跃店铺并沉淀出 10 家标杆店铺、30 家重点店铺、80 家活跃店铺等，从而达到淘宝村的认定标准。

通过调研与访谈发现，“闪讯”模式下淘宝村的形成过程主要归纳为三个方面，即内在产业提升与外在环境施压的“双重”驱动，服务商积极介入的催化驱动，以及政府促发展的助力驱动。具体阐释如下：①内外“双重”驱动为区域产业发展提供现实驱动力量。区域内在发展条件如资源禀赋、地理区位优势、经济基础支撑等，为区域经济发展水平提升和产业结构优化提供了“基底”支撑，为电子商务发展背景下的“互联网+”经济提供了特色产品，为淘宝村的形成提供了共同的“域”环境支撑。外部驱动主要包括时代发展需求、创新要素投入、市场环境等因素，这些驱动因子是促使产业转型升级的动力，是刺激新兴产业形成和发展的重要原因。②服务商的介入是催化区域产业迅速发展的主力军。服务商拥有专业的电子商务管理、运营等知识和经验，为区域产业确立正确发展方向提供引领支撑，为专业技术人员的快速形成和集聚提供“人才”支撑，是扩大电商规模和增强社会网络扩散效应的关键一环。③政府为区域产业形成和发展提供“软”“硬”环境支撑。政府的“软”环境支撑如政策支持、媒体宣传、与企业协作制定发展计划等，为区域产业发展提供战略支撑。“硬”环境包括资金支持、基础设施优化及配套设施完善等，对区域产业发展产生直接影响的环境因素是产业能够健康可持续发展的必不可少的条件。

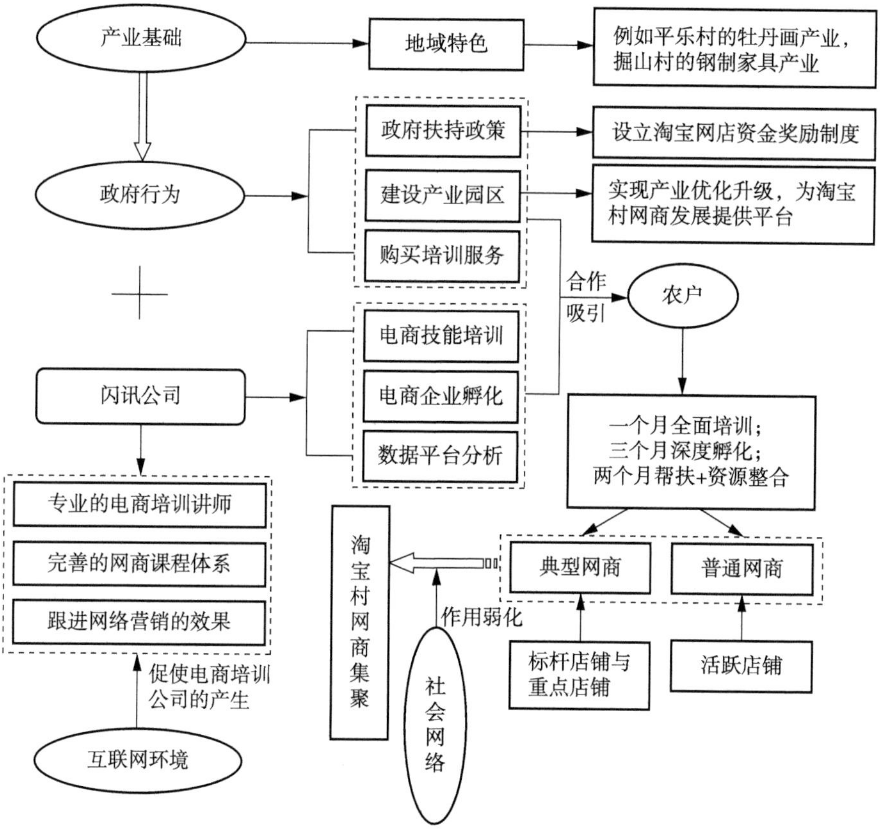

图 7-2　“闪培模式+政府培育+地域特色”型淘宝村网商集聚机理

3. 农户+家庭作坊+电商平台

根据对“农户+家庭作坊+电商平台”类型的霍庄村、郭店村、马屯村的调研和访谈，结合构建的淘宝村网商集聚机理分析框架，分析该类型淘宝村网商集聚机理，并绘制网商集聚机理图，如图 7-3 所示。具体分析如下：首先，“互联网+”环境为淘宝村网商集聚提供了平台。随着互联网与各行各业的融合，电商发展逐渐进入农村地区，并刺激了农村居民的创业创新。同时随着农村逐渐实现光纤入户，电商基础设施完善，能够满足村民开网店后的各项服务保障。其次，产业基础为网商集聚提供了基础性支撑。该类型淘宝村的产业主要是依托祖辈传承下来的传统手艺，不仅内化于传统文化之中，而且自带品牌效应。随着农民对产品类型的更新和需求市场的扩大，家家户户从事产品的生产或销售，奠定了特色产业形成的基础。再次，网商创业能人是淘宝村网商集聚过程的关键。这类淘宝村网店的特点是多以家庭为单位，家庭成员之间分工明确，产品从原料进货、生产、加工、成品、销售等每个环节都由农户独立完成。同时，网商集聚主要是在村民自发的模式下形成的，因此创业能人成功的示范效应对其他村民的电商转型产生了很大影响。最后，淘宝村网商数量的增加主要是通过农村特有的社会网络进行扩散。该类型下网商发展主要是通过村民之间的消息传递来扩散，融血缘关系、亲缘关系与地缘关系于一体进行广泛传播，使得村民之间互相模仿和复制，进而推动了淘宝村网商集聚效应的形成和品牌的建立。

从集聚机理看，特色生产要素是该类型淘宝村形成的重要前提，包括文化、传承、风俗等为淘宝村的形成提供可能；市场需求决定了淘宝村的发展方向，为淘宝村的进一步发展壮大有所推动；能人带动提供了重要引领，在淘宝村形成初期发挥重要示范作用并驱动淘宝店铺的进一步集聚；产业集群的形成作为新的空间经济组织形式，降低了村民的创业成本；政府部门通过政策引导、资金支持、基础设施建设等，为淘宝村的店铺集聚提供了有力支撑；电商环境作为农村电子商务发展的有利因素，是传统专业村向淘宝专业村升级的外在驱动力量。

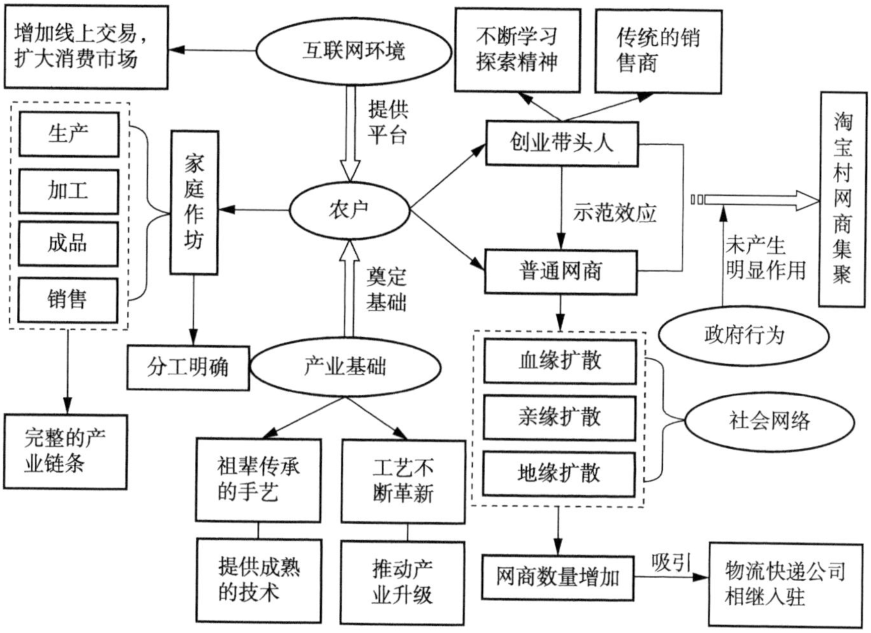

图 7-3 “农户+家庭作坊+电商平台”型淘宝村网商集聚机理

4. 专业市场+资源优势

通过对“专业市场+资源优势”类型的石佛寺村与贺庄村的调研和访谈，结合构建的淘宝村网商集聚机理分析框架，分析该类淘宝村网商集聚机理，并绘制网商集聚机理图，如图 7-4 所示。

由于此类淘宝村网商集聚仅有以玉产品为主的石佛寺村与贺庄村，且两个村均属于石佛寺镇，因此网商集聚机理主要是对这两个淘宝村进行分析。具体分析如下：首先，石佛寺镇作为“全国最大的玉雕加工、销售集散地”，促使世界各地的玉雕原材料在此集中，因此产生了具有特色地域

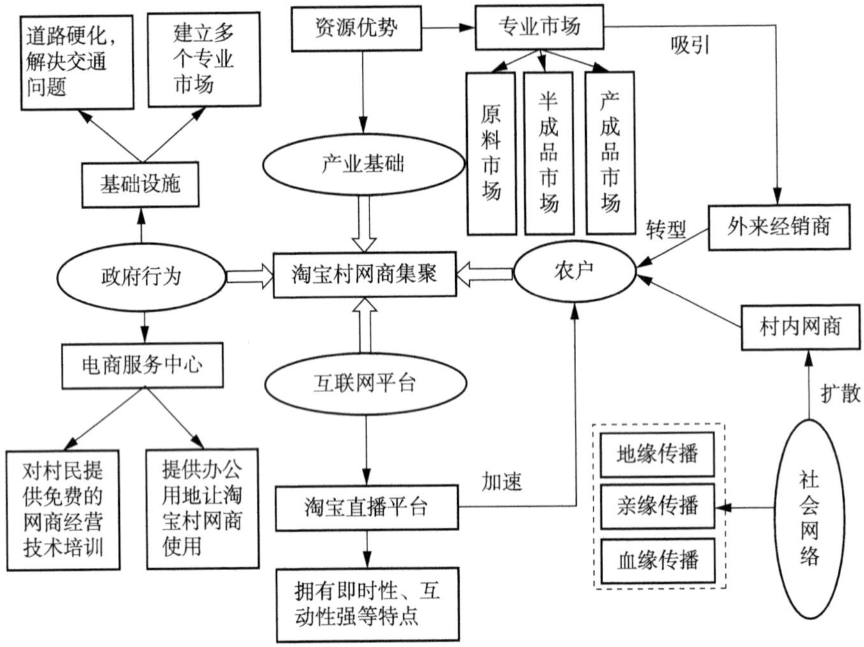

图 7-4 “专业市场+资源优势”型淘宝村网商集聚机理

品牌的资源优势。由于市场发展需要，大量的专业市场相继形成，例如贺庄摆件市场、榆树庄手镯市场、玉雕湾市场等，激发了资源优势的进一步释放和特色专业化市场品牌的形成。这些专业化市场，一方面为淘宝村网商集聚奠定了坚实的基础，另一方面由于资源优势与专业品牌优势，吸引了大量的外来人口从事此行业。其次，政府行为在此类淘宝村网商发展中起到了一定的辅助作用。为推动当地电商产业的发展，政府出资成立电商服务中心对当地村民进行网商经营培训，提升了经营者的网络销售能力，扩大了“云端”市场的影响。除此之外，政府不断完善电商基础设施建设，为淘宝村网商发展提供基础保障。再次，互联网平台尤其是淘宝直播的出现，对网商的发展起到了重要的推动作用。淘宝直播作为新的网上销售模式吸引了当地村民，带动越来越多的人“触网”，实现了淘宝网商数量的快速增长，加快了淘宝村产业链的“迭代”生存。最后，内外网商的趋利提升了网商的集聚水平。网商主要由村内网商与外来网商构成。在淘宝村网商发展早期，由于市场出现趋同性问题，销售市场进入瓶颈期，一批年轻人率先开网店。随后，通过地缘、亲缘、血缘等关系进行传播，越来越多的村民与外来商人加入网商经营，促进了村内网商数量不断增加。在品牌效应的带动下，一大批外来网商趋利来此创业，加强了内部网商与外部网商的联系和融合，进一步提升了市场的专业化运作和品牌的海内外、“网”内外影响，促进了复杂社会网络关系的形成。

（二）河南省整体淘宝村的网商集聚机理

为进一步研究影响淘宝村网商集聚的因素，基于构建的淘宝村网商集聚机理分析框架，从农户、社会网络、产业基础、互联网环境以及政府行为五个方面分析河南省淘宝村整体网商集聚机理。

通过实地调研以及与村干部访谈发现，一般销售水平高的网店网商集聚程度高，对周边的辐射带动效应强。在此基础上，选取网店的销售水平作为因变量，分析影响淘宝店铺销售水平的因素。由于每个淘宝村销售的产品属性不同，为统一网店的销售额，在衡量每个淘宝村的销售水平后，结合问卷调查，将销售额划分为五个等级，等级越高，销售水平越高，反之越低。自变量从农户（网商）、社会网络、产业基础、互联网环境以及政府行为五个方面选取指标。在农户（网商）方面，由于开淘宝网店的店主需要较强的学习能力和电脑操作能力，而年龄的大小和学历在一定程度上可以反映出经营网店的能力，因此选取店主年龄与学历两个指标。通过调研发现，淘宝网商的性别多为男性，女性相对较少，且在受访者中多数人认为男性相对于女性具有较强的经商能力，因此选取性别这一指标时将男性赋为1，女性赋为0。开店时间的长短、淘宝信用等级的高低、店铺的类型、网页设计水平以及拥有网店数量，在一定程度上可以反映出淘宝网店的发展水平，因此选取开店时间、淘宝信用等级、店铺类型、网页设计、拥有网店数量等指标。在社会网络方面，通过与村干部的交流，发现网商集聚的初期，多数人是在能人带动下开网店，由于早期线上市场竞争力较小，所以网店发展水平较高。在发展中期，村民多通过亲朋介绍或者邻里效仿来开网店。通过亲朋介绍的网商可以交流开店经验，网店的发展更稳定。由于农村具有较强的保守意识，通过效仿邻里开网店的村民需要自我学习和模仿，相对于亲朋介绍开网店的村民网店发展较弱。在政府宣传和自主创业渠道打开后期加入的村民，由于缺乏示范效应，网店经营的效果不理想。结合调查问卷的结果，将通过自主创业从事网商的情况赋值为1，政府宣传赋值为2，邻里带动赋值为3，亲朋介绍赋值为4，效仿能人赋值为5。在政府行为方面，政府的支持措施一方面能够促进传统的经营者或者农户转型为网商，另一方面在其推动下的基础设施建设、公共服务改善以及对物流快递费用的控制，促进了网商集聚程度的提升，因此选取物流快递费用满意度、基础设施满意度、政府扶持状况等指标，反映政府行为对淘宝网店销售水平的支撑。在产业基础方面，消费市场的需求量决定了网商发展的规模和扩散速度，在同类型的商品中，消费者更倾向于选择有品牌的商品，因此选取产品市场需求与自主品牌作为产业基础方面的指标。在互联网环境方面，接受专业网商技术培训的店主在经营网店的过程中能够更快地提高店铺的销售量，实现短时间内学习和掌握开网店的技术。农户在转型为网商前后的收入差距是推动网店扩大规模的主要动力，因此选择是否参加网店培训与开网店前后收入水平满意度作为自变量。具体指标体系如表7-1所示。

表 7-1　影响因素变量

变量类型	变量名称	赋值	变量代码
农户（网商）	店主年龄	店主的实际年龄	X1
	店主性别	虚拟变量，男=1，女=0	X2
	店主学历	小学及小学以下=0，初中或中专=1，高中或中专=2，大学及大学以上=3	X3
	开店时间	开店的实际时间	X4
	淘宝信用等级	心级=1，钻级=2，皇冠=3，金冠=4	X5
	店铺类型	夫妻经营式=1，家庭经营式=2，合伙式经营=3，雇佣经营式=4，专业化经营式=5	X6
	网页设计	没有设计=1，使用简单修图软件=2，精心设计和修饰=3	X7
	拥有网店数量	店主拥有实际网店数量	X8
社会网络	从事网商经营渠道	自主创业需求=1，政府宣传=2，邻里带动=3，亲朋介绍=4，效仿能人=5	X9
政府行为	物流快递费用满意度	不满意=0，不太满意=1，一般=2，满意=3，非常满意=4	X10
	基础设施满意度	不满意=0，不太满意=1，一般=2，满意=3，非常满意=4	X11
	政府扶持状况	无=0，有=1	X12
产业基础	自主品牌	无=0，有=1	X13
	产品市场需求量	不好=0，一般=1，很好=2，非常好=3	X14
互联网环境	参加网店培训	没有参加=0，偶尔参加=1，经常参加=2	X15
	开网店前后收入水平满意度	不满意=0，不太满意=1，一般=2，满意=3，非常满意=4	X16

资料来源：笔者根据相关资料整理而得。

运用 SPSS 软件对上述影响因素进行逐步回归分析，得出 $R^2=0.510$，Adjusted $R^2=0.492$，$F=27.454$，$Sig.=0.000$，说明在显著性水平为 0.05 的情况下，方程通过检验。逐步回归分析结果如表 7-2 所示，可以看出，店主年龄、店主性别、店主学历、开店时间、淘宝信用等级、店铺类型、网页设计等 16 个自变量被引入后，其中淘宝信用等级、网页设计以及开网店前后收入水平满意度三个指标通过了 1%的显著性水平检验，同时各变

量的 *VIF* 均小于 2，表明三个自变量均通过了多重共线性检验。网页设计的标准化回归系数为 0.578，对淘宝店铺发展水平的贡献最高，其次是开网店前后收入水平满意度，最后是淘宝信用等级，仅为 0.258。这表明网页设计、开网店前后收入水平满意度、淘宝信用等级均与淘宝店铺发展水平具有显著的正相关。以南阳市石佛寺村为例，石佛寺村最早是传统家庭作坊式的玉雕加工销售模式，后来由于市场玉器同质化严重，导致玉器销售市场进入瓶颈期。村中一些做玉雕生意的年轻人打破以往的销售模式，结合电商环境的发展并根据客户要求，通过互联网电商平台销售玉器产品，打开了网络销售市场。这种新的销售模式的成功很快被其他村民借鉴，带动了整个玉雕线上销售行业的发展。后来随着网店数量不断增多，各种配套的电商服务逐渐完善，市场上出现了专业的服务，例如网页设计、客服外包等，提升了网商经营效果。其中，色彩鲜明、设计独特的网页能够激发消费者的购买欲望。同时，开网店前后收入水平、淘宝店铺信用等级的提高，有效地提升了网商经营的积极性，刺激农户向电商转型。可以看出，网页设计、开网店前后收入水平满意度、淘宝信用等级的提高，对淘宝网店销售水平的提升具有正向影响。同时，网店销售水平的提升在很大程度上推动了网商集聚现象的产生。

表 7-2　回归方程估算结果

模型	非标准化系数		标准化系数	*t* 值	显著性 *Sig.*	方差膨胀因子 *VIF*
	β	标准误差				
常量	0.293	0.421		0.753	0.643	
淘宝信用等级	0.258	0.072	0.349	3.605	0.001	1.513
网页设计	0.578	0.163	0.312	3.550	0.001	1.250
开网店前后收入水平满意度	0.348	0.135	0.242	2.587	0.012	1.410

资料来源：笔者根据相关资料整理而得。

1. 农户“动机—利益—共赢”的意识是网商集聚的关键力量

淘宝村网商集聚的主要群体是由农户经过“互联网+”转型而形成的，因此农户转化为网商是形成集聚的关键。根据对河南省 13 个淘宝村调研访谈发现，大多数淘宝村网商集聚是在村内带头人或者先发者成功开网店的示范效应下带动形成的，例如桑坡村、石佛寺村、岗李村、霍庄村等。在欠发达的农村地区，村民的保守意识较强，缺乏接受外界新事物的意识。因此，淘宝村第一批开网店的人通常是在外务工的年轻人或者是接受过高等教育的大学生。他们为改变原有的生活经济条件，实现自主创业的需求，在互联网快速发展的环境下成为敢于第一个“吃螃蟹”的人。创业能人借助淘宝网电商平台和电子商务发展的潮流，萌发了网店经营的动机，通过开发线上销售渠道，获取经济效益，实现网络创富增收。在淘宝村网商集聚形成初期，开创者率先从事网商经营，虽然存在着很大的风险，但他们具有“敢于尝试、敢于打拼”的精神、较强的商业经营思维能力以及坚持不懈的学习和探索精神，因此在市场的磨合和撞击下获得了创业经验，挖到了人生的第一桶金。在持续的互联网环境催化下，他们通过不断地尝试和学习网店经营知识，使初期的收益进一步提升。例如，马屯村的创业能人杨林川、马建都等从长辈手中接过制鼓生意后，将目光投向了互联网平台，尝试注册了淘宝店进行经营。然而，由于在开网店初期缺乏网上运营的方法，同时村里物流快递等基础设施不完善，导致网店发展并不顺利，网上盈利效果并不是很好。通过不断地学习和探索，早期创业者网店的经营效果逐渐好转，并取得了成功。在网商扩散阶段，开创者成功的消息在整个村庄扩散，这让村民们看到了商机，纷纷参与到了创业经商的行列。同时开创者的发展模式为村民提供了示范，使得村中一些具备一定网络知识和经验的村民开始效仿并在淘宝网上注册网店，网商的带动效应出现。随着网商数量的不断增加，其他村民通过邻里带动、亲朋介绍等多种方式进行传播和扩散，并进行简单的模仿和学习，实现了网店数量的增加和网商集聚程度的提升。此外，一些淘宝村的创业能人除了经营自家的网店，也会给其他村民传授网店经营的经验，从而提升整个村庄的经济发展，实现集体共荣。综上，淘宝村的形成是在网商开创者成功的驱动下，通过村民自主模仿和亲朋的带动等方式，实现淘宝店铺在村内的大规模复制，从而促进了淘宝村网商集聚的快速发展，形成了淘宝村网商集聚现象。

2. “亲缘、血缘、地缘”的网络关系促使淘宝村网商加速扩散

如前面构建的淘宝村不同类型的集聚机理，在网商集聚的过程中，社会网络对淘宝店铺的扩散起到了至关重要的作用。为进一步了解河南省淘宝网商在村内的扩散方式，笔者对村民从事网商经营的渠道进行了访问，结果如图 7-5 所示。可以看出，村民通过效仿能人从事网商渠道的占 36%，亲朋介绍的占 25%，邻里带动的占 22%，其他方式的占 17%，这表明淘宝村网商集聚的形成主要是通过能人带动、亲朋介绍、邻里示范等社会网络扩散。众所周知，中国农村是一个由血缘、亲缘、地缘关系构成的“熟人社会”，在这种复杂的社会网络关系中信息扩散速度极快，因此在农村，这种熟人社会关系成为推动淘宝村网商集聚形成和发展的重要外部环境因素。在农村，“创业能人”的致富事迹会迅速在亲友和邻居之间扩散，带动一批创业者跟进。由于淘宝店铺具有门槛低、资金投入少等特点，同时主打的产品也是本地的特色产品，很容易通过村民之间的交流接触，相互学习和模仿，实现网店裂变式的扩散，最终导致淘宝村在近邻地域空间上的大规模复制。在原生态农村经济社会关系中，由于教育水平与思维方式的差异，村民们具有较强的保守意识，接受新事物的能力相对较弱。在淘宝村网商集聚形成初期，创业能人成功的示范效应主要对农村大学生与外出务工的年轻人具有较强吸引力，而对于多数村民而言，始终处于观望状态，因此这一时期网商在空间上呈现离散的点状式分布，网商扩散速度

相对较慢。随着越来越多的村民加入网商队伍，在亲朋好友的介绍、邻里的带动驱动下，网商数量在空间上出现跳跃式或者带状式增加，网商扩散的速度呈现快速增长状态。与此同时，网商这种快速的就业效果和财富效应对周围村民甚至周围乡镇也产生强烈的辐射和示范效应，从而加速淘宝村网商在空间上的扩散。例如，2010 年马屯村村民杨林川从长辈手中接过制鼓生意后，将目光投向了互联网平台，尝试注册了淘宝店。然而，由于缺乏网上运营的方法，村里没有快递网点，网店发展并不顺利。随着早期创业者不断学习和探索，网店逐渐有了起色，在村内形成异质增长点和创新引领点。开创者的成功为村民提供了示范，带动了网店数量不断增加。虽然创业能人的成功在一定程度上带动了其他村民的电商转型，但是由于同村大多数村民风险意识较强，始终处于观望状态，因此追随和仿效的步伐早期并不是很快。伴随着开网店人数的逐渐增加，从事网店经营的风险降低，村民之间才逐渐在血缘、亲缘、地缘关系的社会网络下形成网店的扩散，进而导致网商集聚现象的产生。

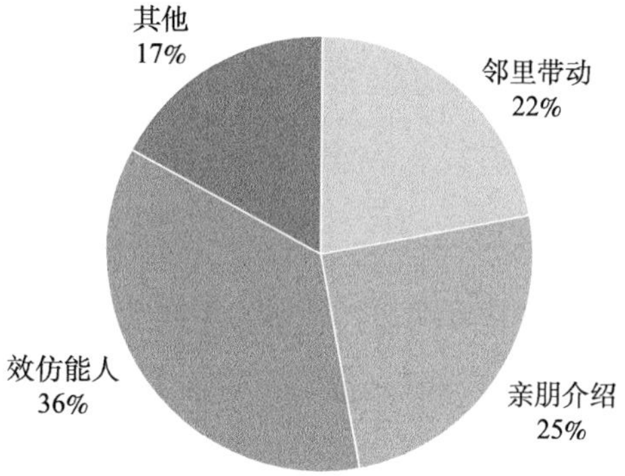

图 7-5　受访网商从事网商经营的渠道

3. 特色产业优势是淘宝村网商发展的先决条件

大多数淘宝村的形成是以传统的产业基础作为原始动力，依托原有实体产业形成线上产业集群，进而产生网上品牌效应，因此产业基础优势对淘宝村的形成至关重要。在对河南省 13 个淘宝村的调研中发现，桑坡村的皮毛加工产业、石佛寺村和贺庄村的玉雕产业、霍庄村和郭店村的社火道具、平乐村的牡丹画产业、马屯村的制鼓产业、掘山村的钢制家具产业等，都是依赖当地的传统产业基础和地方专业市场优势发展起来的。同时，笔者对淘宝村网商集聚形成的主要原因进行了调研访谈，结果如图 7-6 所示。结果显示，74%的网商经营者表示村内产业基础是影响网商发展的主要原因，26%的网商经营者认为产业基础并不是影响淘宝村网商集聚的主要原因，这说明产业特色优势为淘宝村网商集聚奠定了基础。一般而言，产业基础优势主要包括龙头企业和资源优势两个方面。一方面，淘宝村中的龙头企业在市场中拥有一定的知名度，例如桑坡村作为亚洲最大的羊剪绒加工地，其特色羊毛产品具有强劲的企业支撑和远播的知名度；尚庄村拥有卓宇蜂业、昌达有限公司等多家出名的蜂产品企业，为网商的发展奠定了坚实的基础。消费者在进行线上交易时，多会信任并选择同类产品中知名度较高的企业，有知名度的企业拥有品牌信誉、产品质量、售后服务等保障。因此，以企业分销模式发展起来的淘宝村，网商经营者主要从当地龙头企业获取商品所有权进行线上转售。另一方面，资源优势为淘宝村网商集聚发展提供了充足的货源。例如，南阳拥有四大名玉之一的独山玉，由于其资源优势，镇平县成为“全国最大的玉雕加工、销售集散地”，这为贺庄村与石佛寺村淘宝村网商发展提供了重要的货源支撑；马屯村是“中国制鼓第一村”，拥有百年制鼓历史，鼓类包括军鼓、花铃鼓、太平鼓、腰鼓、战鼓、板鼓、水鼓等几十个品种，形成了从原料加工到成品销售的完整产业链，为马屯淘宝村的形成提供了良好的基础条件。因此，特色产业基础优势是淘宝村形成的先决条件，不仅为当地村民提供了更多的就业机会，而且随着淘宝村网商数量的增加，产品逐渐升级与产业链不断完善，为当地带来了巨大的经济效益。

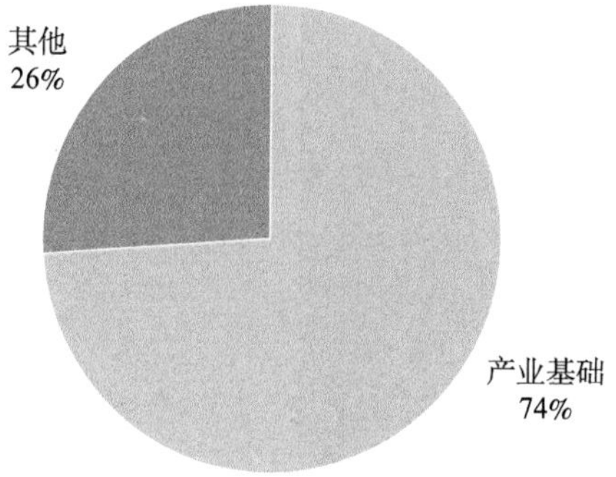

图 7-6　受访网商认为淘宝村网商集聚形成的主要因素

4. 蓬勃发展的电商环境促进了淘宝村网商集聚的产生

随着互联网时代的到来，信息技术、电子商务等应用到了人们生产和生活中的方方面面，促进了商家生产销售模式的改变和居民消费方式的巨变。2014 年“互联网+”概念被提出之后，进一步促进了农村电子商务的快速发展，带动了农村电商和特色产业的融合。其中，淘宝村作为农村电子商务的代表，在“互联网+”的浪潮中应“时”而生。淘宝村是一村中多数村民通过电商平台进行在线销售活动，并构成了村内经济活动主体的村庄。不同于传统的销售模式，淘宝村的网商经营是一种借助于电子商务平台实现线上交易的新型经营模式，打破了商品交易在空间上的限制，不仅实现了人们足不出户的消费体验，而且为经营者开辟了更为广阔的消费市场。因此，电子商务平台是淘宝村网商发展的必要条件，促进了农村生产经营体系的改变，带动了特色产业链的兴起。自阿里巴巴建立了淘宝网电商平台以来，特别是在 2009 年认定第一个淘宝村后，极大地推动了中国农村电子商务的快速发展。由于中国中西部地区在经济发展和互联网环境上相比于东部沿海发达地区存在着一定的差距，中部地区的淘宝村发展仍处于初期和加速赶超阶段。近几年，随着全国数字经济的不断发展，河南省的互联网经济也呈现上升趋势，结果见图 7-7。可以看出，2009—2012 年互联网用户由 625.99 万户增至 5090.53 万户，上升幅度较大；2013—2014 年整体变化不大，增长幅度较小；2015—2018 年互联网用户呈现大幅度上升趋势，至 2018 年达到 11199.61 万户。在河南省互联网用户迅猛发展的形势下，淘宝村的发展得到了有效保障。在实际调研中发现，河南省淘宝村网商在集聚发展过程中，由于淘宝网店铺的投资小、风险成本低、操作简单等特点，吸引了一大批农村创业者借助家乡特有资源优势，尝试在电商平台开设淘宝店。同时，随着中国电商环境进入相对成熟阶段，淘宝、京东、唯品会等多个电商平台为淘宝村网商经营者提供了更加多元的销售渠道，促进了农村电商的“多点开花”。除此之外，电商平台中的诚信体系、支付体系、监督体系等都在不断完善，保障了消费者和经营者的权益，也为河南省淘宝村网商集聚提供了重要保障。

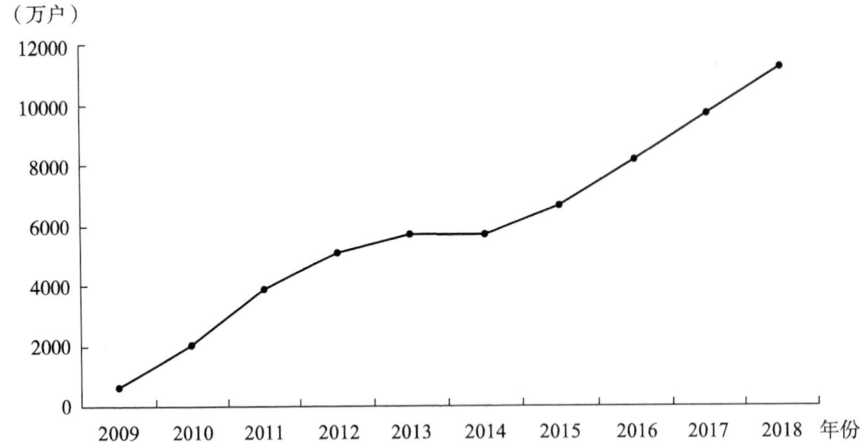

图 7-7　2009—2018 年河南省互联网用户

5. “上级政府与基层政府行为”是淘宝村网商集聚的重要支撑

政府行为对地区的社会经济发展具有极其重大的影响，甚至可能决定整个地区未来的发展方向，因此淘宝村网商集聚的形成和发展离不开政府的支持。在调研的河南省 13 个淘宝村中，政府行为主要包括与服务商合作、电商政策支持、基础设施建设等方面。首先，在政府与服务商合作方面，以掘山村和平乐村为例（两者是“政府+服务商”形式），当地政府为推动农村电商经济发展，投入了大量的资金，引入电子商务服务商免费对村民进行电商培训，使农户掌握了网上销售必需的技能，实现了网商数量在短期内的扩散。其次，在电商政策支持方面，为了解河南省 13 个淘宝村网商集聚发展是否与电商政策扶持有关，我们对淘宝村网商经营者进行了调研，结果如图 7-8 所示。结果显示，89.16%的受访者认为政府对淘宝村网商的发展有政策扶持，10.84%的受访者认为没有扶持。通过进一步的调研了解发现，多数淘宝村均有政府的支持，与商户的调研结果类似。电商政策扶持主要包括农村电商的优惠政策和对网商的奖励制度等，吸引了外出务工人员返乡创业，促进了网商干劲的提升，保障了淘宝村网商集聚的外部环境。例如，掘山淘宝村镇政府为了鼓励和扶持企业，推动农民触网进行钢制家具销售，为开店及活跃店铺制定了相应的补贴政策。具体而言，对于网上开店，在经营中达到活跃店铺标准的个人给予 1000 元的开店补贴；对于经营业绩好的活跃店铺，还将销售额的 3%进行返现奖励。除此之外，当地基层政府还引进了物流快递公司入驻，并对运输费用进行统一管理，为网商经营者发货提供了便利，确保了售后服务的快速实现。笔者为进一步了解网商对物流快递费用的满意度，对其进行调研，结果见图 7-9。结果显示，57.83%的网商对物流快递费用满意，只有 8.43%的网商对物流快递费用不满意。这也充分显示出政府电商政策的扶持对淘宝村网商集聚起到了积极的推动作用。最后，在基础设施建设方面，对淘宝村网商进行满意度的调研，结果见图 7-10。结果显示，非常满意与满意的人占 62.65%，28.92%的人认为一般，不满意与不太满意的人占 8.43%，这在一定程度上表明基础设施是淘宝村网商集聚发展的重要条件。对村干部的调研发现，在淘宝村网商集聚初期，多数农村的基础设施并不完善，政府为鼓励电商发展，投入大量的资金进行基础设施建设和完善，如道路硬化、光纤入户、农户入电子商务产业园区的培训等，这些都为网商集聚奠定了一定基础。总之，政府的这些积极行为为淘宝村网商的发展提供了良好的配套资源和政策支持，推动和加速了网商集聚，优化了“互联网+”电商环境，推动了淘宝村特色产业的专业化、集聚化和生态化。

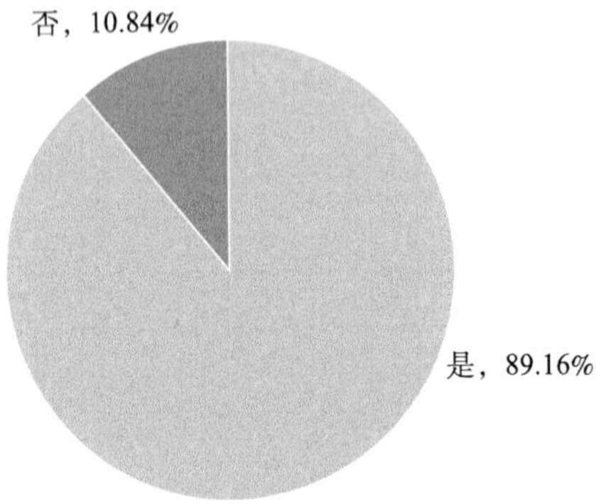

图 7-8　政府对淘宝村网商发展的扶持情况

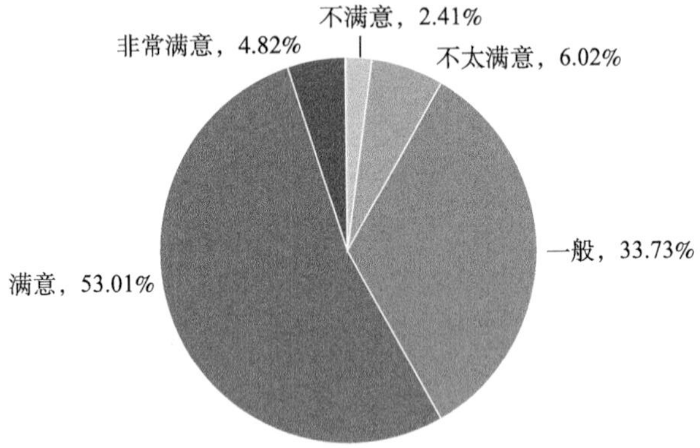

图 7-9　受访网商经营者对物流、快递满意度

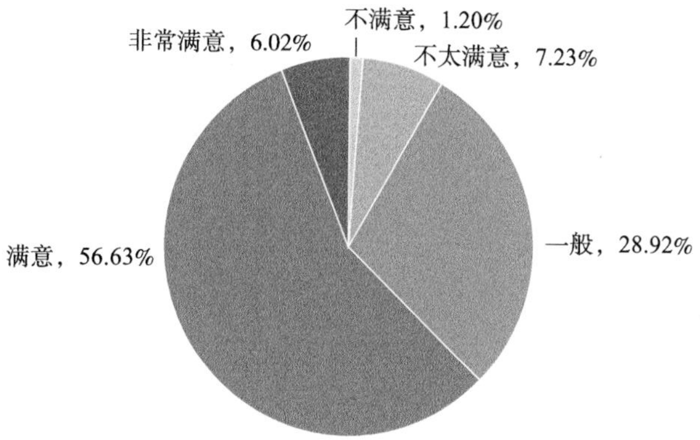

图 7-10　受访网商经营者对基础设施满意度

河南省淘宝村从 2014 年首次出现，到 2016 年覆盖 6 个地级市 13 个淘宝村，再到 2018 年达到 50 个，2020 年达到 150 个，显示了淘宝村数量快速增长的状态。通过对河南省 13 个淘宝村的实地调研访谈发现，淘宝村网商集聚的形成具有相似的特点，都是在农户、社会网络、产业基础、互联网环境以及政府行为相互作用下综合形成的。然而，由于各个淘宝村网商集聚过程不同，主导因素有差异，致使发展的速度、集聚的规模和形成的模式不同。例如，桑坡村、尚庄村、岗李村、和尚杨村、双庙李村、石佛寺村、贺庄村等是基于雄厚产业基础，在农户、社会网络、政府行为等作用下形成淘宝村网商集聚；平乐村与掘山村则是在政府行为主导下，推动整个淘宝村网商的发展；马屯村、霍庄村、郭店村主要是通过农户中的创业能人、亲朋好友与邻里带动等社会网络的扩散形成的淘宝村网商集聚。

二、河南省淘宝村网商集聚的区域效应

（一）区域经济效应

1. 促进农民增收致富，提高居民生活水平

在淘宝村未形成之前，农村地区居民多以种植为主，从事农业生产，

收入相对较低，生活水平不高，处于相对均衡的低水平发育阶段。伴随着淘宝村产业链的形成和电商生态的形成，农村居民不再以农业生产为主，而是基于“互联网+”的“三产”融合，带动农业生产经营的科技化、农业管理的现代化、农产品销售的信息化，开拓了农村居民的电商认知和互联网思维，促进了农民的增收致富，加快了城乡一体化，农村的经济社会发展水平与城镇、乡镇的差距逐渐缩小。例如，掘山村拥有20余家钢制家具企业，过去多数村民在当地企业打工，整体经济收入水平较低。2015年在政府和闪讯公司的共同推动下，吸引了大批村民去了解和学习网店的经营方法，形成了村民与企业合作的电商经营模式，不仅实现了村民足不出户的工作模式，而且大大提高了农民的收入水平。

2. 促进农民就业创业，加快就地就近城镇化

淘宝村网商集聚在促进农民增收致富的同时，加快了基础设施建设，吸引了大批创业者返乡创业，解决了附近剩余劳动力的就业，这在客观上加快了县域的就地就近城镇化。在农村电商的新模式下，农民不再以传统的农业种植为主业，而是直接在农村利用互联网技术进行就地就近创业，借助当地特色农产品或者传统工艺，以多媒体互联网的形式销往全国各地，解决了就业问题，实现了第一产业向第二产业的转变，或者第一产业直接向第三产业的转变。例如昌达蜂业创始人尚国强、卓宇蜂业创始人尚建国、壮元蜂机具创始人尚红超、普瑞蜂品创始人李杨等都是当地的创业能人，他们的成功实践在给自身带来经济收益的同时，也为当地人提供了更多的就业机会，为那些敢于接受互联网销售这一新事物的农户们起到了很好的示范作用，拉动了就地就近城镇化。在“化”的影响下，部分本就从事蜂产业或其他工作的农户，尤其是年轻人，开始加入网络销售蜂产品与蜂机具的大军，最终实现脱贫致富。总体来看，一方面淘宝村的网商集聚带动了越来越多的人从事电商产业，在网上开设淘宝店铺；另一方面淘

宝店铺的繁荣带动了周边区域物流快递、餐饮、外卖、乡村旅游等行业的发展，为农民提供了更多的就地就近就业机会。

3. 促进产业升级转型，形成特色产业集群

在淘宝村未形成之前，农村以第一产业或者相关加工业为主，产业链条较短，产业的集聚集群效应不明显。淘宝村形成之后，以产品端为突破口，拉动了广告创意、物流售后、服务创新等多个产业及新业态，将电子商务融入农业、农民、农村的各个环节，帮助农村居民适应新时代发展的步伐，促进传统产业模式的迭代升级和迅速高级化。以桑坡村为例，2014年至今，随着电子商务的发展，桑坡村村民从简单模仿到不断学习掌握网上销售技术，网商经营者数量不断扩大，并吸引了大量外来商贩到桑坡村发展皮毛生意。同时，淘宝、微信、直播带货等电商趋势让桑坡人打开了另一种网上销售渠道，促使产业链向精细化、高端化方向转变，特色产业集聚逐渐形成。此外，伴随着产业逐渐向“三产”融合，伴随着产业链条的深化，淘宝店铺外的服务行业不断增多，不仅辅助淘宝店铺的网店设计、网站设计、摄影、美工、在线客服等横向产业逐渐形成，网店培训、印刷包装、快递收发、物流配送、外卖配送等纵向产业也随之形成。

（二）区域社会效应

1. 促进基础设施完善，改变农村落后面貌

在未形成淘宝村之前，农村地区的道路体系不健全，公共服务配套设施缺失，物流快递点稀少，主要是借助上一级乡镇的各项基础设施对外交流。淘宝村出现后对农村基础设施提出了更高的要求，包括边界的对外联系出口、健全的道路体系、胚胎的公共服务设施及集约高效的物流保障等，这就需要地方政府及网商利益共同体改善当下的基础设施，以满足电子商务对“线下”端的种种配套需求。例如2015年，在尚庄村成立了长

葛市蜂产品电商协会暨电商服务中心，积极开展电商培训并对农户提供技术指导，为网商建立了专项服务平台，为村民提供全方位的咨询服务。与此同时，地方政府还修缮了道路，设立了物流、快递、邮政代办点等，引入京东驻村服务中心，进一步促进电子商务的快速发展。总之，地方政府的这些积极行为不仅促进了当地基础设施的逐步完善，而且有助于淘宝村现代化村庄形象的树立，呈现生机勃勃的繁荣景象。

2. 促进地方品牌远播，建立地域特色名片

在淘宝村未形成之前，无论是特色的牡丹画，还是传承下来的制鼓业，虽有一定的名气，但局限于一定的地理范围内，在全国的市场地位和品牌影响力并不是很强。在淘宝村形成之后，地区地方的优势通过网络市场不断放大，品牌效应不断呈现，以地名或者村为特色的地域品牌逐渐形成，产品的知名度无论在线上还是线下都逐渐叫响。例如，桑坡村作为“中国的皮毛之都”，早在清朝就有很多皮毛加工作坊，当地村民为做大皮毛生意，建立起了自主品牌，拥有自己的终端产品，但影响仅仅局限于当地或者一定的市场。近年来随着 UGG 品牌的大火，很多村民开始在淘宝网、微信等平台开网店，拓宽了网络销售渠道，扩大了消费市场，不仅带动一方致富，而且使桑坡村的皮毛产品远销海外市场。由此可见，通过淘宝村的网商集聚，不仅可以有效地拓展网络市场，最终形成品牌效应，使得经济效益大幅增加，农民生活水平不断改善，而且通过品牌效应提高了产品的知名度，反向促进了当地电商的进一步集聚发展，有助于地域特色名片的建立。

3. 促进社会和谐关系，构建新型邻里模式

在淘宝村未形成之前，农村地区的社会关系就是简单的邻里来往、婚丧嫁娶、走街串巷式的交流，对产业共同发展、社会共同富裕等“大事”商议不多。伴随着淘宝村的形成，产业关系通过地缘、亲缘、业缘形成生

产、生活中的权力共享，彼此之间为共同发展经常召开大会讨论，有效地促进了新型社会关系的建立。淘宝村已经成为中国乡村振兴战略的先行者，吸引着进城务工的农民返乡创业，使村庄重现生机与活力，淘宝村里几乎见不到留守儿童和空巢老人，而是人来人往、繁荣昌盛的景象。在新的电商关系时代，回到农村的创业者借助互联网平台、电商生态系统，将产品卖到全国各地，推动当地产业兴旺发展，带动了乡风文明和基层治理现代化。在重要的传统节日或者电商宣传日，以往不被重视的习俗和文娱活动在经济力量的支撑下得到了传承，大家参与度不断提升，内在的文化传递得到了加强。此外，在电商繁荣的产业体系带动下，人人有事做，人人安居乐业，很多问题都因为经济发展而得到解决。

（三）区域环境效应

1. 促进村容整洁，实现绿色发展

在淘宝村未形成之前，除了基本的垃圾清运、道路清扫、卫生整治工作外，村民主要致力种植业、养殖业等产业的发展，村子的整体形象和特色村容的打造仅仅停留在规划建设和思想意识层面。在淘宝村带动产业兴旺之后，乡村全面振兴的步伐得以跟进，农业强、农村美、农民富的建设目标也逐渐提上日程。从现实的调研可以明显看出，淘宝村民增收致富之后，不仅重视吃穿戴等方面“美”的追求，而且对淘宝村的整体形象、外部环境进行了集体思考，尤其对产业绿色化和生态宜居美景有了新要求。例如，淘宝村形成之前，钢制家具产业作为庞村镇的支柱产业，生产过程中会出现污染问题，对生态环境产生了一定的破坏；在淘宝村形成之后，针对家具生产过程中的产品质量、环境污染等问题，当地深入贯彻“绿水青山就是金山银山”的发展理念，深入治理工业排污和农业面源污染，出台专项政策进行整治。同时，庞村镇不断加大村庄绿化投入力度，打造美丽乡村，实现天蓝、地绿、水净的华丽蜕变，使得淘宝村的发展逐渐走上转型发展、绿色发展之路。

2. 促进内涵建设，实现乡风文明

在淘宝村未形成之前，农村的基层治理主要停留在上传下达、了解政策、不违纪犯法等层面，而对现代化的农村管理模式、治理体系贯彻不足。在淘宝村形成之后，邻里关系得到了重塑，社会往来更加紧密，彼此要建立命运体谋发展的目标逐渐形成，而且是出于内涵建设、质量提升的村民内心自发形成的。农村电商，不仅让村民“看到外面的世界”，在生态服务、创业孵化、公益文化方面延伸出更多触角，而且让村民意识到共建文化品牌，共塑地域文化的重要性。在这样的共同理念的支撑下，他们有意识地制定了一些规则，建立了一些共同认可的信条，同时恢复和革新了一些习俗，传播了新时代乡村文明和社会和谐的内涵要求。商丘市夏邑县何营乡王营村是豫东地区的第一个“淘宝村”。在淘宝村未形成之前，该村由于人多地少，地理位置偏僻，村内多数村民外出打工，村里缺乏带动经济发展的产业资源优势，更缺乏共同发展的一些信条和集体精神的共鸣。近年来，村内一些年轻人开始接触淘宝网上经营，在网上销售枣夹核桃、无框画等产品取得了成功，由此带动了整个村庄的电商发展。与此同时，电商在产业兴旺的同时，传递了新时代的电商思维、现代生活理念，加快推进乡村治理体系建设和治理能力现代化，加快推进农业农村现代化，对促进农村发展、实现群众脱贫致富、创新基层社会治理等产生了深远影响。

3. 促进设施完善，共建美丽家园

在淘宝村未形成之前，农村的基层社区除了行政办公、幼儿园等必备的公共服务设施外，缺乏支撑电商发展的物流、快递等基础配套设施，也缺乏促进电商快速发展的产业园、服务中心、金融中心以及广告策划、摄影拍照、产品包装等服务企业。在淘宝村形成之后，除了实现产业的兴旺、人才的集聚、环境的改善外，教育和医疗等公共服务设施不断改善，金融机构不断入驻且服务模式不断创新，其他服务企业如摄影企业、电商运营服务企业、原材料供应企业等陆续进入，为网商提供更便利的产业发展环境。与此同时，当地政府为了留住成长起来的创业能人、创新企业，进一步推动了农村地区信息化基础设施、智能化生活基础设施建设，使淘宝村的各项配套设施进一步完善。在地方政府、创业能人、创新企业、网商利益共同体的共同努力下，淘宝村在实现产业兴旺的同时，还实现了生态宜居、乡风文明、治理有效、生活富裕等农村农业现代化的要求，缩小了与城市公共服务的差距并逐渐实现均等化，城乡融合、城乡一体、城乡共融发展的新格局也逐渐形成。

第八章

结　语

在信息化社会与大数据的时代背景下，电商经济已经成为新时代经济转型发展的主题，也成为促进经济高质量发展的主要推手。农村电商作为信息化浪潮中异军突起的部分，已经逐渐渗透到了传统农村的生产和生活方式中，对推进新型城镇化的城乡融合发展与乡村振兴中的“产业兴旺”具有重要意义。“淘宝村”作为农村电商中具有代表性的“崛起”区，不仅实现了农村产业转型升级，而且保障着农村脱贫攻坚和全面建成小康社会的实现，引领着乡村振兴下产业兴旺的新格局，成为促进中国城乡融合发展的重要力量。近几年，淘宝村数量虽然快速增长，但由于中国地区之间差距较大，其在空间上呈现出从东南沿海到西部内陆的不平衡发展状态。在这种局面下，学者较多地关注东部发达地区的淘宝村变化与网商驱动机理，使得中西部欠发达地区的淘宝村集聚过程、集聚机理研究相对缺乏。河南省淘宝村个数占中西部地区淘宝村总数的一半以上，其淘宝村的繁荣发展对提升中西部欠发达农村地区的经济发展水平具有重要的意义，因此研究该区域淘宝网商集聚的时空过程、集聚模式和形成机理，有助于推进欠发达地区淘宝村的加速崛起和高质量成长。本章在前几章的基础上，总结核心结论，突出研究的特色与创新，指出研究的不足与缺失，期望为后续欠发达区淘宝村的研究提供方向、指引及理论要点，也期望为中西部淘宝村的孕育和加速成长提供案例借鉴。

一、主要结论

（一）农村电商水平的时空格局

1. 欠发达区快速发育，近期增速明显，亮点在成渝与中原

从电子商务发展水平看，中国电子商务产业发展驶入快车道，电子商务呈现规模化发展态势。同时，跨境电子交易获得快速发展。从农村电子商务发展水平看，电商规模持续攀升，农村网民持续增加，2019 年农村网民规模达到 2. 55 亿人，占总体网民的 28. 2%。此外，农村电商成为乡村振兴的新突破点、城乡融合点和就地就近城镇化的发力点，促进了“三产”融合并盘活了县域经济活力，促进了农民增收同时带动了一方经济的振兴，助力了全面建成小康社会。同时，扶贫减贫效果明显，加速了就地就近城镇化，助推了城乡一体化。从中国淘宝村的基本情况来看，2020 年全国有 5425 个淘宝村，1756 个淘宝镇，范围遍布全国 28 个省级行政单元。总体来看，淘宝村数量规模和分布范围都发生了质的飞跃，十年前的星星之火，现已逐渐呈现燎原之势。然而，从中西部地区淘宝村的增速和发展态势看，成渝和中原地区是亮点，呈现迅猛发展态势。从河南省的淘宝村时序特征来看，河南省淘宝村起步较晚，直到 2014 年才出现第一个淘宝村——桑坡村。之后，淘宝村呈现雨后春笋之势，2016 年快速增至 13 个，2020 年年底淘宝村数量已达到 135 个，居全国第七位。但就河南省而言，其处于我国中部“心脏”区域，属于传统农区，电子商务虽存在一些较为活跃的平台和特色淘宝村，但整体内部差异较大。此外，河南省电子商务起步较晚，虽然增长势头迅猛，但近年来发展水平仍位于全国电子商务发

展水平的中后位。另外，由于河南省的贫困县较多，加之受自然、历史和政策等多方面因素的影响，无论是从整体看还是从县域尺度来看，河南省电子商务发展水平都不高，且发展不平衡问题较为突出。

2. 核心引领发展，局部多点扩散，外围低值集聚明显

从省域尺度来看，基于中国各省份电商指数，河南省三个时间维度的得分和排名均有所提升，但整体依然处于中等水平。从市域尺度来看，河南省呈现出以郑州市为核心的中心—外围发展格局，且以郑州市为核心形成的集聚区引领态势明显，成为中原地区农村电商发展的高地。近年来，虽然河南省整体电商环境逐渐优化，省会城市的电商指数逐渐提升，但内部城市电商发展水平依旧相对较低，需要大幅提升城市的整体和平均发展水平。从县域尺度来看，河南省电商发育水平还处于低水平状态，高水平区的扩散方向主要是以郑州市为中心向周围地区扩散，向边缘地带的辐射作用较差，尤其是发展水平较低的南部地区。从乡镇尺度来看，中部郑州市、许昌市、洛阳市一带淘宝村数量较多且集聚态势明显，东部、南部、西南部等外围区受经济发展水平、电商发展意识等影响，淘宝村数量很少。河南省市域、县域 Moran's I 指数均大于 0，表明电子商务发展水平存在正的空间关联效应并伴随着集聚现象发生。从局部 LISA 分布图来看，河南省电子商务发展水平在郑州市一带出现了“快速增长区”，带动了周边县域单元电子商务的发展，产生了“近朱者赤”的集聚邻近效应；低水平区主要分布在边缘地带以及欠发达地区，出现“近墨者黑”的外围低值集聚效应。总体来看，显著 HH 区主要分布在以郑州市为中心的中部地区，显著 LL 区多分布在南部、东南部外围地区且集聚态势明显。

（二）淘宝村网商集聚的过程、机理及区域效应

1. 淘宝村网商集聚的要素不一，组合类型大致可分为四类

从淘宝村网商集聚的因素看，包括资源禀赋、产业基础、龙头企业、

电商平台、创业能人、地方政府、社会网络、创新环境、市场需求等，不同淘宝村的形成核心集聚因子不同。从河南省淘宝村网商集聚类型看，主要分为“企业分销+产业基础+品牌效应”“闪培模式+政府培育+地域特色”“农户+家庭作坊+电商平台”“专业市场+资源优势”四种。其中，“企业分销+产业基础+品牌效应”是指在当地产业特色的基础上，网商通过购买当地优势企业的商品所有权并在电商平台转售出去，桑坡村、尚庄村、岗李村、和尚杨村、双庙李村以及王营村属于“企业分销+产业基础+品牌效应”类型。“闪培模式+政府培育+地域特色”是指在政府和闪讯公司的合作和引导下，依托于当地特有产品，对村民进行短时期的网店经营培训，从而发展成为淘宝村，平乐村和掘山村属于“闪培模式+政府培育+地域特色”类型。“农户+家庭作坊+电商平台”是指基于当地产业基础，通过网商带头人的辐射带动效应，形成“一家一户”的家庭作坊方式与电子商务平台结合的淘宝村，霍庄村、郭店村、马屯村属于“农户+家庭作坊+电商平台”类型。“专业市场+资源优势”是指在拥有当地特有资源的基础上，依赖附近专业市场充足的货源，并在能人示范效应带动下，形成淘宝村网商集聚现象，石佛寺村与贺庄村属于“专业市场+资源优势”类型。

2. 淘宝村发育的时空过程不一，不同类型发育阶段差异大

“企业分销+产业基础+品牌效应”类型淘宝村网商集聚过程，在总体上主要划分为缓慢发展阶段与快速增长阶段。但该类型中每个淘宝村发育时间存在一定的差异，具体的发育时间也不同。其中，桑坡村的网商发展主要分为初期萌芽阶段（2012 年前后）、爆发扩张阶段（2014—2015 年）和蓬勃发展阶段（2016 年至今）。尚庄村、岗李村、和尚杨村、双庙李村等的网商发展分为萌芽阶段、能人引领阶段、熟人扩散阶段、周边扩散引领阶段、共荣发展阶段。王营村的网商发展分为萌芽阶段（2015 年以前）

和效仿阶段（2016 年以后）。“闪培模式+政府培育+地域特色”主要划分为早期零散发育阶段（2005—2013 年）与后期加速阶段（2014—2018 年）。其中，平乐村与掘山村淘宝村网商发展历程相似，均在 2015—2016 年呈现快速增长状态。“农户+家庭作坊+电商平台”分为能人开创阶段（2008—2011 年）与村民效仿阶段（2012—2018 年）。其中，霍庄村与郭店村的网商发展分为能人驱动阶段（2010—2015 年）与辐射带动阶段（2015 年以后），马屯村的网商发展分为能人引领阶段（2010—2013 年）与加速扩张阶段（2014 年以后）。属于“农户+家庭作坊+电商平台”类型的仅有销售玉产品的石佛寺村与贺庄村，网商发展过程主要分为初步探索阶段（2010—2014 年）与高速扩张阶段（2015 年以后）。总体来看，淘宝村网商发展主要分为两大类，一类是自发形成的淘宝村，其发展过程主要划分为萌芽阶段和扩张阶段。在萌芽初期，一批敢闯敢拼的创业能人率先开设淘宝店，通过对网店经营不断地探索和学习取得成功。在扩张阶段，在能人效应的影响下，村民通过亲缘关系、地缘关系等方式传播资讯，促进网商数量的快速增长。另一类是依托政府支持，与闪讯公司进行合作，对村民进行网商经营的培训，在短时间内形成淘宝村。

3. 淘宝村集聚初期多呈单核，中期多点并进，后期多维交织成片

从网店的分布状态看，桑坡村、石佛寺村与贺庄村、郭店村、马屯村的网商在空间分布中呈现显著的集聚特征；霍庄村、和尚杨村、平乐村、掘山村的网商在空间分布中呈现随机分布的特征；尚庄村、岗李村、双庙李村、王营村的网商在空间分布中呈现均匀分布的特征。虽然尚庄村、岗李村、和尚杨村、双庙李村、平乐村等多个淘宝村网商在空间上并未呈现明显的集聚特征，但网商经营者不受地理位置的限制，在任何地方都可以进行网上销售，其存在着虚拟空间上的集聚状态，因此出现了地域空间上未形成网商集聚的情况。从空间演化过程看，淘宝村的网商最初由创业能

人带动呈单核零散状分布，中期通过亲朋关系、地缘关系等方式扩散形成多个迸发点，后期在社会网络关系的交织下最终形成淘宝村网商集聚。从空间分布位置看，网商初期的集聚区主要在靠近企业或市场的区域和村内交通主干道两侧，后期逐渐向四周或者村域主要的发展方向蔓延。

4. 不同类型淘宝村网商集聚机理不同，但主要受五维动力综合作用

基于构建的淘宝村网商集聚机理分析框架，从创新农户、社会网络、产业基础、互联网环境、政府行为等五个方面对河南省淘宝村网商集聚机理进行分析。从创新农户角度看，早期创业能人作为淘宝村网商集聚的关键力量，其创业的成功带动了网商的初级集聚。之后村民通过自主模仿和亲朋的带动，实现了淘宝店铺在村内的大规模复制，促进了淘宝村网商数量的增加，促进淘宝村网商集聚的产生。社会网络促使淘宝村网商加速扩散，是推动淘宝村网商集聚形成和发展的重要外部环境因素。特色的资源禀赋和良好的产业基础是淘宝村网商发展的先决条件，在很大程度上决定了淘宝村网商集聚的过程和发育规模。信息化背景下的电商环境与便民的电商平台助推了淘宝村网商的产生，为淘宝村网商集聚提供了支撑。政府的积极行为为淘宝村网商的发展提供了良好的配套资源和政策支持，推动了网商的加速集聚，有助于淘宝村产业发展的专业化、集聚化和生态化。

5. 淘宝村网商集聚早期以经济效应为主，后期综合效应叠加

在淘宝村网商集聚初期，通过创业能人的带动和龙头企业的崛起，农民实现了增收致富，一方经济实现了振兴，形成了特色产业链。从早期经济效应看，淘宝村网商的集聚推动了当地农民变身网商，实现集体富裕和产业规模效益的提升。此外，由于农村电商是以互联网为基础的数字经济，不离村不离地实现了“三产”融合和特色产业链，因此加快了县域就地就近城镇化步伐，助推了新型城镇化与乡村振兴进程。从社会效应来

看，淘宝村的出现对农村基础设施提出了更高的要求，地方政府、网商利益共同体为鼓励电商发展投入大量的资金进行基础设施建设，促进了公共服务在城乡间的均等化，促进了基层治理和管理方式的现代化。同时，在经济共同发展的集体目标驱动下，淘宝村内部的社会关系得到重新构建，邻里之间的交流增多和共同富裕的目标更加明确。在经济振兴、社会和谐等效应的支撑下，地方政府和网商共同体更加注重村域整体环境的改善，在生态服务、创业孵化、公益文化方面延伸出更多触角，不仅实现了当地村容村貌的改变，而且使企业文化、地区名片、先进理念等内涵得到提升，使淘宝村成为宜居宜业、富裕富足之地，加快了农业农村的现代化。

二、研究特色与创新之处

当前关于淘宝村的研究，主要是从宏观与中观尺度分析中国，尤其是东部发达地区农村电商的发展状况以及淘宝村集聚机理，且多集中于分析淘宝村的形成过程及其发展模式，而关于中西部欠发达地区的研究和以微观尺度分析淘宝村网商发展过程的研究较少。因此本书以欠发达地区的典型农区河南省为代表，分析微观尺度下典型淘宝村的集聚过程、模式、机理及区域效应，以期为剖析电子商务专业村的网商集聚提供理论支撑和案例样本。首先，基于多尺度视角分析了河南省电子商务发展水平的空间分异，这对尺度细化后的中微观空间差异具有积极意义。其次，以河南省 13 个淘宝村作为案例，分析淘宝村网商集聚过程与集聚机理，能够进一步剖析虚拟网商集聚与实体经济的关系，为欠发达地区淘宝村的发展提供参考。再次，考虑到以往研究多从定性角度分析淘宝村网商集聚机理，结合淘宝村网商集聚的核心影响因子，根据实地调研获取的问卷，运用定性与定量相结合的方法从农户、社会网络、产业基础、互联网环境、政府行为等方面剖析了河南省淘宝村网商集聚机理。最后，根据淘宝村对区域经济社会的影响，结合淘宝村形成前后的各种变化，从经济效应、社会效应、环境效应等方面进行总结，以期为信息化时代城乡融合发展和乡村振兴提供新思路。

三、不足与展望

本书基于多尺度视角分析了河南省电子商务发展水平的空间分异，对探究中微观尺度下的电商经济差异具有补充意义，有助于多尺度间关联规律的发现和微观规律的挖掘。但需要指出的是，由于数据获取难度较大，研究单元中存在无数据区，因此县域尺度的研究结果可能存在一定的偏差。同时需要指出的是，本书仅从宏观角度与其他省份进行对比分析，缺乏中微观程度的深层次对比，这是今后需要努力改进的地方。此外，本书以河南省桑坡村、平乐村、掘山村、马屯村、石佛寺村、贺庄村等13个淘宝村作为研究对象，根据资料搜集与实地调研获取的信息，从农户、社会网络、产业基础、互联网环境、政府行为等方面分析了河南省淘宝村网商集聚过程与集聚机理，具有实地调研的样本支撑、访谈支撑和问卷分析支撑，这是本书的亮点和特色。然而，由于调研过程中受研究时间、调查范围、村民配合度等限制，调查问卷数量相对较少，在进行定性与定量相结合分析时，选取的指标可能不足以全面反映淘宝村网商集聚机理。同时，在访谈过程中网商经营者受主观和客观情感的影响，所得到的问卷结果可能与实际有所偏差。因此，在未来的研究中需要进一步深入和完善调研问卷，加大调研的力度和问卷分析的深度，从而能够更加全面地反映淘宝村网商集聚的规律，助力电子商务专业村的高质量发展。

参考文献

［1］ Akram U，Hui P，Khan M K，et al. The plight of humanity：Online impulse shopping in China［J］. Human Systems Management，2017，36（1）：73-90.

［2］ Anwar，Tariq S. Alibaba：Entrepreneurial growth and global expansion in B2B/B2C markets［J］. Journal of International Entrepreneurship，2017，15（4）：377-389.

［3］ Benedicktus R L，Brady M K，Darke P R，et al. Conveying trustworthiness to online consumers：Reactions to consensus，physical store presence，brand familiarity，and generalized suspicion［J］. Journal of Retailing，2010，86（4）：322-335.

［4］ Cho C H. How advertising works on the WWW：Modified elaboration likelihood model［J］. Journal of Current Issues & Research in Advertising，1999，21（1）：34-50.

［5］ Close A G，Kukar-Kinney M. Beyond buying：Motivations behind consumers' online shopping cart use［J］. Journal of Business Research，2010，63（9）：986-992.

［6］ Hostler R E，Yoon V Y，Guo Z，et al. Assessing the impact of recommender agents on online consumer unplanned purchase behavior［J］. Information & Management，2011，48（8）：336-343.

[7] Jang W, Klein C M. Supply chain models for small agricultural enterprises [J]. Annals of Operations Research, 2011, 190 (1): 359-374.

[8] Kwak J , Zhang Y , Yu J . Legitimacy building and e-commerce platform development in China: The experience of Alibaba [J]. Elsevier Public Health Emergency Collection, 2019 (139): 115-124.

[9] Koo W, Cho E, Kim Y K. Actual and ideal self-congruity affecting consumers' emotional and behavioral responses toward an online store [J]. Computers in Human Behavior, 2014 (36): 147-153.

[10] Kuah A T H , Wang P . Fast - Expanding "Online" Markets in South Korea and China: Are They Worth Pursuing? [J]. Thunderbird International Business Review, 2017, 59 (1): 63-77.

[11] Kwahk K Y , Kim B . Effects of social media on consumers' purchase decisions: evidence from Taobao [J]. Service Business, 2017, 11 (4): 803-829.

[12] Leroux N, Mathias E D. Dominant factors impacting the development of business-to-business (B2B) e-commerce in agriculture [M]. International Food and Agribusiness Management Review, 2001.

[13] Lim S , Lee B. Loyalty programs and dynamic consumer preference in online markets [J]. Decision Support Systems, 2015 (78): 104-112.

[14] Lohse G, Spiller P. Internet retail store design: How the user interface influences traffic and sales [J]. Journal of Computer-Mediated Communication, 1999, 5 (2): 1.

[15] Melis K, Campo K, Breugelmans E, et al. The impact of the multi-channel retail mix on online store choice: Does online experience matter? [J]. Journal of Retailing, 2015, 91 (2): 272-288.

[16] Mukhitdinova U. Potential of production and trade of agricultural prod-

ucts in Uzbekistan [J]. Perspectives of Innovations Economics & Business, 2010, 5 (2): 2.

[17] Ortinau D J, Babin B J, Chebat J C. Development of new empirical insights in consumer - retailer relationships within online and offline retail environments: Introduction to the special issue [J]. Journal of Business Research, 2013, 66 (7): 795-800.

[18] Poole B. How will agricultural e-markets evolve [R]. Washington DC: Paper Presented at the USDA Outlook Forum, 2001.

[19] Richards J , Li M . The Chinese e-commerce search advertising business: A case study of taobao [J]. Contemporary Management Research, 2018, 14 (2): 121-142.

[20] Rodgers S, Thorson E. The interactive advertising model: How users perceive and process online ads [J]. Journal of Interactive Advertising, 2000, 1 (1): 42-61.

[21] Rossiter J R, Bellman S. A proposed model for explaining and measuring web ad effectiveness [J]. Journal of Current Issues & Research in Advertising, 1999, 21 (1): 13-31.

[22] Ruiz-Garcia L, Steinberger G, Rothmund M. A model and prototype implementation for tracking and tracing agricultural batch products along the food chain [J]. Food Control, 2010, 21 (2): 112-121.

[23] Saisaard S. A preliminary comparaative study between online shopping websites of thailand and China-case study Weloveshopping. com, Lazada.
coth, JD. com, and Taobao. com [J]. International (Humanities, Social Sxiences and Arts), 2018, 11 (4): 187-199.

[24] Tan F T C, Tan B, Pan S L. Developing a leading digital multi-sided

platform: Examining IT affordances and competitive actions in Alibaba. com [J]. Communications of the Association for Information Systems, 2016, 38 (1): 36.

[25] Tang W, Zhu J. Informality and rural industry: Rethinking the impacts of e-commerce on rural development in China [J]. Journal of Rural Studies, 2020 (75): 20-29.

[26] Utz S, Kerkhof P, Bos J V D. Consumers rule: How consumer reviews influence perceived trustworthiness of online stores [J]. Electronic Commerce Research and Applications, 2012, 11 (1): 49-58.

[27] Wen W. A knowledge-based intelligent electronic commerce system for selling agricultural products [J]. Computers and Electronics in Agriculture, 2007, 57 (1): 33-46.

[28] Yoo J, Kim M. The effects of online product presentation on consumer responses: A mental imagery perspective [J]. Journal of Business Research, 2014, 67 (11): 2464-2472.

[29] 阿里研究院. 2009—2019年中国淘宝村研究报告 [EB/OL]. http: //www. 199it. com/archives/935385. html.

[30] 阿里研究院. 1%的改变: 2020中国淘宝村研究报告 [EB/OL]. http: //www. 199it. com/archives/1138233. html.

[31] 白金伟. 河南省农产品物流发展现状与对策研究 [D] 洛阳: 河南科技大学, 2014.

[32] 陈学基, 朱学新, 刘桂才. 专业村是大规模发展农村商品生产的重要经济形式——关于常熟市专业村的调查 [J]. 苏州大学学报, 1984 (3): 27-30.

[33] 崔丽丽, 王骊静, 王井泉. 社会创新因素促进"淘宝村"电子商务发展的实证分析——以浙江丽水为例 [J]. 中国农村经济, 2014

(12)：50-60.

[34] 刁贝娣，陈昆仑，丁镭，等．中国淘宝村的空间分布格局及其影响因素 [J]. 热带地理，2016，36 (6)：1-10.

[35] 丁疆辉，吴建民，李冰洁．天猫平台入驻店铺时空格局及变化特征 [J]. 经济地理，2017，37 (11)：136-144.

[36] 丁志伟，周凯月，康江江，等．中国中部 C2C 店铺服务质量的空间分异及其影响因素——以淘宝网 5 类店铺为例 [J]. 地理研究，2016，35 (6)：1074-1094.

[37] 董国芳，张晓芳．我国网商的空间分布特征及影响因素——基于淘宝网电子商铺的实证分析 [J]. 经济地理，2017，37 (6)：8-16.

[38] 董国辉．经济全球化与“中心—外围”理论 [J]. 拉丁美洲研究，2003 (2)：50-54.

[39] 冯缨，徐占东．我国中小企业实施电子商务关键影响因素实证研究——基于创新扩散理论 [J]. 软科学，2011，25 (3)：115-120+129.

[40] 傅帅伟，裴少峰．河南省农村电商发展分析 [J]. 南方农业，2016 (1)：241-243.

[41] 高更和，石磊．专业村形成历程及影响因素研究——以豫西南 3 个专业村为例 [J]. 经济地理，2011，31 (7)：1165-1170.

[42] 甘小冰，钱丽玲．电子商务环境下两级生鲜供应链的协调与优化 [J]. 系统管理学报，2013，22 (5)：22.

[43] 郭承龙．农村电子商务模式探析——基于淘宝村的调研 [J]. 经济体制改革，2015 (5)：110-115.

[44] 国务院．关于促进农村电子商务加快发展的指导意见 [R]. 北京：国务院办公厅，2015.

[45] 浩飞龙，王彬燕，王士君．东北地区县域电子商务发展水平的空

间差异及影响因素［J］. 地域研究与开发，2016，35（4）：16-21.

［46］河南省人民政府 . 2019 年河南省国民经济与社会发展统计公报［EB/OL］. https：//www. henan. gov. cn/2020/03-10/1302745. html.

［47］洪卫，崔鹏 . 交易平台、专用知识与柔性生产关系的实证研究——基于曹县淘宝村调研［J］. 中国流通经济，2017，31（1）：122-128.

［48］胡建 . 河南农村电商发展现状与对策研究［J］. 中国"三农"问题研究与探索，2008（5）：71-73.

［49］胡天石 . 中国农产品电子商务模式研究［D］. 北京：中国农业科学院，2005.

［50］逄健，朱欣民 . 国外数字经济发展趋势与数字经济国家发展战略［J］. 科技进步与对策，2013，30（8）：124-128.

［51］金丽娟 . C2C 电子商铺的空间分布及影响因素研究［D］. 武汉：华中师范大学，2015.

［52］鞠建东，林毅夫，王勇 . 要素禀赋、专业化分工、贸易的理论与实证——与杨小凯、张永生商榷［J］. 经济学（季刊），2004（4）：27-54.

［53］李冰洁 . B2C 电子商务企业及其入驻店铺的时空演变规律研究［D］. 石家庄：河北师范大学，2016.

［54］李小建，罗庆，杨慧敏 . 专业村类型形成及影响因素研究［J］. 经济地理，2013，33（7）：1-8.

［55］梁攀科 . 中心—外围理论的发展及其对中国的启示［J］. 科技情报开发与经济，2007（29）：170-172.

［56］梁强，邹立凯，王博，等 . 关系嵌入与创业集群发展——基于揭阳市军埔淘宝村的案例研究［J］. 管理学报，2016，13（8）：1125-1134.

［57］梁强，邹立凯，杨学儒，等 . 政府支持对包容性创业的影响机制研究——基于揭阳军埔农村电商创业集群的案例分析［J］. 南方经济，

2016（1）：42-56.

[58] 凌 红．网络经济视角下农村电商发展模式分析［J］．商业经济研究，2017（3）：108-110.

[59] 凌守兴．我国农村电子商务产业集群形成及演进机理研究［J］．商业研究，2015（1）：104-109.

[60] 林敏捷，钱瑛，叶琼伟，等．注意力经济下垂直 B2C 平台营销策略［J］．电子商务，2015（2）：38-39+62.

[61] 刘骏民．虚拟经济的理论框架及其命题［J］．南开学报，2003（2）：34-40.

[62] 刘敏．基于市域尺度的中原城市群 C2C 店铺竞争力的空间格局及其影响因素［D］．开封：河南大学，2018.

[63] 刘维．我国农村电子商务物流配送模式初探［J］．农村经济与科技，2013，24（9）：48-49+59.

[64] 刘晓阳，丁志伟，黄晓东，等．中国电子商务发展水平空间分布特征及其影响因素——基于 1915 个县（市）的电子商务发展指数［J］．经济地理，2018，38（11）：11-21+38.

[65] 刘玉振，周灿，乔家君．欠发达农区特色种植空间扩散研究——以河南省大营村为例［J］．经济地理，2012，32（2）：116-120.

[66] 娄策群，刘英．第三方电子商务平台的应用现状及利用策略［J］．图书情报工作，2010，54（14）：131-135.

[67] 陆立军，刘猛．电子商务诱致下专业市场交易制度的变迁：理论与模型［J］．商业经济与管理，2013（5）：22-29.

[68] 卢淑静，池万乐．企业生命周期理论视角下网商演化发展的聚类研究［J］．商业时代，2012（7）：39-40.

[69] 骆莹雁．浅析我国农村电子商务的发展与应用——以沙集淘宝村

为例［J］. 中国商贸，2014（2）：72+75.

［70］罗政锋，李博识，王欣桐，等. “沙集模式”对西安近郊农村信息化建设的启示［J］. 中国农村科技，2012（5）：49-52.

［71］马凤兴，郑功帅. 城乡统筹发展背景下的农村电子商务发展研究——丽水市缙云县“北山模式”的经验与启示［J］. 当代社科视野，2013（Z1）：56-60.

［72］钱俭，郑志锋. 基于“淘宝产业链”形成的电子商务集聚区研究——以义乌市青岩刘村为例［J］. 城市规划，2013（11）：79-83.

［73］乔家君. 欠发达平原区村域特色种植销售市场的时空变化［J］. 经济地理，2009，29（12）：2055-2060.

［74］乔家君，李亚静. 专业村集聚的形成机理——以河南省专业村为例［J］. 河南大学学报（自然科学版），2014，44（3）：312-316+323.

［75］乔家君，张羽佳. 农业型专业村发展的时空演化——以河南省南阳市专业村为例［J］. 经济地理，2014，34（4）：131-138.

［76］曲振涛，周正，周方召. 网络外部性下的电子商务平台竞争与规制——基于双边市场理论的研究［J］. 中国工业经济，2010（4）：120-129.

［77］任晓晓，丁疆辉，靳字含. 产业依托型淘宝村时空发展特征及其影响因素——以河北省羊绒产业集聚区为例［J］. 世界地理研究，2019，28（3）：173-182.

［78］汤英汉. 中国电子商务发展水平及空间分异［J］. 经济地理，2015，35（5）：9-14.

［79］王崇锦. 我国农产品电子商务模式研究［D］. 武汉：华中师范大学，2013.

［80］汪凡，汪明峰. 基于格网的淘宝村集聚特征及影响因素分析［J］. 地理科学，2020，40（2）：229-237.

[81] 汪明峰，卢姗 . B2C 电子商务发展的路径依赖：跨国比较分析 [J]. 经济地理，2009，29（11）：1861-1866.

[82] 王贤文，徐申萌 . 中国 C2C 淘宝网络店铺的地理分布 [J]. 地理科学进展，2011a，30（12）：1564-1569.

[83] 王贤文，徐申萌 . 我国 C2C 电子商务的地理格局及其演化机制 [J]. 经济地理，2011b，31（7）：1064-1069+1106.

[84] 王新宇，丁疆辉，赵军阳 . 电子商务发展的时空分异及对经济增长的带动作用——基于中国省际面板数据的实证分析 [J]. 江苏农业科学，2017，45（20）：309-314.

[85] 魏延安 . 农村电商的机遇与实现困难 [J]. 热点观察，2014（24）：26-28.

[86] 乌家培 . 网络经济及其对经济理论的影响 [J]. 学术研究，2000（1）：4-10.

[87] 吴琳 . 有机农产品企业发展电子商务的问题和策略研究 [D]. 北京：首都经济贸易大学，2014.

[88] 吴琳群 . 基于产业集群视角的网商创业绩效实证分析——以莆田网商创业为例 [J]. 重庆文理学院学报（社会科学版），2016，35（3）：146-151.

[89] 吴娜琳，李小建，乔家君 . 农户行为与专业村形成的关系研究——以河南省柘城县史老八杨木加工专业村为例 [J]. 地理科学，2014，34（3）：322-331.

[90] 武晓钊 . 农村电子商务与物流配送运营服务体系建设 [J]. 中国流通经济，2016，30（8）：99-104.

[91] 肖玉洁 . 精准扶贫视域下农产品电商发展存在的问题及对策 [J]. 中国商论，2018（10）：34-35.

[92] 徐敏. 注意力经济视角下解读 Vlog 发布者的盈利方式——以 Bilibili 弹幕网站为例 [J]. 东南传播，2019 (2)：76-78.

[93] 徐申萌. 我国 C2C 电子商务地理格局研究 [D]. 大连：大连理工大学，2013.

[94] 徐智邦，王中辉，周亮，等. “淘宝村”的空间分布特征及驱动因素分析 [J]. 经济地理，2017，37 (1)：107-114.

[95] 杨立青. 我国淘宝店铺服务质量的空间分异及其影响因素研究 [D]. 长春：东北师范大学，2018.

[96] 叶青. 我国农产品质量安全监管对策研究 [D]. 重庆：西南大学，2014.

[97] 于海云，汪长玉，赵增耀. 乡村电商创业集聚的动因及机理研究——以江苏沭阳“淘宝村”为例 [J]. 经济管理，2018，40 (12)：39-54.

[98] 曾亿武，郭红东. 专业村电商化转型的增收效应 [J]. 华南农业大学学报（社会科学版），2016，15 (6)：104-113.

[99] 曾亿武，邱东茂，沈逸婷，等. 淘宝村形成过程研究：以东风村和军埔村为例 [J]. 经济地理，2015，35 (12)：90-97.

[100] 张灿. 论电子商务产业集群的形成机制——基于“淘宝第一村”的案例研究 [J]. 区域经济评论，2015 (6)：97-104.

[101] 张佳，王琛. 农村电子商务与产品多样化影响因素探究——基于浙江淘宝村的实地调研分析 [J]. 地理科学进展，2020，39 (8)：1260-1269.

[102] 张作为. 淘宝村电子商务产业集群竞争力研究 [J]. 宁波大学学报（人文科学版），2015，28 (3)：96-101.

[103] 赵淑芳，单桂娟. 浅析农村电商的发展 [D]. 南昌：江西应用科技大学，2015.

[104] 郑达威．电商大战的注意力经济解读 [J]. 青年记者，2014 (23)：97-98.

[105] 钟海东，张少中，华灵玲，等．中国 C2C 电子商务卖家空间分布模式 [J]. 经济地理，2014，34 (4)：91-96.

[106] 周静．网络经济下电子商务新模式研究 [J]. 经济问题探索，2015 (3)：121-125.

[107] 周静，杨紫悦，高文．电子商务经济下江苏省淘宝村发展特征及其动力机制分析 [J]. 城市发展研究，2017，24 (2)：9-14.

[108] 中华人民共和国商务部．2019 年中国电子商务发展报告 [EB/OL]. http：//www. 199it. com/archives/1076562. html.

[109] 朱邦耀，宋玉祥，李国柱，等．C2C 电子商务模式下中国 "淘宝村" 的空间聚集格局与影响因素 [J]. 经济地理，2016，36 (4)：92-98.